후츠파로
일어서라

# 후츠파로
# 일어서라

**1판 1쇄 발행** 2013년 10월 25일
**2판 3쇄 발행** 2019년 8월 5일

**저자** 윤종록
**기획** 멀티캠퍼스

**펴낸이** 박민우
**기획팀** 송인성, 김선명, 박종인
**편집팀** 박우진, 김영주, 김정아, 최미라, 전혜련
**관리팀** 임선희, 정철호, 김성언, 권주련
**펴낸곳** 멀티캠퍼스 하우
**주소** 서울시 중랑구 망우로68길 48
**전화** (02)922-7090
**팩스** (02)922-7092
**홈페이지** http://www.hawoo.co.kr
**e-mail** hawoo@hawoo.co.kr
**등록번호** 제2014-18호

**편집** 이수희 **디자인** 김수아

**값** 15,000원
**ISBN** 979-11-87549-06-2 03320

# 후츠파로

## 7가지 처방에 담긴 유대인의 창조정신
유례없는 국가 성장모델, 이스라엘에서 혁신의 로드맵을 찾다

# 일어서라

✡

## CHUTZPAH

———— 윤종록 지음 ————

멀티캠퍼스

# 상상력으로 일궈낸
# 경제기적의 나라를 가다

모든 사람들이 강은 육지에서 발원하여 바다로 흐른다고 말할 때 이 나라의 젊은이들은 바다에서 육지로 흐른다고 자신 있게 대답한다. 물고기는 강이나 호수에서 기른다고 말할 때 이들은 사막에서도 기를 수 있다고 우긴다. 과거로의 여행, '기억'의 반대말은 '망각'이 아니라 미래로의 여행, '상상'이라고 답하는 젊은이들이 모인 나라가 있다.

이 나라는 지금껏 세상에 단 한번도 없었던 것들을 만들어내고 그것으로 부족함을 채우는 창조를 업으로 21세기를 리드하고 있으며 세계는 이 나라를 '창업국가'라 부른다. 나라를 세울 때부터 창조경제를 기치로 내걸지는 않았지만 자원이 전무한 탓에 원천적으로 창조경제를 지향할 수밖에 없는 그런 나라다. 이 책을 읽기 전에 세계지도를 펼쳐보기 바란다. 그리고 지중해의 동쪽 끝 이집트와 레바논 사이에 위치한 자그마한 나라를 찾아보기 바란다. 아마도 너무나 면적이 작아서 세상에서 가장 찾기 어려운 나라 중 하나일지도 모른다. 남한의 5분의 1에 불과한 국토, 전 세계 인구의 겨우 0.1퍼센트를 차지하는 작은 나라, 바로 이스라엘이다.

미국 벨연구소에서 『창업국가Start-up Nation』를 번역하는 내내 책에 소개된 여러 가지 이스라엘 관련 통계자료에 대해 의구심을 떨칠 수 없었다. 미국을 제외한 나스닥 상장사의 40퍼센트가 이스라엘 기업이라거나, 세계 3위의 지식자본 국가로서 히브리대학에서 배출한 연간 특허 수익이 무려 1조 원에 달한다거나, 또는 770만 인구가 만들어내는 창업의 수가 유럽 전체와 비슷하다는 등등. 그러나 이 모든 통계에 한 치의 오류가 없다는 것을 실제로 확인하는 순간, 그야말로 전율을 느끼지 않을 수 없었다.

2005년, 나는 에후드 올메르트Ehud Olmert 전 수상의 초청으로 이스라엘을 방문하면서, 자원이 없는 나라의 국가경영은 그렇지 않은 나라와 반드시 달라야 한다는 것을 절실히 느낀 바 있다. 척박한 이스라엘 사막에서의 농업은 단순히 자연환경에 의존하는 농사가 아니라 인간의 두뇌로 계산된 성과를 거두는 과학임을 두 눈으로 확인할 수 있었으며, 오랜 역사를 통해 그들의 유전자에 각인된 부족함과 불만족이 오히려 축복이라는 것이 무슨 의미인지를 실감하는 계기가 되었다.

1967년, 북아프리카에서의 지도력을 되찾는다는 명분으로 프랑스 드골 대통령이 이스라엘을 배반했을 때, 이러한 위기를 계기로 오히려 세계 최고 수준의 전투기와 위성을 자체적으로 개발하는 데 성공했고, 유사시를 대비한 원자력 기술개발을 통해 세계 최고의 발전소 운영 노하우를 축적할 수 있었던 강인한 민족. 위기를 기회 삼아 도약하는 그들의 원동력은 대체 어디에서 비롯되었을까?

게다가 시대는 변했다. 과거 1970~80년대처럼 부지런한 손발로 일을 하고 노력하는 만큼 보상받으며 살아갈 수 있다면 그나마 걱정이 없겠지만, 오로지 부지런함만으로는 살아갈 수 없는 사회가 되었다. 그렇다고 좋은 학벌 하나만으로 통하던 시기도 지났다. 얼마 있는 돈을 밑천 삼아 이자로 생활하던 호시절도 물 건너간 지 오래다. 이것저것 다 치우고 외국으로 이민이나 가서 이 악물고 새로운 터전을 일구자니 그 나라 사정 역시 녹록지 않다. 이 드넓은 지구상 어느 구석에서도 내 한 몸 편안하게 받아주는 곳이 없다는 생각이 스치면, 우리의 고독감은 어느 순간 공포로 바뀌게 될지도 모른다.

오늘날, 우리에게 요구되는 빠듯한 목표치를 채우지 못할 때 주어지는 선택은 물러나는 것뿐이다. 차별되는 새로운 묘안이 없다면 여지없이 경쟁의 혹독함을 맞닥뜨리게 된다. 세상 어디를 가더라도 '잘되고 있다', '풍족하게 남아돈다'는 얘기를 하는 사람을 만나보기 어렵다. 그간의 질서는 다 어디로 갔단 말인가? 조금 모자라면 모자란 대로, 아쉬우면 아쉬운 대로 이해하고 넘어가던 다소 엉성한 질서는 다 어디로 갔단 말인가? 70억 인구를 지탱하기에 지구의 역량이 그토록 부족하단 말인가?

그러나 110여 년 전 지구가 10억 인구를 감당하기 힘들어할 때 질소

비료가 때맞추어 등장했던 것처럼, 내리쬐는 태양열의 무한한 에너지는 어떤 형태로든 인간의 부족함을 메워주기 위해 모습을 바꾸어 나타날 것이라고 믿는다. 단지 그 사이에 있는 과도기의 위기를 누가 더 창조적이며 슬기롭게 극복할 것인가의 문제가 남아 있을 뿐이다.

다음 100년을 위한 지구는 또 다른 누군가의 손에 의해 새로운 질서를 확립해 나갈 것이다. 그것은 새로운 형태의 무한한 에너지가 될 수도 있고, 획기적인 유전학의 혁명이 될지도 모른다. 나는 그러한 지속 가능한 삶을 향해 부단히 뛰어가는 젊은이들이 모여 있는 곳을 알고 있기에 소개하고자 이 책을 썼다.

과거 수많은 박해와 대량 학살을 감내해왔고 수천 년간의 방랑 끝에 독립국가를 세운 이들이 있다. '약속의 땅'에 어렵게 정착한 지금도 사방이 적대적인 국가에 둘러싸인 채 공습과 전쟁의 무거운 공포 속에서 하루하루 살아가고 있는 유대인들이 바로 그들이다. 이러한 위기가 일상화된 가운데에도 그들은 단 한 가지라도 이제까지 세상에 없던 것을 만들어 사회에 기여하는 것이 진정 명예로운 임무라고 생각한다. 신이 인간을 창조하고 최적의 환경인 지구를 선물로 주었다면, 인간은 그 위에 끊임없이 새로운 것을 입혀서 축복의 땅으로 만들어내야 한다는 믿음이 그들 사이에 뿌리 깊게 공유되고 있다.

그들은 창조주가 인간의 얼굴을 단 한 명도 같지 않게 만들었다는 사실은 곧 모든 인간이 전능한 신의 능력을 골고루 나누어 가졌기 때문이라고 생각한다. 따라서 세상 그 누구라도 70억 분의 1에 해당하는 신의 창조력을 나누어 가졌다고 생각한다. 창조경제를 통해 새로운 가치를 창출해야 하는 오늘날, 그들의 창조적 발상이 그 어느 때보다도 의미 있게 다가오는 것은 그러한 믿음에서 오는 자신감과 긍정적 태도 때문이다.

이 책은 4장으로 구성되어 있다. 1장은 끊임없는 변화와 혁신을 요구하는 창조경제하에서 우리가 다시금 정의해야 할 기업가 정신에 대해 짚어보고, 자원빈국의 한계를 딛고 지식자본을 토대로 21세기 혁신국가를 이룬 이스라엘의 성공 배경을 살펴본다. 2장에서는 이스라엘이 각 분야에서 어떻게 경제 기적과 성공을 이루었는지 그 생생한 증거가 될 사례들을 자세히 살펴본다. 신이 자원은 앗아갔지만 대신 지혜를 주셨다고 믿는 그들은 사막국가의 한계를 극복하고, 석유에 의존하지 않는 지구를 만들겠다는 목표를 가지고 살아간다. 또한 창의성을 장려하는 교육과 수평적인 기업 문화를 바탕으로 이루어낸 많은 혁신의 현장을 살펴볼 것이다.

3장은 이스라엘인 특유의 국민성, 즉 후츠파 정신을 발굴하는 고고학적 탐사현장으로 안내한다. 『창업국가』의 공동 저자 사울 싱어Saul Singer와 댄 세노르Dan Senor는 유대인의 후츠파 정신을 프리즘에 대고 비춰 보면 무지갯빛과 같은 일곱 가지 요소로 나뉘게 될 것이라고 이야기한 바 있다. 이 일곱 가지 요소를 중심으로 소개하면서 이를 통해 그들만의 창조정신, 창의력, 창업의지를 우리의 문화, 교육현실, 사회제도와 실감 나게 대비해보는 것이 이 책의 주요한 목표 가운데 하나다. 이를 통해 독자들은 이스라엘 사회의 지도자, 기업인, 교육자, 학생들을 만나보고 창업이 활발히 이루어지고 있는 생생한 현장으로 안내받게 될 것이다. 후츠파 정신의 일곱 가지 요소가 실제 어떻게 현장에서 적용되고 있는지, 그들의 일상생활에 녹아들어 있는 후츠파 정신은 구체적으로 어떤 방식으로 나타나는지, 그들 스스로 후츠파가 삶에 어떠한 기준을 제공하며 어떻게 창조정신의 원천으로 삼고 있는지 등을 확인하게 될 것이다.

마지막으로 4장은 21세기 경제기적을 이룬 이스라엘을 추월할 수 있는 민족이 세계의 어느 나라일까를 탐구하는 여행이다. 우리나라는 1948년, 이스라엘과 같은 해에 독립국가의 기틀을 닦았고, 의존할 자원이 없다는 점에서 닮았다. 불과 50년 동안 황무지나 다름없던 나라에서 기틀을 닦고 눈부신 경제성장을 이루어냈다는 점에서도 유사하다. 우리 민족 고유의 캐릭터인 '정', '빨리빨리'와 유대인의 창조정신 후츠파를 결합한다면 어떤 새로운 캐릭터가 탄생할까를 생각해보는 것도 이 책을 쓰게 된 주요한 동기가 되었다. 다른 나라의 문화와 경제, 사회가 끊임없이 자기복제를 통해 거품을 토해내는 와중에 이스라엘과 같이 끊임없는 이종교배를 통해 우성인자를 만들어내는 사회학적 노력이 우리 모두에게 필요하다는 것을 인식하는 기회가 될 수 있을 것이다.

참고로 이 여행은 우리나라 케이블방송국인 채널IT의 지원으로 2012년 2월부터 3월에 걸쳐 이스라엘 현지에서 이루어졌으며, 여러 차례 TV다큐멘터리 「청년, 후츠파로 일어서라!」로 방영된 바 있다. 관심이 있다면 인터넷 또는 유튜브를 통해 검색 및 다시 보기가 가능하다. 저자의 오랜 친구인 에후드 올메르트 이스라엘 전 수상과 텔아비브대학

이사장 지오라 야론Giora Yaron 박사 그리고 창업국가의 저자인 사울 싱어께서 이스라엘 현지 일정과 각계각층의 인사들과의 면담을 적극적으로 주선해주었다. 그리고 면담은 2010년에 이미 번역 출간된『창업국가』에 소개된 인물, 기업, 단체를 중심으로 하였고 그 밖에 후츠파 정신을 대변해줄 수 있는 다양한 소재와 사례를 추가하였다.『창업국가』의 공동 저자인 사울 싱어와 댄 세노르의 경험과 체험에 상당 부분 근거한 사실적 내용을 담도록 애썼으며 그들에게서 많은 아이디어를 구했음을 이 자리에 밝힌다.

그러나 이스라엘의 경제기적의 사례를 살피고 그 의미를 되새기자고 해서, 우리나라가 반드시 이스라엘의 경제모델을 지향하고 본받아야 한다는 것은 결코 아니다. 이 책에서 이스라엘의 성공과 혁신을 살펴보려는 의도는, 처절하리만치 자원 없는 나라가 성공적으로 생존하는 모습을 통해 역시 자원빈국인 대한민국의 국가경영과 우리 국민 한 사람 한 사람의 역할에 대해 다시금 생각하면서 새로운 가능성을 찾는 계기를 마련하기 위해서다.

올해는 우리나라가 창조경제라는 새로운 국가경영의 패러다임을 열어가는 해이기도 하다. 이스라엘의 열정과 후츠파 정신이 만들어낸 창조적인 정책들과 성공사례가 우리 사회를 일깨워줄 신선한 자극이 되어주리라는 확신에서 이 책을 쓴다. 지금이야말로 젊은이들과 기성세대의 양해와 공감을 통해 지식 창조경제로의 새로운 패러다임을 열어가야 할 시점이다.

이 책은 독자 여러분과 함께 중동의 화약고라고 불리는, 그러나 21세기 최고의 지식경제 성공국가인 이스라엘로의 여행기다. 우리 젊은이들이 많은 현실적 여건 속에서 고군분투하는 사이, 이스라엘 정부는 놀랄 만치 장기적인 안목으로 국가의 미래를 설계하고 있으며 다음 세대를 책임질 청년들로 하여금 좋은 일자리에 연연하는 대신 스스로 좋은 일거리를 만들어내도록 아낌없이 지원하고 있었다. 이제 그러한 이스라엘로 직접 떠나 혁신의 주인공들을 만나볼 차례다. 이 책을 펼친 여러분은 비자 발급과 항공권 예약의 번거로움 없이 약 일주일에 걸쳐 이스라엘을, 그것도 세계가 주목하는 가장 뜨거운 경제 혁신의 생생한 현장을 여행하게 될 것이다. 이 여행이 어려운 시기에 처한 이 시대의 모든 분들(국가 지도자, 경영인, 국방 지도자, 교사, 학부모, 학생, 언론인 포함)께 스스로 일어서게 하는 작은 힘이 될 수 있기를 기원하며….

윤 종 록

# 유대인의 혁신과 도전의
## DNA를 찾아서

　한국에 계신 여러분께서 우리 이스라엘의 비밀스러운 정신적 자산인 '후츠파'에 대해 관심을 갖고 살펴보신다는 얘기를 듣고 내심 놀라고 당황스러웠다는 사실을 고백하지 않을 수 없군요. 그러나 한국과 이스라엘은 지구상에서 가장 닮은 나라라는 관점에서 기쁜 마음으로 나의 오랜 친구 윤종록 차관의 책에 추천의 글을 보냅니다. 그간 우리는 우리만의 비밀 양념인 후츠파 정신이 외부에 알려지는 것을 딱히 원하지는 않았습니다. 어쩌면 이를 통해 우리가 2,000년에 걸친 디아스포라Diaspora의 기간 동안 오히려 핍박과 불이익을 더 많이 받기도 했으니까요.

　당돌하면서도 저돌적인 도전의 의미를 담고 있는 다소 거친 이 단어가 21세기 창조경제라는 새로운 패러다임에 있어서 젊은이들에게 힘과 용기를 더해줄 수 있는 좋은 자극이 될 수 있으리라는 사실을 세계인들이 인식하기까지는 긴 시간이 필요했습니다. 우리 유대인들은 뱃속에서부터 질문하는 법을 배웠다고 말할 만큼 도전해왔습니다. 세상의 모든 것을 내버려두지 않고 내 멋대로, 내 생각대로 다시 설계하는 것에서부터 우리의 건설적인 갈등과 도전은 시작됩니다.

후츠파의 기원과 창업국가의 생태계를 보다 잘 이해하기 위해서는 이스라엘의 풀뿌리 문화와 유대인들이 남긴 유산을 알아야 합니다. 그 유산이란 질문과 창의성, 그리고 관습으로부터 자유로운 문화입니다. 이스라엘은 2차 세계대전 당시 참혹한 대학살의 아픔을 겪은 후 동서양 각지에 뿔뿔이 흩어졌다가 모여든, 다양한 문화가 공존하는 용광로입니다. 각각의 출신 국가에서 소수민의 위치에 있던 유대인들은 고등교육과 헌신, 그리고 성실성으로 승부할 수밖에 없었으며, 그 결과 각자 자신의 분야에서 최고의 자리에 오르게 되었습니다. 또한, 1948년 나라를 세운 개척자들은 위기의 안보상황을 타개하기 위해 기술혁신을 택할 수밖에 없었습니다. 바로 이 기술혁신이 이스라엘이라는 작고 불안정한 나라가 주변국들의 공격으로부터 생존하고, 모든 면에서 압도적인 성과를 만들어내도록 한 도구입니다.

미션을 완수하는 것이 최우선시되는 이스라엘에서는 지위와 계급에 상관없이 터놓고 대화합니다. 이러한 열린 대화로부터 가장 훌륭한 문제해결 방법이 나오며, 한번 결정을 내리고 나면 모든 사람들은 그 결정에 따릅니다. 이런 과정에서 반대, 헌신, 몰두가 강조되는데 이는 오랜 토론과 대화 끝에 내려진 결정에 대해서는 모든 사람이-설령 반대를 하는 사람이라도- 결정을 지지하고 헌신함으로써 목표에 도달해야 한다는 의미를 내포합니다.

성공을 위해서는 어느 정도의 위험을 감수해야만 합니다. 특히 작은 회사들은 계산된 위험을 감수하고 대규모 회사들보다도 훨씬 큰 가치를 소비자들에게 전달해야만 성공할 수 있습니다. 높은 수준의 위험을 감수하는 일은 미지의 세계로 행군하는 것과 같습니다. 성공을 향한 여정이 예상했던 것보다 훨씬 오래 걸릴 수도 있지요. 이는 집요함과 미션에 대한 집중력을 필요로 합니다.

때로는 혁신의 돌파구를 찾기 위해 서로 다른 분야 간의 경계선을 넘나들 필요가 있습니다. 이러한 범학문적 사고는 수조 원에 달하는 가치가 있는 새로운 세계 시장의 출현으로 이어지곤 합니다. 몇 가지 예를 들어보자면, 엘신트Elscint는 핵 이미지화 기술을 의학 분야로 끌어들여 세계 최초로 핵 이미지 의료영상 기계를 발명하였습니다. 사이텍스Scitex는 디지털 기술을 인쇄시장으로 들어온 선구자로, 데스크탑 출판 시장을 개척하였습니다. 보컬텍Vocaltech은 최초로 디지털 음성을 인터넷 시장으로 들여와 VOIP(인터넷 전화) 시장을 창조해냈으며, 이는 거대한 통신 플랫폼으로 발돋움하고 있습니다. 엠시스템즈M-Systems는 플래시 메모리 기술을 USB라고 부르는 휴대용 디스크 시장과 접목시켜 거대한 시장을 만들어냈습니다. 이들은 기술과 산업의 경계를 드나드는 창의력을 토대로 새로운 시장을 창조한 이스라엘의 수많은 기업들의 일부입니다.

높은 수준의 위험을 감수하는 것은 실패로 이어질 수 있습니다. 이스라엘의 문화에서는 실패하는 것은 괜찮지만 똑같은 이유로 실패를 반복하는 것은 괜찮지 않습니다. 되풀이되는 실패를 피하기 위해 조직적으로 실패를 분석하는 것이 장려됩니다. 스스로 자신의 실패를 인정하는 것이 그 시작입니다. 실패로부터 교훈을 얻는다는 마음가짐은 이스라엘 유대인들의 DNA에 각인될 만큼 강조되고 있습니다.

윤종록 차관이 내게 보내온 퀴즈를 여기 소개합니다. 언젠가 그가 내게 '과학기술은 ☐☐☐다!'라며 네모에 들어갈 단어가 뭐냐고 물었습니다. 나는 주저 없이 '경제'라고 답했습니다. 우리의 답이 일치한 것은 결코 우연이 아닐 겁니다. 한국의 독자들께 이 말이 창조경제의 전부라고 감히 전하고 싶습니다.

나는 이스라엘이 창업국가의 초석을 다지는 데 기여한 기술 개척자의 한 사람으로서 자부심을 느낍니다. 창업국가는 계속해서 진화하여 이스라엘의 풀뿌리 혁신과 DNA를 유지하며 미래산업을 향한 혁신을 거듭하고 있습니다. 대한민국이 새롭게 제시한 창조경제의 패러다임을 실천하는 데 한국인의 고유한 정, 끈기, 그리고 때로는 성급함('빨리빨리')과 더불어 당돌한 후츠파 정신이 도움이 될 수 있으리라 생각합니다.

지오라 야론, 텔아비브대학 이사장

차례

시작하는 글  상상력으로 일궈낸 경제기적의 나라를 가다  _4
추천하는 글  유대인의 혁신과 도전의 DNA를 찾아서  _12


*1* 창조경제, 그 피할 수 없는 패러다임

**01** 창조경제의 탄생 _21
**02** 도약하는 힘, 후츠파를 찾아서 _26
**03** 비참함은 우리의 힘이다 _36


*2* 작지만 거대한 도전의 나라

**01** 폭탄 투하율과 경제성장률이 일치하는 나라 _55
**02** 거침없는 도전, 아낌없는 지원 _79
**03** 혁신국가의 자양분, 군대문화 _101
**04** 세상을 바꾸는 아이디어와 혁신 _114


*3* 후츠파, 지치지 않고 비상하는 힘

**01** 형식이 아닌 가능성을 주목하라 _139
**02** 후츠파에 담긴 일곱 가지 처방 _154

**03 후츠파를 실현하는 사람들** _173

– 한계를 두려워하지 않는다 _조 하워드(ENOS컨설팅 이스라엘 대표)

– 테크놀로지 자이언트가 되라 _에후드 올메르트(이스라엘 제12대 수상)

– 상상을 실현할 기술을 개발한다 _아비 핫손(OCS 수석과학관)

– 실패는 배움이지 재앙이 아니다 _요셉 클라프터(텔아비브대학 총장)

– 창조에 전념할 뿐, 출구전략은 없다 _쉬무엘 레비(세콰이어 캐피탈 이스라엘 대표)

– 세상을 더 나은 곳으로 만든다 _샤이 아가시(베터플레이스 대표)

– '거대한' 회사가 아니라 '새로운' 회사를 지향한다 _조하르 지샤펠(라드그룹 회장)

– 도전하라, 보답 받을 것이다 _모셰 샤론(대구텍 사장)

– 혁신국가, 혁신 인재의 조건 _마이어 브랜드(구글 이스라엘 CEO)

**4** 한국인의 핏줄에 잠든 후츠파를 일깨워라

**01 우리가 직시해야 할 위기와 기회** _233

**02 어제와 오늘 그리고 내일** _248

**03 위기로 근육을 키워라** _254

**04 한국인의 피에 흐르는 후츠파의 유전자** _264

**05 창조경제로 가는 길** _286

**일러두기** _____

1. 본문에 소개된 사진들은 채널IT에서 제작, 방영한 다큐멘터리「청년, 후츠파로 일어서라!」에
   서 관련 내용의 장면을 캡쳐한 것이다.
2. 이스라엘의 주요 기업명과 인명은 영어로 병기하였다.

**1장**

# 창조경제,

## 그 피할 수 없는 패러다임

**01** 창조경제의 탄생 │ **02** 도약하는 힘, 후츠파를 찾아서
**03** 비참함은 우리의 힘이다

'다음 10년의 획기적인 아이디어는 이스라엘에서 나올 것이다'라는 미국의 경제전문가의 전망은 이스라엘의 혁신적 사고에 주목해야 할 필요성을 보여준다. 학생 수가 서울대학교의 절반밖에 안 되는 히브리대학 출신들이 1년간 벌어들이는 특허 수익은 자그마치 10억 달러에 달한다. 전체 대학의 수익을 합하면 우리 돈 2조 5,000억 원에 이르는 엄청난 규모다. 이미 이스라엘은 세계 최고의 원자력 안전기술을 장악했고, 해수의 담수화 기술을 비롯하여 물 관리를 가장 효율적으로 하는 나라이며, 이제는 21세기 하이테크 경작을 가장 잘하는 나라로 자리매김하고 있다.

chutzpah

# 창조경제의 **탄생**

피터 드러커Peter Ferdinand Drucker의 『위대한 혁신 Innovation』에 의하면 역사적으로 수백 년마다 한 번씩 사회적 변혁이 일어났다고 한다. 그는 이것을 '역사의 경계'라고 불렀으며 우리는 지난 1850년대를 기점으로 '기업가의 시대'에 살고 있다고 하였다. 그의 말은 지난날 발전과 혁신에 대한 열쇠를 국가가 쥐고 있던 시대였다면, 이제는 경제의 한 주체였던 기업가의 역할이 사회적인 혁신의 주역으로 확대되었다는 의미를 내포한다. 인류의 발전과 진보의 걸음걸음마다 정치 그 자체를 의미하던 국가의 역할과 기능이 새로운 세력에게 바통을 넘겨주게 된 것이다. 이제 혁신과 발전을 향한 발걸음의 주체가 '위대한 국가'에서 '위대한 기업가'로 넘어가고 있으며 그 경계선은 18세기 중반, 산업혁명이었다.

영국의 유기화학자 윌리엄 헨리 퍼킨Sir William Henry Perkin이 아닐린 염료를 발명하면서 현대 화학산업이 시작된 것을 필두로, 독일의 물리학자 베르너 폰 지멘스Ernst Werner von Siemens가 최초로 전기 모터를 발명하면서 전기산업의 서막을 알렸다. 농업용 콤바인이 개발되면서 기계영농이 가능해졌으며 증기선이 대서양을 왕복하기 시작하였고 저 바다 깊숙한 곳에는 해저 케이블이 가설되고 있었다. 그 밖에도 영국의 발명가 헨리 베세머Henry Bessemer가 철강 제조법을 고안했고 프랑스에서는 현대식 은행이 설립되었다. 그때부터 14개월마다 전에 없던 혁신적 산업이 끊임없이 창출되었다. 오늘날 반도체 분야에서 유명한 '무어의 법칙(인텔의 반도체 집적회로의 성능이 18개월마다 두 배로 증가한다는 법칙)'에 비견될 정도로 혁신이 계속되었다. 그야말로 영웅적인 기업가의 시대라고 불러도 손색없는 발명의 시기였다. 벌써 2세기가 지난 과거의 이야기이지만 1800년대 후반은 혁신을 통한 창조경제의 단면을 이미 확인시켜준 시기이기도 하다. 그 후 두 차례에 걸친 세계대전을 통해 역사 이래 가장 왕성하게 활동하던 기업가들의 머리에는 본격적인 '경영'의 개념이 자리 잡게 되었으며, 이를 토대로 본격적인 의미의 기업이 잇따라 탄생되기 시작했다.

## 21세기형 기업가 정신의 등장

기업가 정신과 경영의 시대가 연출하는 20세기에

는 세계 경제를 지배하는 글로벌 기업이 곳곳에서 등장하게 되었으며 현대식 경영기법을 동원하지 않고서는 경쟁할 수 없는 새로운 패러다임에 접어들게 되었다. 그 후 디지털 기술의 발전과 정보화 세상의 등장으로 인류는 스스로 발을 딛고 서 있는 지구 외에 또 하나의 지구(사이버 세상)를 갖게 되었다. 인간의 눈을 통해서는 보이지 않으나 엄연히 존재하는 이 새로운 세상의 등장은 새로운 역사의 경계선을 긋기에 충분한 혁신 그 자체였다.

역사의 경계선은 와인 병의 마개처럼 나선형으로 돌면서 위로 올라가게 마련이다. 인터넷의 등장으로 새로운 신대륙이 발견된 21세기는 19세기 산업혁명의 시기에 이미 경험한 것과 같은 새로운 사이버 세상 기반의 디지털 산업혁명 시대를 만들어내고 있다. 18개월마다 사이버 세상이 두 배씩 넓혀지는 무어의 법칙이 펼쳐진 것이다. 시간이 흐를수록 디지털공간으로 이루어진 사이버 세계는 비례적 선형함수가 아닌 가속적 지수함수로 넓혀져가고 있다 하겠다.

이처럼 하루하루 확장되고 있는 사이버 세계에 우리는 거리와 시간에 구애받지 않고 빈번하게 드나들며 질서를 만들어가고 있다. 그리고 바로 이러한 새로운 디지털 토양 위에 21세기형의 새로운 기업가 정신의 시대가 열리고 있다. 우리의 두뇌는 이미 하루의 상당 시간을 사이버 세상에서 보내고 있다. 아침에 스마트폰이 깨워주는 알람으로 일어나 인터넷을 접속한 후 이메일을 체크하고 GPS가 알려주는 대로 운전하며 출근한다. 직장에 도착한 후에는 해외 거래처와 화상회의가 기다리고 있고 회의를 마치면 전자결제로 대금을 처리한다. 스마트폰에 저장된 일정에 맞추어 정보가 여행사에 등록되고 전자티켓이 인터넷으로 출력된다. 퇴근 무렵 자녀의 학원 출석확인 메시지가 도착하며 온라인상으로 진학상담 창구가 열린다. 퇴근 직전 인터넷으로 집에 있는 전기밥솥을 가동시키며 거실의 에어컨 온도를 설정한다. 퇴근 후, 냉장고 문에 장착된 스크린을 통해 저장된 음식 재료의 재고가 나타나며 추가주문 여부를 물어온다. 식사 후 화장실에 들렀다 나오니 곧바로 건강 정보가 출력된다. 경우에 따라서는 집에 앉아서 이 모든 것을 처리하기도 한다. 과거 증기기관의 발명에 따른 새로운 혁신의 러시가 이어졌던 것처럼 사이버 세상의 새로운 인프라와 질서가 본격적으로 형성되고 있다.

따라서 21세기가 필요로 하는 새로운 기업가 정신이 요청되고 있다. 새로운 무형의 질서가 움직이는 사이버 세상은 물질적 자원이 아닌 두뇌의 자원에 의해서 더 큰 혁신이 일어나게 된다. 여기에서 자원이 없는 나라의 한계를 극복할 수 있는 새로운 힘이 나타나게 되는 것이다. 역사적으로 세계 지배의 역사는 영토 확장의 역사였다. 자원의 한계를 극복하기 위해서는 새로운 공간을 무력으로 침탈하거나 새로운 공간을 발견, 개척해야 했다. 유럽에서는 기근과 종교적 압박, 사회적 모순으로부터 탈피하기 위해서는 신대륙을 찾아 떠나는 것이 유일하면서도 확실한 방안이었다. 수많은 모험가들이 왕실과 부호들의 지원을 받아 목숨을 건 항해를 시작하였으며 그를 통해 신대륙이 발견되었고 풍부한 자연 자원을 확보하게 되었다.

아메리카 대륙의 발견으로 인간이 살 수 있는 공간이 대폭적으로 확대된 이후 더 이상 쓸모 있는 땅을 찾을 수 없게 되자 영토를 차지하기 위한 또 다른 전쟁이 일어났다. 1, 2차 세계대전을 겪으면서 계산할 수 없는 엄청난 손실을 입었지만 아이러니하게도 이 세기적인 전쟁을 통해 인류는 또 다른 영토로 진입하는 새로운 열쇠를 쥐게 되었다. 전쟁을 통해 발달한 전기전자 기술의 힘이 사이버 공간이라는 새로운 신대륙을 가져다주었기 때문이다. 유사 이래 물리적 공간에만 의존해왔던 우리의 삶의 무대가 ICT(정보통신기술)혁명으로 보이지 않는 신대륙으로 옮겨지고, 점점 거기에 맞는 삶으로 강제당하고 있는 추세다. 18세기 후반, 영국에서 촉발된 산업혁명이 사람들을 농촌에서 도시로 불러 모았듯이 ICT혁명은 디지털 공간으로 사람들을 불러들이고 있다.

자원을 바탕으로 힘을 축적하고 이를 앞세워 영토를 확장하는 영토 중심의 전쟁에서, 이제는 손가락 하나로 세계를 넘나들며 지식을 앞세워 상대방을 굴복시키는 사이버 세상이 새로운 총성 없는 전쟁터로 변해가고 있다.

# CHAPTER 2

# 도약하는 힘,
## 후츠파를 찾아서

여기 우리나라보다도 훨씬 작고 자연조건이 열악한 나라가 있다. 소설가 마크 트웨인Mark Twain은 이곳을 여행한 후 "침묵과 슬픔에 잠긴 황량한 땅"이라고 묘사했다. 굳이 비교하자면 우리나라의 충청도만 한 면적의 나라에서 770만에 불과한 인구가 살아가고 있으며 사방이 적대적인 아랍권 국가들로 둘러싸여 있다. 그런데 놀랍게도 이 작은 나라는 쉬지 않고 21세기 경제기적을 일구어가고 있는 주역이다. 강수량이 부족한 황무지에서 세계 최고의 농업국을 이룩하여 우리나라에 새마을운동을 싹트게 하였으며, 오늘날은 세계 최고의 지식국가로 탈바꿈하여 시대를 선도하고 있다. 바로 중동에 있는 작은 나라, 이스라엘의 이야기다.

인텔intel이 지구상 모든 컴퓨터에 자사의 칩이 박혀 있다는 의미로

쓰는 슬로건 '인텔 인사이드intel inside'와 같이, 이스라엘은 세계인의 일상에 이스라엘의 하이테크를 심겠다는 의미로 '이스라엘 인사이드Israel inside'를 지향하고 있다. 실제로 이스라엘의 학교 교실에 가 보면 교훈, 급훈 대신 '이스라엘 인사이드'라고 적혀 있는 것을 볼 수 있다. 전 세계 사람들이 아침에 일어나서 밤에 잠들 때까지 하루도 이스라엘의 특허에 의존하지 않는 날이 없도록 만들라고 가르치는 것이다. 이것은 실체 없는 꿈이나 구호가 아니다. 이스라엘의 하이테크 기술력이 발달하면서 점차 이스라엘 인사이드는 실현되고 있다.

아침에 GPS신호로 울리는 알람으로 눈을 떠서 메일을 체크하고 일정을 확인하며 내비게이터의 지시로 교통정체 구간을 피해 회사에 도착한다. 전자결재 후 거래선과 화상회의를 하고 전자계약에 서명한다. 너무나 평범하게 이루어지는 우리의 일과 사이사이에 수많은 인터넷 보안기술이 쓰이고 있는데, 그 대부분이 사실상 이스라엘에 의존하고 있다. 전 세계 가정의 TV 앞에 놓인 셋톱박스*의 보안 알고리즘의 70퍼센트도 이스라엘 업체가 만들어낸 기술력이다. 매일 전 세계에서 개통되는 IPTV, 케이블 TV의 가구 수만큼 꼬박꼬박 로열티가 이 나라로 흘러들어가고 있다. 그 밖에도 의료 장비, 휴대폰, 각종 의약품, 인터넷 기반 소셜 네트워크, 친환경 에너지, 그리고 매일같이 이용하는 마트의 계산대에 이르기까지 이스라엘의 기술력을 빌지 않으면 현대인의 생활

---

* 차세대 쌍방향 멀티미디어 통신 서비스를 이용하기에 적합한 가정용 통신 단말기. 방송국에서 방송 신호를 송출할 때 암호를 걸면, 셋톱박스 내 소프트웨어 프로그램이 해당 암호를 풀어야만 시청이 가능하게끔 되어 있다.

은 마비될 정도다.

이스라엘을 나타내는 또 다른 이름은 '창업국가'다. 한때 전 세계 새로운 창업투자의 31퍼센트가 이스라엘의 좁은 국토 안에서 이루어졌으며, 지식자본의 규모는 세계 3위를 기록하고 있다. 이스라엘의 기업가들은 770만 명의 자국민을 대상으로 비즈니스를 시작하지 않는다. 그들의 최종 목표는 이스라엘의 이스닥Isdaq을 넘어선 미국의 나스닥Nasdaq이다. 모든 기업이 미국 나스닥에 상장하는 조건이거나 아니면 외국 기업에 인수합병(M&A) 하는 조건으로 투자를 유치하고 있다.

'다음 10년의 획기적인 아이디어는 이스라엘에서 나올 것이다'라는 미국의 경제전문가의 전망은 이스라엘의 혁신적 사고에 주목해야 할 필요성을 보여준다. 학생 수가 서울대학교의 절반밖에 안 되는 히브리대학 출신들이 1년간 벌어들이는 특허 수익은 자그마치 10억 달러에 달한다. 전체 대학의 수익을 합하면 우리 돈 2조 5,000억 원에 이르는 엄청난 규모다. 이미 이스라엘은 세계 최고의 원자력 안전기술을 장악했고, 해수의 담수화 기술을 비롯하여 물 관리를 가장 효율적으로 하는 나라이며, 이제는 21세기 하이테크 경작을 가장 잘하는 나라로 자리매김하고 있다. 그 덕분에 2008년 월스트리트에서 시작된 세계 경제 위기 이후에도 캐나다와 더불어 단 한 개의 은행도 파산하지 않은 나라, 거품 없는 경제의 실체를 보여준 나라이기도 하다. 세계의 많은 나라들이 금융기법을 교묘히 이용하여 거품 위에 쌓아 올린 버블경제로 인해 타격을 입었고, 이제야 뒤늦게 비즈니스를 끊임없이 만들어낸 이스라엘의 창업경제를 주목하고 있다.

무려 2,000년간 집 없이 떠돌던 그들이 마침내 터전을 잡은 땅은 척박하기 그지없는 사막이었다. 그리고 절박한 필요에 의해 지금은 세계에서 가장 물을 잘 다루는 나라로 진화했다. 지중해를 따라 30킬로미터 지점마다 원자력 발전소와 축구경기장만 한 담수화 플랜테이션이 세워져 있는 것으로 확인할 수 있다. 바로 이곳에서 최소한의 전기로 바닷물을 민물로 만들어냄으로써, 마치 역류하는 강물처럼 바닷물을 육지로 밀어 올리는 나라가 바로 이스라엘이다. 그 물로 전 국민이 먹고 마시는 물의 90퍼센트를 해결하고, 하수의 75퍼센트를 다시 사용하고 있다.

그뿐 아니다. 주변이 적들로 둘러싸인 섬 아닌 섬나라에서 인터넷 보안기술로 세계를 재패하고 사이버 영토를 장악한 나라, 물을 40퍼센트만 이용하고도 생산량을 오히려 50퍼센트나 향상시켜 농업이 농업이 아니라 과학임을 입증하는 나라, 농촌의 집단농장마다 세계 으뜸 기술을 하나씩 가지고 있는 나라…. 우리처럼 자원은 없지만 디지털 토양에서 탁월한 농사꾼으로서 하이테크 농사를 세계에서 가장 잘 짓는 이스라엘. 그들의 세계로 직접 들어가 이스라엘이 보여주는 기적에는 어떤 저력이 뒷받침되고 있는지를 본격적으로 탐구해보려 한다.


## 혁신국가의 민족정신, 후츠파

'시장의 흐름을 좇지 말고 마음의 평정을 유지하라', '스스로 이해 가능한 것에 투자하라', '독자적인 판단으로 투자를 결정하라'···. 엄격한 원칙을 고수하는 투자의 귀재 워런 버핏Warren E. Buffett. 그가 2006년 이스라엘의 IMC그룹을 인수해 화제를 모았다. 지난 30여 년간 줄곧 모험을 기피하고 미국 이외의 나라에는 일절 투자하지 않는 등 보수적인 성향을 30년간이나 지켜온 그가 미국이 아닌 곳에 처음으로 45억 달러의 거액을 쏟아부은 나라가 바로 '중동의 화약고' 이스라엘이었다. 안전한 투자를 지향하기로 유명한 그가 레바논과의 전쟁이 한창이던 이스라엘에 투자를 감행하자 시시각각 그의 투자에 촉각을 곤두세우던 세계 경제계가 술렁였다. 워런 버핏은 과연 이스라엘에서 어떤 가능성을 본 것일까? 그는 "이스라엘 '땅'에 투자한 것이 아니라 그들의 창의적인 '두뇌'에 투자했다"고 말한다.

그렇다면 버핏이 주목한 창의적인 두뇌의 나라 이스라엘은 어떤 나라일까? 미국 벨연구소에서 『창업국가』를 번역하는 내내 책에 소개된 여러 가지 통계자료에 대해 의구심을 떨칠 수 없었다. 한때 미국을 제외한 나스닥 상장사의 40퍼센트가 이스라엘 기업이라거나, 세계 3위의 지식자본국가로서 일개 대학의 연간 특허 수익이 거의 10억 달러에 달하며, 770만 인구가 만들어내는 창업의 수가 유럽 전체와 비슷하다는 등등. 그러나 이 모든 통계가 한 치의 오류가 없다는 것을 확인하는 순간 그야말로 전율을 느끼지 않을 수 없었다.

벤처강국, 창업국가, 21세기 하이테크산업의 선두 국가···. 오늘날 이스라엘을 표현하는 수식어들은 하나같이 젊고 미래지향적이며 도전적인 면모를 부각하고 있다. 무엇이 이스라엘을 지금의 혁신국가로 만들었을까? 더구나 인류 역사에서 가장 잔인한 사건으로 기록되는 나치의 홀로코스트에서 살아남고, 팔레스타인에 이스라엘을 세우기 위해 독립전쟁을 수차례 치르면서 이루어낸 그들의 성장은 경이로움 그 자체다. 이스라엘은 민족, 땅, 국가, 이념의 집합체다. 이 책에서는 그중에서도 불모지의 땅에서 모든 것을 이루어낸 이념, 불가능 속에서 이루어낸 성장의 원동력이자 이스라엘 사람들의 국민성인 '후츠파Chutzpah'를 탐구하고자 한다.

'후츠파'라는 말은 히브리어로 뻔뻔함, 당돌함, 도전적인 생각을 뜻하는 단어로, 이스라엘의 대표적인 국민성이라고 할 수 있겠다. 하지만 다소 부정적인 의미로 인식되는 탓에 유대인은 그들 유대인 사회 내에서만 거론했을 뿐, 지금까지 외부에 드러내놓고 말하기를 꺼려해왔다. 그러나 21세기 들어 이스라엘은 후츠파 정신을 전 세계에 자랑하기 시작했다. 전 세계인과 차별된 유대인만의 후츠파 정신이 있었기에 오늘의 성공 신화를 이룰 수 있었다는 자각이 있었기 때문이다. 사방이 적국으로 둘러싸인 환경에서 언제 미사일이 빗발칠지 알 수 없을 만큼 안보를 위협받으며 살아가는 이스라엘 사람들. 그들을 지탱해주는 것이 바로 후츠파 정신이다. 후츠파 정신이 없다면 스스로를 지킬 수 없었을 거라고 생각할 만큼 이스라엘 사람들에게는 생존과 직결되는 정신적 자산이라 할 수 있다.

이런 연유로 이스라엘 사람들의 근성이나 나라를 생각하는 마음은 다른 민족과 확연히 다르다고 한다. 이스라엘 사람들의 남다른 정신력을 보여주는 이야기가 있다. 미국의 한 아이비리그 대학에서 중요한 시험이 있던 날, 두 명의 학생이 사라졌다고 한다. 한 명은 리비아 학생이고 다른 한 명은 이스라엘 학생이었는데, 확인해보니 당시 이스라엘과 중동국가의 전쟁이 일어나서 리비아 출신 학생은 징집당할까 봐 겁에 질려 도망을 갔고, 이스라엘 학생은 군대에 자원하기 위해 서둘러 비행기를 타고 본국으로 돌아갔다는 얘기다.

이렇게 강인한 후츠파 정신을 지닌 이스라엘 사람들은 뛰어난 두뇌를 바탕으로 많은 것을 일구고 국제사회에서 막강한 힘을 가지게 되었다. 우리는 이미 세계 곳곳에 유대인의 저력을 떨친 많은 인물들을 알고 있다. 미국의 석유 재벌 록펠러John D. Rockefeller를 비롯해 미 연방준비제도 의장 벤 버냉키Ben S. Bernanke, 골드만삭스Goldman Sachs의 CEO 로이드 블랭크페인Lloyd Craig Blankfein, 페이스북Facebook 창립자 마크 주커버그Mark Zuckerberg 등 엄청난 재력 또는 세력을 가진 유대인들이 다양한 분야에서 활약하고 있다. 그래서 미국에서는 유대인 세력과 갈등을 야기하는 인물은 순조롭게 대통령에 당선이 될 수도, 국정운영을 잘할 수도 없다는 말이 있다. 실제로 오바마Barack Obama 대통령도 랍비 모임에 정기적으로 참석하여 그들의 의견에 귀 기울인다고 한다.

그런 한편, 특유의 영리하고 당돌한 특성 때문에 유대인들은 역사적으로 핍박을 받기도 했다. 과거 유럽 각국에서 점차 세력을 확장하는 유대인들을 견제하기 위하여 히틀러가 '인종 청소'라는 극단적인 주장을 내세웠을 때, 독일과 유럽사회가 적극 지지를 표명하고 이것이 유대인 학살이라는 대참사로 이어진 것은 누구나 아는 사실이다. 당시 유대인에 대한 인종적인 차별로 생겨난 나치스의 '게토ghetto'는 20세기 이후에도 특정 민족·종교집단 등에 대한 격리, 차별, 탄압, 불평등 등의 의미로 굳어져 사용되고, 오늘날 '슬럼slum'의 동의어로 사용되고 있을 정도다. 이스라엘에는 그러한 역사의 상흔을 고스란히 간직한 세대가 아직 생존해 있으며 여전히 유대인에 대한 뿌리 깊은 오해와 편견과 맞서 싸우고 있다.

나는 이스라엘의 명사들을 만날 때마다 '후츠파가 무엇인가'를 공통적으로 질문했다. 그들의 대답은 각각 다르면서도 핵심은 한 가지였다.

"후츠파는 '안 된다'는 답에 굴복하지 않는 것을 의미한다. 처음에 '노'라는 대답을 받더라도 어떻게 하면 '예스'라는 답을 얻어낼 수 있는지 궁리한다."

_ 마이어 브랜드, 이스라엘 구글 CEO

"후츠파는 무엇이든지 할 수 있다는 자신감이다."

_ 조하르 지샤펠, 라드그룹 회장

"후츠파의 궁극적인 정의는 딱히 영양가가 없거나 현재 주목받기 어려운 일을 하면서도 기꺼이 위험을 감수하고 미지의 세계에 뛰어드는 용기와 모든 것이 잘되길 기대하는 긍정적인 태도를 의미한다."

_ 지오라 야론, 이타마르 CEO

"후츠파는 도전이다. 현재에 도전하는 것이다. 국가와 세계를 바꿀 수 있는 좋은 아이디어가 있다면 과감히 도전을 해야 한다. 이것이 후츠파다."

_ 댄 세노르 · 사울 싱어, 「창업국가」의 저자

"후츠파는 대담성이다. 능력이 못 미치는 일을 할 때 대담해지고, 한계에 도전하고, 기회를 잡기 위해서는 긍정적인 마인드를 가져야 한다."

_ 헤츠키 아리엘리, 글로벌 엑설런스 회장

21세기 이스라엘의 경쟁력을 분석한 책『창업국가』를 우리말로 옮겨 국내에 소개하고 미래창조과학부 차관으로 임명되고 난 뒤, 창조경제가 무엇이냐에 대한 질문을 부쩍 많이 받고 있다. 답을 말하기에 앞서 독자 여러분 스스로 창조경제가 무엇인지에 대해 생각해보는 기회를 갖기를 권한다. 전 국민이 각계각층에서 나름대로 생각하는 창조경제의 의미, 그 전체의 합이 대한민국의 창조경제라고 말할 수 있기 때문이다. 다시 말하자면 온 국민의 입에서 똑같이 내뱉는 모범답안을 요구하는 순간, 그것은 이미 '창조경제'가 아니라는 뜻이다.

나는 우리나라가 창조경제로 나가가야 할 구체적인 처방을 제시하는 것보다 이스라엘의 후츠파 정신에 주목하였다. 우리 경제의 새로운 돌파구가 될 키워드가 이스라엘의 역동적인 국가경영 안에 있다고 보았기 때문이다. 이 책을 통해 이스라엘의 깊숙한 문화와 일상의 이모저모를 살펴보면서 유대인들 특유의 캐릭터인 후츠파 정신을 본격적으로 탐구하려 한다. 이스라엘의 후츠파 정신을 찾아가는 여행 속에서 독자 여러분들은 다음과 같은 의문점들의 답을 스스로 찾을 수 있으리라 기대한다.

• 기름 한 방울 나지 않는 사막국가가 어떻게 전 세계에서 가장 놀라

운 혁신국가가 되었을까?

• 전 세계 인구의 0.2퍼센트가 노벨상의 22퍼센트를 차지하는 일당 백의 노하우는 무엇일까?

• 그들은 어째서 의사, 변호사 등 전통적으로 선호하던 전문 직종을 마다하고 두 팔을 걷어붙이고 창업전선에 뛰어들게 됐을까?

• 한 대학에서 1년에 10억 달러의 특허 수익을 올리는 것이 어떻게 가능할까?

• 전 세계 벤처투자의 30퍼센트가 한반도 면적의 10퍼센트에 불과한 작은 나라에 집중 투하되는 비결은 무엇일까?

• 세계 경제 위기의 와중에서도 단 한 군데의 은행도 파산하지 않은 금융안정성의 비결은 무엇일까?

# CHAPTER 3

# 비참함은 **우리의 힘이다**

전 세계가 주목하는 벤처강국, 창업국가, 21세기 하이테크산업의 선두 국가 이스라엘을 본격적으로 들여다보기 전에 현대 이스라엘의 역사를 간략하게 살펴볼 필요가 있겠다. 이 과정은 이책에서 논할 이스라엘 사람들의 국민성인 후츠파의 기원을 알아가는 과정이 될 것이기 때문이다. 또한 세계의 많은 나라들이 1948년 건국이후 짧은 시기에 이룩한 이스라엘의 성장을 가리켜 '기적'이라 부르는 배경을 분명하게 이해하게 될 것이다.

역사를 통틀어 가장 참혹한 사건으로 기록되는 나치의 홀로코스트에서 살아남고, 적대국들로 둘러싸인 팔레스타인 땅에 이스라엘을 세우기 위해 독립전쟁을 수차례 치르면서 이룩한 성장이기에 더 놀랄 수밖에 없다. 그런 만큼 이스라엘이 어떤 과정을 거쳐 지금의 성공적인 지식자본 국가로 성장할 수 있었는지를 살펴보는 일은 꼭 필요한 과정이다.

## 현대 이스라엘의 탄생

민족, 땅, 국가, 이념의 집합체인 이스라엘은 성서에서 가장 많이 언급되는 민족이자 땅이며 국가이자 이념이다. 이스라엘은 「창세기」 32장에 처음으로 나온다. 야곱 족장이 천상의 방문객과 밤새 씨름을 벌인 뒤 손님에게서 '신과 씨름하는 자'라는 뜻의 '이스라엘'이라는 이름을 받게 된다(어떤 학자들은 이스라엘이 '신의 지배를 받는다'는 뜻이라고 말한다).

본래 이스라엘이라는 명칭은 특정한 장소를 가리키는 말이 아니었다. 따라서 나라가 정복당하고 지도에서 지워졌어도 그들은 여전히 '이스라엘의 자손'이었고, 그들의 신은 '이스라엘의 신'이었다. 이스라엘이라는 나라가 정복당하여 없어졌을 때부터는 새로운 이념이 생겨났다. 이스라엘 사람으로 태어나지 않아도 이스라엘의 신앙을 가지면 이스라엘 사람이나 마찬가지라는 생각이었다. 이리하여 '개종자'라고 불리는 비유대인도 신의 백성이 되었다. 이는 훗날 이스라엘의 독립 이후 이민자 수용정책의 중요한 바탕이 된다.

현재 이스라엘은 약 70여 개 국가로부터 이민해온 유대인들로 구성되어 있으며, 그들은 각각 역사적, 종교적, 정서적 뿌리는 함께하고 있지만, 언어와 삶의 양식 및 습관은 달리하고 있는 공동체다.

이스라엘 사회를 깊이 들여다보면 생각보다 다양한 인종과 언어, 그리고 관습의 집합체임을 알 수 있다. 경제수도인 텔아비브의 뒷골목을 한 발짝만 더 들어가 보면 서로 다른 배경을 가진 70여 개의 인종, 언어, 음식, 문화가 이스라엘이라는 거대한 용광로에서 서로 융해되어 새로운 사회를 만들어가고 있음을 실감하게 된다.

수천 년간 나라를 빼앗기고 떠돌던 유대인들이 다시 통일국가를 세운 것은 1948년의 일이다. 이는 시오니스트*의 오랜 투쟁의 산물이었다. 독립 후 4개월에 걸쳐 홀로코스트 생존자 5만여 명이 이스라엘로 이주했고, 1951년 말까지 아랍 각지에서 피난 온 30만 명을 포함하여 모두 68만 7,000여 명이 이스라엘로 이주했다.

이스라엘은 독립전쟁을 치르는 과정에서 엄청난 경제적 부담을 짊어지게 되었고, 급격히 증가하는 인구를 부양해야 하는 책임이 있었다. 외국으로부터의 재정 원조가 불가피했다. 이때 미국의 원조와 미국 은행들의 차관, 해외 거주 유대인들의 기부금, 전후 독일의 배상금 등이 이스라엘 경제 성장의 견인차 역할을 했다. 이 자금은 주택 건설, 농업 기계화, 상선 제작, 국영항공사 설립, 광물 개발, 도로 및 통신망 구축에 긴히 사용되었다.

건국 이후 10여 년이 흐르자 이스라엘의 인구는 200만 명 이상이 되

---

* 시온의 땅, 즉 에레츠 이스라엘(팔레스타인)로의 유대인 귀환 운동을 주장하고 전개한 유대민족주의자들

었다. 그 사이 산업 생산과 고용이 두 배로 늘고 산업 수출은 네 배로 증가했을 정도로 급격한 발달을 이뤄냈다. 또한 농업의 발전으로 곡물과 육류를 제외한 기초 농산물을 자급할 수 있게 되었다. 황무지였던 땅의 약 2만 헥타르가 조림되었으며, 800킬로미터에 달하는 해안 고속도로변에는 가로수가 심어졌다.

이후로는 점차 고급 인력을 이용한 하이테크산업을 기반으로 하는 중동 지역 유일한 산업국가로의 변신을 꾀했다. 현재 이스라엘은 전자, 금속, 항공우주산업 및 컴퓨터산업을 주요 수출 산업으로 삼아 경제성장을 주도하고 있으며, 다이아몬드 등의 귀금속 가공 수출도 큰 몫을 차지한다. 1980년대까지는 첨단 농업에 의존한 경제발전이 주종을 이루었으나 1990년대 초반 이후 첨단산업 위주의 산업구조로 재편되었다. 또한 생명공학 및 과학영농에 기초한 농업 분야에서도 국제적 경쟁력을 보유하고 있으며, 선진 산업국가와 과학기술 협력을 통해 고도화된 기술력과 산업 구조를 보유하게 되었다.

물론 이스라엘도 국가적 고민은 있다. 대부분의 공산품을 외국으로부터의 수입에 의존하고 있으며, 약 770만 인구를 가진 중소 규모의 시장으로서 중화학공업, 제조업 분야의 발전은 미약한 편이다. 인근 아랍국가와의 오랜 분쟁 상태 및 이스라엘과 팔레스타인 간 분쟁으로 인한 국방비 및 사회복지 비용의 과다 지출이 국가경제에 부담을 주고 있는 취약성도 떠안고 있다. 최근 들어 이스라엘 정부는 신재생에너지와 관련된 법을 제정하려는 움직임을 보이며, 각종 인센티브를 제공하는 노력을 기울이고 있다. 특히 이스라엘 남부에 소재한 네게브 사막 등 신재생에너지 중 태양에너지를 활용하기에 유리한 기후 조건을 활용하고자 노력하고 있다. 앞으로 이를 활용하는 기술 개발과 정부의 지원 정책을 결합하여 태양에너지 발전소를 건립하는 것이 주요한 과제로 남아 있다.

## 신은 자원을 앗아갔지만 지혜를 주셨다

1948년 5월 14일 금요일 오후 4시, 텔아비브박물관에서는 국가 '하티크바Hatiqva'가 불려진 후, 초대 수상 벤 구리온David Ben-Gurion이 독립 헌장이 기록된 두루마리를 낭독했다. "우리는 유대인의 역사적이며 본질적인 권리와 유엔 안전보장이사회의 결정에 따라 '이스라엘'이라 불리는 국가를 팔레스타인에 세울 것을 선언한다."

이 선언은 15분도 채 걸리지 않았으며, 건국의 지도자들이 알파벳 순서대로 서명하였다. 임시 국민의회는 이스라엘 정부를 비준하였으며, 독립 선언 직후 미국과 소련 정부로부터 사실상 인정도 받았다. 그날 자정을 한 시간 남겨둔 시간에 영국 식민지 대표는 하이파Haifa항을 떠났고, 다음 일요일에는 이스라엘의 초대 대통령으로 하임 바이츠만Chaim Weizmann을 선출하였다.

오랜 세월 유럽에서의 방랑 생활과 박해, 대량 학살 가운데서도 살아남은 이스라엘 백성들은 자기의 땅과 주권을 가진 새로운 이스라엘을 회복하게 되었다. 과거 조상들이 살던 땅으로 돌아와 국가 없는 민족의 설움을 씻고 명예를 회복하게 된 기쁨에 유대인들은 너나없이 약속의 땅 이스라엘로 몰려들었다. 전 세계 각지에서 온 사람들에 의해 세워진 이민자들의 나라 이스라엘은 이민자들에게 너그러운 정책을 고수하였고, 1990년대에는 사상 유례없는 100만 명의 이민자들을 러시아로부터 받아들인 바 있다. 이들 이민자들의 문화적 결합은 다양한 배경을 토대로 성공적으로 이루어지고 있다.

이스라엘에는 땅과 사람 그리고 시간과 예산, 어느 것 하나 풍족한 것이 없다. 그와 더불어 이스라엘의 지정학적 위치에 따른 정치상황은 보다 치열하고 강한 돌파력을 요구하고 있다. 좀 더 효율적인 나라의 운영을 위해서는 질 높은 교육이 필요하고 기술이나 혁신, 과학에 주력해야만 한다. 그것만이 영토가 좁고, 시장 기반이 없는 이스라엘의 취약점을 보상하는 길이다.

2005년 3월, 에후드 올메르트 수상의 초청으로 이스라엘을 방문했을 당시 두 눈으로 직접 목격한 이스라엘의 인상은 말 그대로 충격적이었다. 연평균 강우량 400밀리미터에, 국토의 넓이는 우리나라의 5분의 1 수준으로 충청남·북도 정도에 불과하고, 인구도 고작해야 750만 명밖에 안 되는, 겉으로 보이는 것만으로는 보잘것없이 작은 나라였다. 그러나 조금만 들여다보면 이스라엘이라는 나라를 지탱하고 있는 모든 분야의 주역들이 엄청난 열망과 에너지를 품고 있다는 사실을 금세 확인할 수 있었다.

무無에서 유有를 창조한 유대인의 개척사에 진정한 원동력은 무엇이었을까? 벤 구리온이 "우리는 가진 게 없고 싸우려는 의지와 잠재된 능력이 있을 뿐이다"라고 한 말은 유명하다. 우리보다 훨씬 열악한 환경에서 경제기적을 일군 21세기 창업국가이자 세계 3위의 지식국가 이스라엘에는, 비록 전부는 아닐지라도 우리가 찾는 답의 실마리가 있음을 직감할 수 있었다.

## 무에서 유를 창조한 개척의 역사

유대인은 세계에서 가장 두뇌가 우수한 민족의 하나로 꼽힌다. 세계 인구의 0.2퍼센트에 불과한 인구(이스라엘에 0.1퍼센트, 그 밖의 전 세계에 0.1퍼센트)로 노벨상 수상자의 22퍼센트, 여성으로만 따지자면 33퍼센트를 배출했다. 비단 이러한 수치가 아니더라도 상당수의 유대인들이 전 세계 각 분야에서 두각을 나타내며 막강한 글로벌 파워를 과시하고 있다. 글로벌 엑설런스Global Excellence의 헤츠키 아리엘리Hezki Arieli 회장은 일찍이 유대인의 성장 원동력은 세 가지 '선물' 덕택이라며 흥미로운 의견을 밝힌 바 있다.

그가 꼽은 첫 번째 선물은 '부족함'이다. 유대인은 수천 년 동안 거주지 없이 떠돌면서 학대와 약탈, 수난을 당했다. 그 과정에서 유대인은 어떤 상황에서 어떤 일이 있더라도 빼앗기지 않을 단 한 가지, 바로 생존을 위한 '자원'의 필요성을 뼈저리게 절감했다. 그것이 바로 지식이다. 이스라엘의 첫 개척자들은 성서에 약속된 우유와 꿀을 기대했지만 정작 그들이 맞닥뜨린 운명은 늪과 사막, 전쟁뿐이었다. 하지만 그들에게는 약속된 땅의 악조건을 바꿔버릴 만한 무한한 잠재력이 있었다. 그들은 부정을 긍정으로, 늪과 사막을 젖과 꿀로 바꾸기 위해 부단히 노력했다. 헤츠키 아리엘리 회장이 숙명적 부족함을 첫 번째 선물이라 인정하는 까닭은 바로 이 때문이다. 현대 시온주의의 아버지라 불리는 테오도르 헤르츨Theodor Herzl 역시 "유대인들이 가진 힘이란 곧 유대인들이 경험한 비참함 그 자체다"라고 말한 바 있다. 불만족하기 때문에 더 만족스러운 결과를 지향하고 지금의 처지를 개선하려는 것이 이스라엘 사람들의 본성임을 강조하는 말이다.

두 번째 선물은 '배움'이다. 이것은 부족함이라는 첫 번째 선물로부터 비롯된 필연적인 결과물이기도 하다. 배움에 대한 긍정적 문화는 유대인의 문화 속에서 대를 거듭하며 꾸준히 그 힘을 더해갔고, 부족함으로 인해 직면해야 했던 수많은 도전을 극복할 원동력이 되었다.

이스라엘 사람들이 지닌 세 번째 선물은 '책'이다. 헤츠키 아리엘리 회장은 "책은 우리 모두에 의해 쓰인 것을 말한다. 글을 쓴다는 것은 단순히 책을 쓰는 작업에 국한된 것이 아니라 기술을 창조해내고 혁신을 이루어내며 음악이나 예술을 창작해내는 것일 수도 있다. 그러나 유대인 가족의 문화에서 글쓰기는 한 단계 더 나아간 개념이다. 그것은 수동적으로 받기만 하는 것이 아니라 미래를 위해 자기의 단락에 기록을 남기는, '나누기 위한' 창조 행위다"라고 말한다.

주지하듯 유대인은 세계에서 가장 교육을 잘 받는 민족이다. 특히 어머니가 유대인이면 아버지의 출신이 어느 국가, 어느 민족이든 상관없이 그 자녀는 철저하게 유대 방식으로 교육을 받는다. 엄밀한 의미에서 말하자면, 유대인이란 '유대민족'만을 가리키는 것이 아니라 '유대교육으로 뭉친 다민족'인 셈이다. 그리고 그들은 탈무드의 민족이며 유대교 유일신을 믿는다.

2,000년간 전 세계 곳곳에 뿔뿔이 흩어져 있던 유대인들은 '약속의 땅' 이스라엘로 돌아가기 위해 시온운동을 일으켰다. 1948년 영국으로부터 독립하고 팔레스타인 땅에 이스라엘 국기가 꽂히자 70여 개국에 흩어져 있던 유대인들이 일제히 결집하였다. 그런데 전 세계 각지에 흩어져 살던 유대인들이 한자리에 모이고 보니 교육 방식과 종교의식이 놀랄 정도로 똑같았다. 무려 2,000년 동안 살던 지역도, 피부색도, 언어도 제각각 달랐지만 그들은 어머니로부터 동일한 교육을 받고 자랐으며 단 하나의 종교를 믿는, 의심할 바 없는 유대인으로서의 명맥을 이어왔던 것이다.

안정된 생활을 버리고 아무것도 없는 황무지에서의 삶을 택한 그들은 용감한 이상주의자들이었다. 그들이 불가능을 가능으로 바꾸며 이겨낸 고난의 순간들은 고스란히 이스라엘 건국의 역사가 되었다.


## 이스라엘을 들여다보면 내일이 보인다

세상에서 변하지 않는 것은 무엇일까? 과거부터 오늘까지 변하지 않았고, 앞으로도 영원히 변하지 않을 그러한 것이 우리가 사는 세상에 과연 존재할까? 그렇다. 모든 것이 변하고 세상의 질서가 뒤바뀐다 해도 변치 않을 한 가지가 있다. 그것은 아이러니하게도 바로 '변화change'다. 지금까지 인류의 역사에는 무수한 변화가 있어왔고 앞으로도 짐작조차 못할 변화들이 계속될 것이다. 변화만큼은 언제나 인류의 흥망성쇠와 함께해왔으며 이것은 어느 국가, 어느 사회에서도 예외가 없을 것이다.

역사를 보면 변화에 적응하지 못한 대가는 가혹해서, 도태되거나 심지어 영원히 사라지게 된다. 오늘날을 '불확실성'의 시대라고들 말하지만 사실 그렇지 않은 시대는 유사 이래 존재하지 않았다. 중요한 것은 변화의 물결을 앞장서서 선도할 것인가 아니면 좇을 것인가에 있다. 그런 의미에서 이스라엘은 언제나 변화에 적극적으로 앞장서는 주체로서 활약해왔다. 다른 어느 나라보다 열악한 조건을 가졌지만 그들은 절망적인 상황에 불평하며 주저앉는 대신, 도전하고 또 혁신하며 오늘에 이르렀다. 세계가 주목하는 이스라엘 경제성장을 견인한 것은 다름아닌 과학기술이었다.

이스라엘은 내수 시장이 워낙 작고 인건비가 높아 제조업이 발전하기에는 턱없이 불리한 환경이었다. 따라서 이스라엘은 상대적으로 강점이 있는 분야에 집중하는 길을 택한다. 바로 두뇌자원이 고도로 활용될 수 있는 분야, 기존에 없는 것을 상상하고 그 실현 가능성에 도전하는 혁신만이 그들이 살 길이었다. 비좁은 우물 안을 벗어나고 싶은 욕구가 필연적으로 창의적인 혁신을 불러온 것이다.

척박한 사막 위에서 이스라엘이 농업생산성을 무려 열여섯 배 끌어올리기까지는 25년밖에 걸리지 않았다. 1960년대의 농업강국 이스라엘은 그렇게 해서 만들어졌다. 70년대 해수의 담수화 특허로 세계를 놀라게 한 데 이어, 80년대 들어서 원자력 안전기술에 특허를 건 것도 그러한 도전과 선택의 일환이었다. 오일 쇼크 이후 대체 에너지로서 그 중요성이 부각되고 있는 원자력은 인류의 생존을 위협할 만큼 위험부담이 따르는 까닭에 그 안전기술은 결코 가볍게 생각할 수 없는 중요한 분야다. 80년대에 전 세계 원자력발전소의 80퍼센트가 지어졌는데, 이스라엘의 안전기술이 있었기에 가능한 성과였다.

90년대에는 인터넷 보안 특허를 미리 준비해 세계 시장을 석권했다. 인터넷은 보안기술이 생명이다. 보안기술이 없이는 전자상거래, 콘텐츠 유통, 유료방송 등 모든 기능의 활성화가 불가능하다. 인터넷 방화벽을 개발한 체크포인트Checkpoint, ICQ, 페이팔PayPal 등 세계 인터넷 보안기술의 80퍼센트를 이스라엘이 석권하고 있다. 이러한 혁신적인 기술력을 바탕으로 이스라엘은 IT벤처기업을 육성하는 데 지원을 아끼지 않는다.

건국 약 65년이 지난 지금, 이스라엘은 세계 하이테크 산업을 주도하는 신화의 땅으로 우뚝 섰다. 이스라엘 사람들은 규모가 작은 내수 시장 대신 자연스럽게 전 세계 시장을 목표로 사업을 구상하기 때문에 사업체가 궤도에 오르면 곧바로 나스닥에 상장한다. 이런 경제적 교류 덕분에 이스라엘과 미국은 다른 어느 나라보다 가까운 편이다. 사업 구조도 미국과 매우 유사하다. 특히 1980년~90년도에는 미국 정부, 미국 기업, 그리고 미국 내의 유대인 단체들과의 긴밀한 교류를 바탕으로 어렵지 않게 미국 시장에 진출할 수 있었다. 불과 몇 년 전만 해도 나스닥

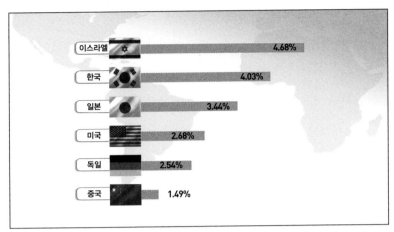

GDP 대비 연구개발 투자 비율

시장의 외국 기업(조세회피지역 제외) 수는 161개. 그중 이스라엘 기업은 61개로 캐나다(46개)를 제치고 1위를 달리고 있었다. 유럽 전체(30개)의 두 배에 달한다. 한국은 3개에 불과하다.

2000년대 이후 이스라엘이 거둔 최대 성과는 인터넷 보안 특허를 석권했다는 점이다. 이스라엘의 수석과학관실(Office of the Chief Scientist, 이하 OCS)은 1990년대 후반부터 인터넷상에서 각종 콘텐츠를 원형 그대로 빼갈 수 없도록 하는 보안 기술을 개발하여 세계 네트워크 보안 기술의 80퍼센트를 독점하고 있다. 이스라엘의 수많은 벤처들이 이 프로젝트에 참여하여 다양한 종류의 알고리즘을 만들어냈으며, 그중에서도 NDS라는 회사가 개발한 암호화 알고리즘은 지금껏 단 한 차례도 해독된 사례가 없을 정도로 철통같은 보안 기술력을 자랑하고 있다.

과거 TV 수신을 위해 지붕에 설치하던 안테나의 역할을 요즘은 셋톱박스가 대신하는데, 현재 이 프로그램의 기술력은 이스라엘 NDS가 보유하고 있으며 전 세계 시장의 70퍼센트를 차지한다. 미국의 메이저 영화사들은 NDS의 암호화 장비를 갖추지 않은 콘텐츠 사업자에게는 영화 공급을 거절할 정도라고 한다.

특허사업 분야에서 이스라엘이 벌어들이는 수입은 세계 3위에 달한다. 서울대학교의 절반밖에 안 되는 히브리대학 한 곳에서만 1년에 특허료로 10억 달러를 벌어들이고 있으며, 전 세계 기업들이 이 나라의 기초과학연구소인 바이츠만과학연구소Weizmann Institute of Science의 특허를 이용하여 1년간 1,700억 달러의 매출액을 올리고 있다. 우리 화폐로 환산하면 200조 원에 해당하는 금액이다.

이스라엘은 남한의 5분의 1에 불과한 좁은 사막 땅에서 우리와 같은 1948년에 독립하였다. 이후 세계 인구 0.1퍼센트에 불과한 이들이 유럽 전체에서보다 많은 수의 창업을 만들어내고 있을 때, 우리나라는 연구개발이나 특허 출원 분야에서 세계 최고 수준의 경쟁력을 가졌으면서도 정작 창조적 결과물로 연결시키는 데에는 그들보다 뒤떨어져 있는 것이 사실이다. 즉, 사업화와 수익으로 연결되지 않는 연구소 위주의 연구개발 비중이 높다. 돈을 벌기 위한 연구보다 연구를 위한 연구가 많다 보니 우리나라 이공계의 위상이 점차 낮아지는 데 적지 않은 영향을 주고 있다. 우리나라는 원천기술에 대해 받는 로열티 대비 지불하는 로열티의 비율을 뜻하는 기술무역수지 배율(기술흑자 배율)에서 0.42를 기록, 세계 30위 수준에 머물고 있다. 반면 이스라엘은 4.07이라는 높은 배율을 자랑한다. 이스라엘의 현재를 알면 세계의 미래 기술을 알 수 있다는 말은 결코 과장이 아니다.

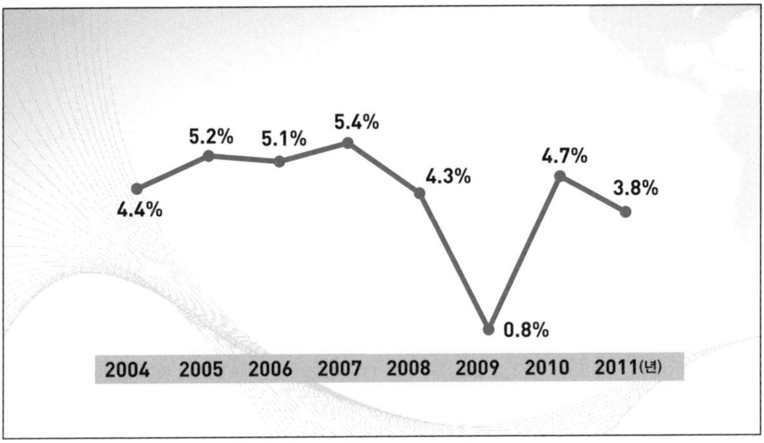
5.2%
5.1%
5.4%
4.3%
4.7%
3.8%
4.4%
0.8%
2004 2005 2006 2007 2008 2009 2010 2011(년)

이스라엘의 경제성장률

그렇다면 현재 그들의 관심사는 무엇일까? 이스라엘의 대표적인 IT 기업 라드그룹RAD Group에서 그 답을 엿볼 수 있었다. 연매출 7,000억 원을 자랑하는 데이터 통신 네트워크 접속장비 개발업체인 라드그룹은 수십 개의 자회사를 거느린 세계적인 기업으로, 이스라엘 기술혁신의 상징이다. 창업이라는 것은 몇 명의 젊은이들이 차고에 틀어박혀 벤처를 일구는 것만이 아니라, 대기업이 자체 내에서 끊임없이 새로운 사업 아이템을 만들어내고 다른 분야에 진출하는 것도 포함된다는 사실을 일깨워주는 모델의 하나다. 현재 자회사 중 8개가 미국 나스닥에 상장되어 있으며, 어떤 경우에는 상장을 했더라도 해당 기술을 필요로 하는 기업을 찾아 수시로 인수·합병시킴으로써 작지만 강한 21세기 이스라엘식 재벌의 모습을 갖추어가고 있다. 이 회사의 직원이라면 누구라도 자유롭게 아이디어를 제출할 수 있으며, 아이디어가 통과되면 회사가 지분을 참여하여 위험을 감수하고 지원한다. 이것이 바로 이스라엘의 대표 기업 라드그룹이 자랑하는 혁신 인자다.

조하르 지샤펠Zohar Zisapel 회장은 "스마트폰, 태블릿PC의 영향으로 향후 10년 동안에도 정보통신산업은 부가가치를 창출하며 급격히 성장할 것이다. 전자기술을 사용하는 데 있어서도 세계의 기준이 점차 단일화될 것이라 예상된다. 아시아, 라틴아메리카, 아프리카 지역의 개발도상국들에도 기술이 급속도로 확산될 것으로 내다보고 있다"며 기업의 지속적인 성공을 자신하고 있다.

물론 이스라엘도 과거 몇 차례의 경제위기를 겪었다. 특히 2000년도

이스라엘의 경제 수도 텔아비브의 정경

에는 마이너스 성장이 이어지고 실업률마저 높은 수치를 기록했다. 그러나 2004년을 기점으로 이스라엘은 어떤 서방 국가보다도 높은 경제성장률을 기록하며 도약하고 있다. 수출이 수입을 뛰어넘고, 수십억 달러의 흑자를 기록하였으며, 세계 경기가 전반적으로 어려웠던 2011년에도 3.8퍼센트의 경제성장률을 유지하였다. 2008년 전 세계를 강타한 금융위기 때에도 이스라엘의 금융기관들은 정부 보조금을 한 푼도 축내지 않고 버텨냈다. 같은 시기, 미국에서는 은행을 살리기 위해 수조 달러의 정부 보조금을 쏟아부었는데도 금융권의 연쇄 파산을 막아내지 못한 것과 대조적이다. 오늘날 이스라엘의 경제성장은 엄격하고 보수적인 금융정책과 지속적인 무역흑자가 뒷받침된 결과다.

이스라엘의 경제 수도 텔아비브는 24시간 잠들지 않는 도시로 불린다. 서부 지중해 연안에 위치한 이곳은 건국 당시만 해도 황량한 모래벌판에 지나지 않았던 곳이지만 단 반세기 만에 세계적인 산업도시로 성장했다. 먼 옛날 성지인 예루살렘을 탈환하기 위해 유럽 십자군과 이슬람 군대가 치열한 전쟁을 벌였던 곳으로도 잘 알려져 있다. 나는 12대 수상이던 에후드 올메르트의 초청으로 2005년 3월, 이스라엘을 방문했다. 당시만 해도 텔아비브는 여전히 바닷가의 황량한 도시였다. 그러나 불과 6~7년 사이에 텔아비브는 세계 하이테크 기업들의 또 다른 격전지로 탈바꿈하여 지금은 첨단도시의 위용을 자랑하고 있었다.

이스라엘 정부는 사막 한가운데서 젊은이들의 도전과 창업정신을 적극적으로 부추기고 지원책을 마련하여 성공적으로 세계 최고의 창업 국가를 일구었다. 지난 7년이라는 세월은 끊임없이 도전하고 창업하는 이스라엘 젊은이들에게 있어서 텔아비브가 미국의 실리콘밸리에 버금가는 도시로 거듭나기에 충분한 시간이었다. 메마르고 보잘것없던 황무지는 21세기 기술혁신의 상징이 되어 지금 이 순간에도 화려한 비상을 계속하고 있다.

# 2장

# 작지만 거대한

# 도전의 나라

**01** 폭탄 투하율과 경제성장률이 일치하는 나라
**02** 거침없는 도전, 아낌없는 지원 | **03** 혁신국가의 자양분, 군대문화
**04** 세상을 바꾸는 아이디어와 혁신

기자들이 워런 버핏에게 왜 이스라엘을 선택했느냐고 질문하자 그는 "이스라엘에 폭탄이 떨어지면 서둘러 투자해라"라고 답변했다. 의아하게 들릴 테지만 실제로 이스라엘 경제성장률 곡선과 폭탄 투하율은 정확하게 일치하는 것으로 나타났다. 이스라엘에서는 긴박한 군사적 대립상황에서도 일상생활에 전혀 영향을 받지 않는다. 이스라엘의 전쟁 뉴스가 전 세계에 긴급 타전되는 상황에서도 정작 이스라엘의 기업은 변함없이 제품을 생산하고 기술을 수출한다.

chutzpah

# CHAPTER 1

# 폭탄 투하율과 경제성장률이
## 일치하는 나라

워런 버핏이 지분의 80퍼센트를 인수하면서 전 세계의 이목을 집중시킨 이스라엘의 기계공작회사 이스카는 산업용 기계, 금속절단기계, 굴착기 등을 제작 및 판매하여 연간 약 1조 4,000억 원의 매출을 올리는 기업이다. 현재 이스라엘 외에도 3개 대륙에 열두 개의 공장을 설립했고, 이슬람계 국가인 터키와 이집트를 비롯한 50여 나라에 상품을 수출하고 있다.

이스카의 주력 공장과 연구개발센터는 이스라엘의 최북단인 테펜 지역 산업단지의 중앙에 위치한다. 언제 어디서 미사일이 날아들지 모르는 이스라엘에서도 가장 위험한 지역 중 하나다. 국경에서 불과 6마일 밖에 떨어져 있지 않은 레바논과의 접경지역으로 1991년 걸프전 때도, 2006년 레바논전 당시에도 수천 발의 미사일에 집중 폭격을 당했을 만큼 언제든 폐허로 변할 수 있는 위험이 도사리고 있다. 이런 사실을 모를 리 없을 텐데도 워런 버핏은 망설임 없이 거액의 투자금을 내놓았고, 2013년 5월에는 잔여 지분 20퍼센트까지 인수했다.

일단 공습이 시작되면 이스카의 근로자 대부분이 가족들을 대동하고 임시 거처로 옮기고 근로자들의 재배치가 이루어진다. 그러나 전시체제하에서도 이스카는 단 한 건의 제품과 서비스도 납품 기한을 어긴 일이 없이 전 세계 고객들의 신뢰를 지켜 나가고 있다.

이스카의 모토는 '혁신이 멈추지 않는 곳'이다. 전쟁과 테러의 위기와 긴장감이 감도는 위험한 지역에 위치하면서도 고객의 신뢰를 잃지 않고 세계적 기업으로 성장할 수 있었던 이유는 연간 매출의 10퍼센트 이상을 과감하게 연구개발에 재투자해온 결과다. 또한 연구개발팀만이 아니라 전 직원이 어떤 악조건 속에서도 자신의 능력을 최대한 발휘하고자 노력하고 협력하는 문화를 공유하고 있다.

기자들이 워런 버핏에게 왜 이스라엘을 선택했느냐고 질문하자 그는 "이스라엘에 폭탄이 떨어지면 서둘러 투자해라"라고 답변했다. 의아하게 들릴 테지만 실제로 이스라엘 경제성장률 곡선과 폭탄 투하율은 정확하게 일치하는 것으로 나타났다. 이스라엘에서는 긴박한 군사적 대립상황에서도 일상생활에 전혀 영향을 받지 않는다.

오히려 이스카의 8시간 근무 시스템은 비상시에 18시간으로 연장된다. 건물 내에 안전한 지하 벙커가 있어서 퇴근하지 않고 회사에서 대기할 수 있기 때문이다. 직원 가족들도 회사로 피신한다. 직원들은 미사일 공격 중에는 일단 대기했다가 폭격이 멈추면 나와서 일을 계속하고, 그동안 벙커에서는 직원의 자녀들이 학업에 지장을 받지 않도록 학교 교육도 이루어진다. 근무 시간이 아닌 직원들이 번갈아 아이들을 돌보며 자원봉사를 한다. 이스라엘의 전쟁 뉴스가 전 세계에 긴급 타전되는 상황에서도 정작 이스라엘의 기업은 변함없이 제품을 생산하고 기술을 수출한다. 전 세계 61개국의 고객들이 이스라엘의 제품과 서비스를 기다리는 까닭이다. 이 때문에 전시 상황에 생산성은 오히려 높아졌고, 워런 버핏은 예리한 눈으로 이를 포착하여 투자했던 것이다.

이것은 비단 이스카만의 기업문화가 아니라 이스라엘 사회 곳곳에서 공통적으로 발견할 수 있는 대담한 국민성이다. 1990년 걸프전 당시, 사담 후세인이 이스라엘에 대한 공격을 언급하며 위협을 가할 때 예루살렘에 위치한 인텔 이스라엘 공장은 386칩을 생산하여 전 세계 물량의 75퍼센트를 공급하고 있었다. 인텔의 산타클라라 본사는 전쟁 중 공장 가동 중지를 지시하였고, 전쟁위협에 대한 부담 때문에 이스라엘 기지의 철수를 심각하게 고민하고 있었다. 그러나 이에 대한 인텔 이스라엘의 의지는 확고했다. 전쟁의 위협은 일시적으로 해결될 문제가 아니며, 그때마다 공장 문을 닫거나 생산을 포기하면 결과적으로 제품을 기다리는 전 세계 고객들과의 신뢰를 저버리게 된다. 게다가 더 심각한 것은 이스라엘의 안전이 위협받고 있다는 사실이 전 세계에 알려지면서 자국의 경제와 산업계 전체가 받게 될 타격이었다. 인텔 이스라엘 직원들은 미사일 공격 중에도 어김없이 출근했고 방독면을 쓴 채 회의를 하면서 한 치의 오차 없이 생산공장을 가동했다. 이것은 이스라엘의 명예이자 자존심의 표현이었다.

설립 14년의 짧은 역사에도 불구하고 전 세계의 천재들이 몰려드는 엔지니어의 낙원이자 새로운 기술과 서비스의 제국으로 명성을 떨치고 있는 구글. 터무니없는 야심과 상식을 뛰어넘는 꿈이 더 실현하기 쉽다고 말하는 젊은 엔지니어들의 행보는 단기간에 구글을 최고의 기업으로 만들어왔다. 2006년, 구글은 세상을 바꾸는 혁신을 찾기 위해 365일 전쟁의 위험이 도사리는 이스라엘로 전격 진출했다. 그들이 이스라엘에서 주목한 것은 중동의 화약고가 아닌 혁신국가였고, 무엇보다 그 중심에 있는 두뇌였다.

## 바다에서 육지로 거꾸로 흐르는 강

전 세계의 강물은 산에서 발원하여 들판을 적시고 바다로 흘러든다. 그러나 이스라엘 젊은이들에게 물어본다면 깜짝 놀랄 만한 답을 듣게 될 것이다. 그들에게 있어서 강이란 바다에서 발원하여 육지로 흐르는 것이다.

흩어졌던 민족이 2,000년 만에 찾아온 고향 팔레스타인은 이미 낙타나 양떼가 아니고서는 사람들이 거주하기에 적합하지 않은 척박한 땅이었다. 수천 년을 돌고 돌아서야 신이 유대인에게 허락한 땅은 황량한 모래벌판이 전부였다. 연 평균 강우량이 400밀리미터로 우리나라의 7분의 1 수준에 불과한 이 황무지에서는 적국과의 경계를 관통하는 요르단 강만이 유일한 수원이었다. 요르단 강이 잠시 흐름을 멈춘 곳에 갈릴리 호수가 있는데, 해저 221미터 아래에 존재하는 이 호수의 물을 끌어 올려야만 비로소 먹는 물과 농사를 근근이 해결할 수 있었다.

이러한 환경 탓에 이스라엘 사람들은 어른 아이 할 것 없이 시시각각 갈릴리 호수의 수위를 정확히 파악하고 있다. 추운 겨울날 우리가 아침마다 그날그날의 최저기온을 확인하듯이 이스라엘에서는 갈릴리 호수의 변화하는 수위에 촉각을 곤두세우는 것이다. 혹시나 강이 가물어 오염된다면 이들의 터전이 치명적인 위협을 받기 때문이다.

더구나 인구가 지속적으로 늘고, 이스라엘 전역에 300여 개의 키부츠kibbutz가 세워지자 수자원은 더욱 절실해졌다. 하지만 호수가 해저 221미터에 위치한 까닭에 물이 필요할 때마다 일일이 두레박질을 할 수도 없는 노릇이었다.

이스라엘은 무려 250킬로미터에 이르는 긴 해안선을 가지고 있으면서도 넘실거리는 파도를 바라만 볼 뿐 갈증을 속 시원히 풀 방법이 없었다. 국가경영과 안정적인 정착을 위해서 물은 반드시 필요했다. 궁지에 몰린 그들은 급기야 무한한 바닷물을 민물로 바꾸면 좋겠다는 상상을 하게 된다. 이러한 엉뚱한 생각을 현실로 만들기 위해 OCS가 가동된다. 바닷물을 담수화하는 가장 간단한 방법은 물을 끓여 수증기를 냉각시키는 것이다. 그러나 물 1리터를 얻기 위해 석유 2리터를 소모한다는 것은 석유 한 방울 나지 않는 이스라엘로서는 쉽사리 선택하기 어려운 방법이었다.

최소의 전기에너지를 이용하여 최대의 담수기능을 구현하는 역삼투압 기술은 이러한 필요에 의해 개발되었다. 현재 지중해에 면한 서쪽

해안에는 주요 거점마다 원자력발전소가 건립되어 있다. 이 원자력발전소에는 상암동 축구경기장만 한 플랜테이션이 인접해 있어서, 여기에 바닷물이 강물처럼 밀려들어간다. 그러면 역삼투압 효과를 이용해 민물을 만들어 육지로 밀어 올리는 것이다. 이로써 이스라엘에서는 강이 바다로 흐르는 것이 아니라 바다로부터 흘러들어 육지로 가는 셈이다.

이 기술로 세계 특허를 장악한 이스라엘은 전 세계 물 부족국가를 대상으로 지난 30년 동안 30조 원 이상의 로열티를 벌어들였고, 250킬로미터의 지중해 연안에 해수 담수화 플랜테이션을 설치할 자본을 확보할 수 있었다. 이로써 그들이 생산하는 민물은 연간 5억 톤에 달한다. 먹는 물, 즉 상수도의 90퍼센트는 이렇게 바닷물을 정제해 쓰고 농사짓는 물의 70퍼센트는 갈릴리 호수에서 끌어다 쓰는 것이다. 그렇다면 먹는 물의 10퍼센트와 농사짓는 물 30퍼센트의 부족분은 어떻게 해결하는 것일까?

이들은 사용 후 하수도로 흘러들어간 물의 70퍼센트를 재사용함으로써 필요한 물 사용량의 부족분을 충당한다. 하수도 재사용률이 15퍼센트에 불과한 우리나라와는 비교조차 할 수 없으며, 세계 두 번째로 하수 재활용률이 높은 스페인도 그 3분의 1 수준밖에 안 되니 그 차이만 보더라도 이스라엘이 얼마나 독보적인 기술을 가지고 있는지 확인할 수 있다.

이스라엘은 해수를 담수화하는 역삼투압 기술에 특허를 출원하였다. 현재 역삼투압 해외플랜트 사업을 연간 수조 원 규모로 유치하고 있는 우리나라 기업도 한때 바로 이 특허를 사용하였다. 엉뚱한 상상을 현실로 만들어낸 이스라엘에 세계가 놀라움을 금치 못했다.

또 사막 밑바닥 암반층에 물을 가두어놓고 안에다 물고기를 길러 그 배설물이 섞인 물로 유기 농사를 짓는다는 발상도 자원 없는 이스라엘이 아니면 할 수 없는 특유의 상상력에서 비롯되었다. 이것 역시 결코 만만한 프로젝트는 아니었다. 사막을 헤치고 물을 가두면 수온이 섭씨 36도까지 오르는 데다 염도가 민물과 해수의 중간 정도로 바뀌기 때문에 물고기들이 살아남지 못했다. 이때 독일에서 수입해온 민물고기를 이러한 환경에 맞게 개량하는 데 성공을 거둔다. 그 어종이 바로 향어다. 1970년~80년대에 우리나라에서도 즐겨 먹던 '이스라엘 잉어'를 기억하는가. 이스라엘의 환경 적응형 물고기가 인도양을 건너 우리 식탁에까지 올랐던 것이다.

사막에서 기른 물고기가 생명 없는 땅을 옥토로 만들고, 우리나라를 비롯한 각국에 수출되면서 일석이조의 경제적 효과를 가져왔다. 이런 성과에 대해 어린 시절부터 키부츠에서 성장해온 시몬 페레스Shimon Peres 대통령은 "상상하지 않으면 농업은 기존에 알고 있던 농사에서 그치겠지만, 끊임없는 상상력을 바탕으로 커가는 이스라엘의 농업만큼은 95퍼센트가 과학이다"라고 주장하였다. 혁신적인 기술을 개발하고 활용하는 한 농업에서 노동이 차지하는 비중은 5퍼센트밖에 안 된다는 것이 그의 주장이다.

자원 없는 환경에서 살아남기 위해 바닷물을 민물로 바꾸어 육지로 밀어 올리자는 발상. 이러한 '거꾸로 흐르는 강'은 생각의 패러다임을 아예 상자 밖으로 내보내는 것으로 이스라엘 사람들의 창의적 민족정신을 고스란히 보여준다. 이것이 바로 '상자 밖의 생각Thinking out of Box'이다. 사막국가의 한계를 극복하는 이들의 상상력과 창의성은 어디에서 나오는 것일까? 답은 좋은 의미의 '불만족'이다.

히브리어에는 유대 신앙의 바탕을 이루는 기본 원리 중 '티쿤 올람Tikun Olam'이라는 단어가 있다. '세계를 고친다'는 뜻이다. 신이 태초에 세상을 창조했지만 미완성의 상태로 두었고, 인간은 여전히 미완성 상태인 세상을 위해 끊임없는 창조행위를 해야 한다. 그것이 바로 신의 뜻이자 인간의 의무라는 것이다. 요약하면, 신의 파트너로서 세상을 더 나은 곳으로 만들고 상상력을 발휘해 더 새롭게 만들어야 한다는 창조정신이며 이는 불만족에서 기인한다는 말이다.

그들은 만족하는 법이 없다. 바닷물을 민물로 만들고 사막에서 물고기를 기른다는 엉뚱한 생각이야말로 유대인이 자랑하는 후츠파 정신의 한 단면이다. 이스라엘의 교육에 있어서 중요한 초점은 상자 안의 한정된 시야와 틀에 갇힌 생각이 아니라 상자 밖으로 나오라는 데 있다. 가진 것은 희망뿐, 모든 것을 처음부터 다시 시작해야 했던 그들은 이런 절박함을 혁신적인 농업기술로 승화시켰고, 단숨에 농업기술 선두 국가로 자리 매김하였다.

산업통상노동부의 아비 핫손Avi Hasson 수석과학관은 "이스라엘은 크기도 작고 물도 거의 없는 나라다. 그 단점이 창의적인 혁신을 가져왔다. 물 관련 기술과 에너지 재활용 기술 역시 이스라엘이 강국"이라고 자부한다.

## 물방울로 이룬 그린혁명

　　　　　　　　이제 이스라엘의 사막은 그 옛날의 척박한 땅이
아니다. 사막 곳곳에서 식물이 자라고 푸른 숲이 만들어지고 있다. 과
학기술은 거친 황무지를 변화시켰고, 이제 이스라엘은 농산물 수출로
연간 3,800억 원의 수입을 얻는 나라가 되었다. 이스라엘은 세계에서
유일무이한 역사막화의 나라인 셈이다.

　이스라엘에서 식물이 자라는 곳이면 어디에서나 물을 공급하는 호스
를 쉽게 볼 수 있다. 단순한 호스처럼 보이지만 여기에는 고도의 과학
기술이 집약되어 있다. 히브리어로 '물방울'이라는 뜻의 '네타핌Netafim'
에서 개발한 이 기술은 척박한 이스라엘 땅을 촉촉하게 적셔준 일등공
신이다. 사막에서 농사를 짓는 데 가장 핵심이 되는 물 부족 문제를 해
결한 것이다.

　1965년 키부츠를 기반으로 설립된 네타핌은 물이 부족한 환경에서
최대 생산량을 지향하는 기술의 개발을 목표로 연구에 몰두했다. 중동,
아프리카 등지의 수많은 물 부족국가가 숙명으로 받아들여온 자연의
섭리와 한계를 과학기술로 극복하겠다는 의지의 선언이었다.

　스프링클러를 통해 물을 공중으로 분사하는 일반적인 관개 방식은
건조한 이스라엘 기후에 적합하지 않다고 판단, 독자적인 관개방식
의 필요성이 대두되었다. 실제로 세계 79퍼센트의 지역에서 사용하는
담수 관개방식은 토지에도 좋지 않고 물도 낭비하는 방식이다. 이스라
엘 수자원공사의 최고 기술자인 심카 블라스Simcha Blass는 요르단 강과

네타핌

갈릴리 호수로부터 물을 끌어와 건조한 네게브 지역에 댈 수 있도록 파이프라인과 운하를 설계한 인물이다. 그는 이웃집 마당에서 물을 주지 않는데도 거대하게 자라난 나무를 보고 우연히 세류관개 사업의 아이디어를 얻었다. 알고 보니 이웃집 마당 지하에 매설된 용수 공급 파이프에 문제가 생겨 물이 조금씩 새어 나오고 있었고, 이 물이 땅속으로 들어갈수록 더 넓게 퍼지면서 주변 나무들에 양분을 공급하고 있었다. 이것이 드립이리게이션Drip Irrigation 즉, '물방울 방식'의 시작이었다. 우연한 발견을 그냥 지나치지 않고 구체적인 아이디어로 발전시킨 그는 치열한 연구개발을 거듭한 끝에 네타핌의 독자적인 드립이리게이션 시스템을 완성하였다. 그리고 이 기술은 이스라엘 농업의 판도를 완전히 바꿔놓았다.

이스라엘은 기후가 건조하여 스프링클러로 물을 뿌리면 40퍼센트가 증발해버린다. 물이 귀한 터라 물을 흩뿌릴 수 없기 때문에 파이프를 땅에 묻고 일정한 간격으로 구멍을 뚫어 물이 방울방울 새어 나오게 한 뒤 그 자리에 나무의 뿌리를 심는 방법을 택했다. 그러나 문제는 여전히 남았다. 수도꼭지와 가까운 곳의 구멍에서는 물이 많이 새어 나오고, 멀어질수록 수압이 떨어지면서 물이 나오지 않는 것이었다. 이를 해결하기 위해 특별한 반투막 섬유를 고안하여 수압과 무관하게 일정한 양의 물방울을 떨어뜨리는 '방울 물주기'를 개발하는 데 성공했다. 물을 40퍼센트만 사용하면서도 생산량을 무려 50퍼센트 올리는 기술을 만들어낸 것이다. 세계적인 네타핌의 점적 관개기술, 즉 '방울 물주기' 시스템은 이렇게 해서 탄생되었다.

네타핌 관개방식의 핵심인 드리플(파이프에 뚫린 구멍의 내부에 설치된 조절 장치)은 매우 정교한 시스템이다. 컴퓨터를 이용해 많은 수학적 연산 수칙을 사용하고 있으며 압축 보상방식으로 작동하므로 밸브로부터의 거리와 상관없이 균등한 양의 물을 관개한다. 이로써 압력의 크고 작은 차이에도 상관없이 똑같은 양을 관개하는데, 물뿐 아니라 비료와 양분을 공급할 때도 이 조절 시스템은 예외 없이 적용 가능하다. 또한 드리플에는 막힘 현상을 방지하기 위한 청소 시스템과 이물질 흡입방지 시스템이 갖추어져 있다.

이렇게 뿌리에 직접 방울방울 물을 공급하는 드립이리게이션은 대기

중에 증발되는 물을 원천 봉쇄하고, 지표면에는 아예 수분을 공급하지 않음으로써 잡초가 자라지 못하게 방지한다. 또한 관개 시스템에 쓰이는 물은 재활용된 저수지 물이며, 사용한 물을 다시 정화하는 단계에서 토양이나 기후, 물과 식물의 특징을 분석할 수 있다. 이러한 네타핌의 관개 시스템은 12~15년, 길게는 20년까지도 설치 첫날과 똑같은 정확성을 유지하며 사용 가능하다.

네티 바락 네게브 네타핌 마케팅 이사는 네타핌의 관개기술이 필요에 의해 개발되었다고 말한다. "우리에게는 선택의 여지가 없었다. 사막에 정착해 살던 젊은 농부들은 오랜 도전 끝에 관개기술을 이용해 곡식을 기르는 데 성공했다. 토양이 매우 척박해서 농사를 지을 수 없는 땅에서 말이다."

물 효율성 95퍼센트를 자랑하는 네타핌의 방울 물주기 방식은 큰 성공을 거두었고 세계로 시장을 넓혀 나가 UN이 인정한 세계 수자원 기술력 1위를 차지하는 등 오늘날 첨단 관개 시스템 분야에서 압도적인 세계 점유율을 자랑한다. 우리나라 농촌에서도 비닐하우스에서 네타핌의 마크가 붙어 있는 호스를 어렵지 않게 발견할 수 있다. 종교적인 이유로 이스라엘과 외교관계를 맺기 꺼리던 아프리카의 여러 나라들도 네타핌의 이 기술에 반해 적극적인 교류를 제안하였고, 현재 네타핌은 전 세계 160개국에 영업망을 확보한 명실상부한 글로벌 기업으로 발돋움하였다. 네타핌의 기술 개발은 계속되어 단순히 식물이 필요로 하는 물뿐 아니라 비료나 잡초를 제거하는 약품들도 동시에 공급이 가능하기 때문에 농작물을 수확하기 전에는 일절 사람의 일손이 필요하지 않다. 무인 농장 운영을 실현한 이 기술로 사막 한가운데에 '야티르Yatir'라는 인공 숲을 조성하였으며 러시아에 144헥타르에 달하는 세계 최대 규모의 유리온실을 건설한 것도 네타핌의 기술력이다.

이 같은 혁신적인 관개기술의 개발은 이스라엘이 기술 강국으로 가는 첫 걸음이었다. 현재 세계적으로 농산물 수요가 급격히 확대되면서 용수 생산성 개선이 절실히 필요한 시점이다. 전 세계 농부들로 하여금 '더 적은 것으로 더 많은 것을 재배할 수 있도록' 발판이 되어준 네타핌의 기술은 인류가 더 많은 용수와 식량을 확보하는 데 직접적으로 기여하고 있다.

이스라엘 사막에 조성된 울창한 삼림지대

## 새마을운동의 모델, 키부츠의 진화

이스라엘을 이해하기 위해서는 집단농장 키부츠에 대해서 더 자세히 알아볼 필요가 있다. 1900년대 초반, 폴란드와 러시아, 루마니아 등지에서 나라를 건설하겠다는 이상을 품고 모여든 젊은이들은 1년 강우량이 고작 400밀리미터밖에 안 되는 사막 지역에 오로지 생존을 위해 씨를 뿌리고 땅을 개간하여 집단농장 키부츠를 세웠다.

당시 키부츠의 설립자들 중에는 상당한 수준의 교육을 받은 사람들도 많았다. 그들은 선대의 유산이나 이미 가진 것에 만족하지 않고 새로운 삶을 개척하고 싶어 하는 이상주의자들이었다. 모든 구성원들이 공동 노동, 공동 소유의 원칙을 실현하며 농업을 기반으로 설립된 키부츠는 이스라엘의 재건 신화의 주축이 되었다. 키부츠는 역사를 통틀어 가장 성공적인 공동체 운동으로 평가받고 있다. 이 농촌운동은 1970년대 우리나라 새마을운동의 모델 중 하나이기도 하다.

오늘날 정착인구 수가 줄어든다는 이유로 흔히 키부츠의 쇠락을 이야기하지만, 사실상 오늘날의 키부츠는 시대의 요구를 앞서 성취하며 과학과 농업을 집약한 21세기 농업혁신의 산실로 거듭나고 있다.

대표적인 예가 앞서 소개한 네타핌을 창립한 키부츠 하체림Hatzerim이다. 이제 키부츠는 21세기가 되도록 땅을 파고 농사만 짓는 옛날 방식의 집단농장이 아니다. 1926년에 개설된 농산물 판매협동조합 트누바Tnuva 키부츠는 이스라엘 농산물의 90퍼센트를 유통하는 거대 물류회사로 성장하였고, 1953년에 설립한 화훼농장 키부츠 단지거Danziger는 이스라엘 최고의 바이오 육종산업의 메카로 자리매김하였다. 바르탈 키부츠는 세계 최고의 카네이션 육종을, 메이르 키부츠는 최고의 향기를 자랑하는 장미를, 아라바 키부츠는 전 세계인이 사랑하는 안개꽃을 처음 개발하였다. 그 밖에도 사료산업을 장악한 밀로트 키부츠, 낙농 자동화 설비산업을 일군 볼카니 연구소를 산하에 둔 밀루바 키부츠는 이미 세계적인 기업으로 변신한 바 있다. 비록 이들은 농업에 기반을 둔 작은 규모의 협동생산에서 출발했지만, 그들의 상상력은 이미 농업 그 이상의 가치를 지향하고 있다.

하나님이 자원을 앗아간 대신 지혜를 주었다고 믿는 한, 그들에게는 연간 강수량 30밀리미터의 네게브 사막도 더 이상 공포의 대상일 수 없다. 바다가 융기하여 염분이 많은 사막의 토양 때문에 염분에서도 잘 자라는 방울토마토가 개발되었고 노동인구가 부족한 탓에 방충제 대신 천적을 이용하여 해충을 박멸하는 자연 친화적 농법을 개발하였다. 또 목초가 부족한 사막에서 소의 운동량을 최소화하고 우유 생산을 늘리기 위해 소의 목과 다리에 센서를 부착, 운동량과 이동 경로를 측정했으며 이 통계를 바탕으로 목장의 구조를 최적화 하였다. 그들이 생산하는 '아피밀크'는 젖소 한 마리당 1년에 1만 2,000리터의 생산량을 자랑한다. 세계 최고 낙농국가로 알려진 덴마크와 뉴질랜드(9,000리터)보다 무려 33퍼센트나 더 많은 양이다.

2012년, 세계 최고의 국제농업박람회가 비옥한 땅이 지천으로 널린 아르헨티나나 호주가 아니라 사막국가 이스라엘에서 열린 것도 고도의 과학농업을 지향하는 그들의 창조성이 귀감이 되는 까닭이다. 다른 나라들이 저주의 땅이라 여기고 버리는 사막이 이스라엘을 먹여 살리고 있다. 부족함이 가져다준 축복이랄까, 가진 것 없는 그들은 처음부터 무에서 유를 창조하는 것에 익숙한 민족이다. 과학기술을 바탕으로 각각의 키부츠는 전문성을 갖추게 됐고, 세계 최고의 작물을 재배함으로써 명성을 날리고 있다.

## 석유가 나지 않는 나라의 에너지 기술

이스라엘은 검은 황금의 땅이라 불리는 중동 지역에서 유일하게 기름 한 방울 나지 않는 자원 빈국이다. 게다가 주변 국가들은 석유를 수출하고 번 돈으로 무기를 사들여 이스라엘을 겨냥하고 있다. 이러한 불리한 환경에서 맞닥뜨린 1980년대 오일쇼크는 이스라엘에게 도전의 계기로 작용했다. 원자력 안전기술에서 활로를 찾기로 한 것이다.

원자핵에 중성자를 강하게 충돌시키면 핵이 분열되면서 질량이 약간 줄어 에너지로 바뀜과 동시에 중성자가 동시에 여러 개 튀어나온다. 그 중성자가 옆에 있는 핵에 또 충돌하면서 다시 핵반응이 일어나고 계속해서 충돌하면서 연쇄반응이 확대되어 나가면, 0.1초도 안 되는 사이 방대한 에너지를 방출하게 된다. 이것이 바로 원자폭탄이다. 이스라엘은 여기에서 여러 개 나오는 중성자 가운데 일부만 남겨놓고 다 흡수해

버림으로써 연쇄반응의 속도를 조절하는 기술을 개발해낸다. 0.1초 만에 폭발할 것을 3년, 4년에 걸쳐 균등하게 폭발하도록 조절하는 것, 그것이 바로 원자력 안전기술이다. 현재 지구상에 있는 원자력 발전소의 80퍼센트는 이스라엘의 원자력 안전기술을 바탕으로 1980년대에 세워진 것들이다.

이스라엘 사람들은 어려서부터 "자라서 석유가 없이 돌아가는 지구를 만들어야 한다"는 말을 귀가 따갑도록 듣고 자라난다. 그 결과 만들어진 대표적인 발명품이 꿈의 자동차라 불리는 전기자동차다. 이스라엘에서는 다른 나라에서처럼 하이브리드 자동차에서 미래 전망을 찾거나 연구개발에 힘쓰려는 움직임을 찾아볼 수 없다. 하이브리드가 아닌 오직 100퍼센트 전기자동차만이 석유 자원이 없는 이 나라의 미래를 약속할 수 있다고 생각하기 때문이다.

최근 세계의 이목을 집중시키고 있는 전기자동차 열풍의 주인공이 바로 이스라엘의 벤처기업 '베터플레이스Better Place'다. 베터플레이스는 석유로부터의 해방을 간절히 원하는 인류의 오랜 숙원을 현실로 한 단계 끌어올리는 데 성공했다는 평가를 받는다. 자원 빈국 이스라엘의 절박함이 만들어낸 또 다른 결과물이다. 이스라엘을 방문했을 당시, 베터플레이스 전시장에서 전기자동차를 직접 시승해보았다. 100퍼센트 전기로 구동하기 때문에 가솔린 엔진도, 휘발유 통도 없이 오로지 모터 하나만 달려 있는 자동차가 이색적이었다. 속도도 기어로 조정하는 것이 아니라 모터에 들어가는 전기량이 곧 속도를 결정하는 방식이다. 신호등에 걸려 멈추면 자동차는 올스톱이 되고, 다시 신호등이 켜지면 그

베터플레이스가 개발한 100퍼센트 전기자동차의 엔진

때부터 모터가 구동된다. 엔진 소음이 없고 일반 자동차와 다름없이 속
도를 높일 수 있으면서도 안전하기 때문에 연일 몰려오는 세계 각국의
바이어들로 베터플레이스 전시장은 인산인해를 이루고 있었다.

　지금까지 전기차가 큰 관심을 받지 못했던 이유는 1만 달러나 하는
배터리의 비싼 가격과 오랜 시간이 소요되는 충전의 불편함 때문이었
다. 방전된 전기자동차를 다시 충전하는 데 다섯 시간씩 걸리고, 충전
한계는 기존 휘발유 탱크의 절반 수준에 그쳤다. 아무리 친환경 자동차
가 좋다고 해도 바쁜 현대인들에게는 소비의 매력이 떨어질 수밖에 없
다. 이러한 약점을 극복하기 위해 베터플레이스는 차량과 배터리의 소

유를 별도로 분리해 소비자가격을 낮추는 한편, 방전된 배터리를 차량에서 손쉽게 분리하여 완충된 배터리로 교체하기 쉽도록 만들었다. 마치 스마트폰을 사면 3년간 약정하고 약정 기간 동안 기기 값을 서서히 갚아 나가듯이, 차량과 가격이 동일한 축전지를 베터플레이스 충전소가 소유하면서, 차량 소유자는 몇 년간 임차하는 방식으로 이용하게 하는 것이다. 그리고 운전 중에 차량이 방전되면 근처의 충전소에서 5분 안에 충전이 완료된 축전지로 갈아 끼울 수 있으므로 충전 시 오래 기다려야 하는 최대 약점과 불편이 획기적으로 줄어들었다. 이러한 발상은 베터플레이스 대표가 전투기 조종사 출신이라는 독특한 경험에서 비롯되었다.

처음 사업을 추진할 당시만 해도 많은 사람들이 무모한 도전이라며 비웃었다. 성공 가능성이 전혀 없어 보였기 때문이다. 베터플레이스의 CEO 샤이 아가시Shai Agassi는 스물네 살의 나이에 탑 티어 소프트웨어Top Tier Software를 설립한 전형적인 이스라엘의 벤처사업가다. 자신의 첫 회사를 설립하고 15년이 지난 후에는 세계에서 가장 큰 기업용 소프트웨어 기업인 독일의 SAP에서 주요 임원의 자리에 올랐다. 그는 그 거대 기술회사 임원 가운데 유일하게 독일인이 아닌 데다 최연소의 나이에 이사가 된 인물이다. 서른아홉 살 때는 CEO 후보자 명단에 이름을 올리기도 했으나 그는 자신의 길을 택한다. 바로 '이스라엘을 석유로부터 독립시키겠다'는 꿈의 실현이었다.

「포춘Fortune」이 선정한 상위 100대 기업인 SAP의 CEO 제안을 거절하고 그가 뛰어든 사업은 단지 아이디어에 불과했던 전기자동차의 생산이었다. 성공이 보장되지 않았지만 그는 "세상에 도움이 되는 아이디어를 시도해보고 싶다"는 마음을 항상 지니고 있었다고 한다. 그러한 목표를 가지게 된 데에는 단순한 계기가 있었다.

세계경제포럼에 참여한 샤이 아가시 대표는 청년 글로벌 리더들을 만난 일이 있었다. 그 자리에서 "2020년까지 어떻게 세상을 더 좋은 곳 Better Place으로 만들겠는가?"라는 질문을 받았다고 한다. 그의 인생 항로가 전환되는 순간이었다. 청년들의 개방적인 질문에 자극받은 아가시는 전기자동차를 상용화하기 위한 인프라를 구축함으로써 인류의 석유 의존도를 낮추고 배출가스를 줄여서 세상을 더 좋은 곳으로 만들겠다는 새로운 목표를 세웠다고 한다. '베터플레이스'라는 사명도 그러한 의미에서 탄생했다.

"우리는 스스로를 '이매지니어Imagineer', 즉 상상력을 가진 엔지니어라고 부른다. 중요한 것은 '무엇이든 가능하다'고 믿는 것이다. 그렇게 상상한 다음에는 엔지니어링 역량, 즉 상상력을 현실화하는 실질적인 기술력이 필요하다. 상상력을 통해 알고 있는 영역을 확장시킨 다음에는 현재 가용한 기술로 상상력을 실제로 만드는 것이 중요하다."

베터플레이스의 등장으로 더 이상의 충전 속도 경쟁은 무의미하게 되었다. 기름 한 방울 나지 않는 이스라엘은 주변 국가들이 원유를 팔아 무기를 사들이는 현실을 강하게 의식하고 있다. 따라서 이스라엘은 '석유 없이도 돌아가는 지구'를 국가적 미션으로 정하고, 베터플레이스의 기술력으로 하이브리드가 아닌 100퍼센트 전기자동차 시대를 구현하는 데 주력하고 있다. 미래에 이 회사의 축전지 탈착규격이 세계표준으로 채택된다면 구글보다도 더 큰 회사로 발돋움할 수 있을 것이다.

물론 이스라엘의 벤처 영웅 샤이 아가시 대표도 지금까지 승승장구하며 달려오지만은 않았다. 지난 1996년, 창립했던 회사가 파산 직전까지 갔던 경험이 있었지만 실패에 낙담하고 좌절하는 대신 실패의 원인을 분석하면서 재기를 노렸다. 그 결과 18개월 후 첫 번째 회사의 자산 가치가 1억 1,000만 달러, 3년 후에는 두 번째 회사가 4억 달러에 이르며 명성을 떨치게 되었다. 그의 위기는 그것으로 끝이 아니었다.

2013년 5월, 베터플레이스가 법정관리를 신청했다는 소식이 그것이다. 글로벌 경제위기의 여파로 최근 유동성 위기를 겪어오다가 이를 해결하기 위해 투자자 유치에 나섰고, 그러한 시도가 실패하면서 결국 파산보호 신청이라는 마지막 카드를 꺼내든 것이다. 베터플레이스의 법정관리라는 이슈가 독자들에게는 큰 충격으로 다가올 수 있겠지만, 이스라엘 사회의 특성과 샤이 아가시의 기업가 정신을 이해한다면, 베터플레이스가 결코 여기서 멈춰 서지 않으리라는 것을 알 수 있다. 실패는 더 큰 도약을 위한 학습이자 숨고르기의 단계일 뿐이다. 이스라엘 사회에서 도전과 혁신의 아이콘인 샤이 아가시 대표가 이번의 위기를 어떻게 극복하는지 흥미롭게 지켜보고 싶다. 그러한 의미에서 이번 실패 이후의 그의 행보는 충분히 주목할 만한 가치가 있다.

"실패를 두려워하지 않고 도전하는 것은 베터플레이스에 국한되지 않는 모든 이스라엘 사람들의 특징입니다. 실패는 불명예의 대상이 아니라 도전하고 위험을 감수할 수 있다는 증거이기 때문이죠. 계속 똑같은 방식으로 실패를 되풀이하거나 자신의 실패 경험을 부끄럽게 여기고 숨기려 해서는 안 돼요. 실패를 통해 배우려는 의지가 있는 사람에게 실패는 오히려 발전하기 위한 포석이 됩니다."

샤이 아가시 대표가 말한 대로, 안정보다 도전을 지향하고 실패를 두려워하거나 부끄러워하지 않는 이스라엘 사람들. 어느 누구도 안전을 보장해주지 않는 벤처기업을 잇따라 성공시키면서 그들은 세계 하이테크 산업을 선도하고 있다.


## 기술과 또 다른 기술의 결합

이스라엘이 자랑하는 세계적인 바이오 벤처그룹 컴퓨젠Compugen은 인간 게놈 해독과 제약 개발로 명성을 떨치고 있다. 나는 이스라엘을 방문하였을 당시 컴퓨젠의 자회사 에보젠Evogene을 찾아가보았다. 에보젠은 농작물의 유전자를 변형시켜 생산량을 최대화하고, 바이오 연료 생산에 필요한 식물 형질을 연구, 개발하는 기업이다.

혁신을 추구하는 이스라엘은 남보다 한발 앞서 미래 산업에 눈을 돌렸다. 농업 분야에서 세계적으로 가장 주목받는 학문은 단연 식물유전학이다. 특히 가장 눈에 띄는 성과는 농작물의 획기적인 생산성 향상을 이루어냈다는 점이다. 이러한 연구가 계속해서 성공적으로 이루어지면 인구 증가에 따른 기본적인 식량 조달 문제를 해결할 수 있을 것으로 기대되고 있다. 에보젠은 식물의 DNA 연구를 통해 이러한 가능성을 실현시키는 선두 주자다.

바이오농업 분야의 선두에 선 에보젠

설립된 지 이제 불과 10년. 하지만 현재 에보젠이 보유한 지적재산권은 1,500건 이상이며 3,000개 이상의 자체 농작물 유전맵을 보유하고 있다. 직원 120명 가운데 연구개발 분야에만 90여 명이 소속되어 있으며, 해마다 130여 개 품종으로 유전학적 연구를 진행하고 있다. 에보젠은 농작물의 유전자를 안전하게 조작해 부작용을 최소화하는 동시에 수확량을 최대화하는 방향을 주로 연구하고 있다. 에보젠이 작은 규모임에도 시가총액 2억 600만 달러의 이스라엘 최대 유전공학 기업으로 성장할 수 있었던 것이 단지 생물학자들의 힘만으로 가능했던 것은 아니다. 에보젠에서는 분자생물학자와 로봇공학자, 컴퓨터 프로그래머,

정보처리 전문가가 머리를 맞대고 있다. 이 회사는 유전자를 자연친화적으로 운반해주는 '아고라'라는 박테리아를 통해 다양한 환경에서 유전자 전달 시험을 해가며 그 결과를 데이터로 축적하기 시작하였다. 그 결과 데이터베이스가 이스라엘 국회도서관 분량으로 늘어났고, 창립 10년 만에 그 가치가 웬만한 대기업의 규모로 성장한 것이다.

홍보이사인 바락 제이독은 이러한 분야간 결합이야말로 에보젠의 성공 비결이라고 확신한다. "생물학자와 컴퓨터 공학자들을 함께 일하도록 한 것은 중요하면서도 어려운 과제였습니다. 이들은 본질적으로 서로 다른 분야에 있기 때문입니다. 그러나 우리는 팀을 구성해 하나의 목표 아래 첫날부터 공동 작업을 시작했지요. 컴퓨터 공학자들은 생물학자들의 설명을 듣고 문제를 파악했습니다. 그리고 생물학자들이 활용할 수 있도록 컴퓨터로 해결책을 제시하거나, 더 쉽게 일할 수 있는 장치를 개발하기도 했습니다." 이러한 기술 융합은 에보젠의 위상에서 확인할 수 있듯, 놀랄 만한 성과를 가져왔다.

어떠한 기술도 단 하나의 기술 영역만으로 정의될 수 없다. 다양한 분야의 기술과 아이디어가 섞이고 섞여서 전혀 새로운 창조물을 만들어내는 것이다. 아비 핫손 수석과학관이 미래 산업의 열쇠를 융합에서 찾듯이, 이스라엘은 바이오 분야와 나노 분야, 정보 분야가 조화를 이루고 있다. 이것이 바로 틀에서 벗어난 사고를 통해 혁신을 이루어내는 이스라엘 기업의 경쟁력이다. 그들의 창의적 도전이 우리에게 전해주는 여운이 있다면, 그것은 로버트 프로스트Robert Lee Frost라는 시인의 「가지 않은 길The Road Not Taken」로 대신할 수 있을 것이다.

# CHAPTER 2

# 거침없는 도전,
# **아낌없는 지원**

이스라엘의 시몬 페레스 대통령은 1948년 이스라엘 독립 당시 25세의 청년으로 초대 수상 벤구리온의 보좌관으로 정치에 발을 들여놓았다. 전 부처의 차관과 장관을 하나도 빼지 않고 두루 거쳤으며 세 번의 수상직을 완수했고 오슬로협정을 타결시킨 공로로 노벨 평화상을 수상한 바 있다. 그는 허허벌판에 세운 나라를 한평생 가꾸어오며 90세의 청년 대통령으로서 지금껏 존경받고 있는 인물이다. 지금도 그는 16제곱미터 남짓한 집무실에서 바쁜 시간을 쪼개어 젊은 창업자들을 위해 멘토로서의 역할을 자임하며 투자자와 벤처의 가교 역할을 하는 데 자기 시간의 절반을 할애하고 있다 한다. 이스라엘과 같은 해에 독립한 우리나라로 치자면 초대 이승만 대통령의 보좌관이 지난 65년 동안 수많은 역대 대통령과 굴곡진 정치혁명의 과정에도 흔들리지 않고 국가에 봉사하고 있는 셈이다. 페레스 대통령의 애국심이 1퍼센트라도 모자란 99퍼센트였다면 이 같은 삶은 불가능했을 것이라고 믿어 의심치 않는다.

그런 그가 2010년, 『창업국가』의 한국어판 발간을 기념하여 한국의 독자들에게 특별 메시지를 보내왔다. 메시지의 첫 문장은 다음과 같다.

사람들은 상상하는 것보다 기억하는 것을 좋아합니다. 기억은 이미 익숙한 것들과 관련이 있는 반면 상상은 알지 못하는 미지의 것들을 떠올려야 하지요. 상상은 때론 무서운 일이기도 합니다. 익숙한 것을 떨쳐버려야 하는 리스크가 동시에 따르기 때문이지요.

기억의 반대는 '망각'이 아니라 '상상'이라는 그의 생각은, 90세 할아버지의 발상이라 보기에는 놀랄 만큼 신선하다. 이미 지나온 길을 반추하는 것이 '기억'이라면, 아직 가보지 않은 길을 미리 가보는 것이 '상상'이라는 그의 말에서 무한한 가능성과 긍정의 힘을 지닌 청년의 기상을 느낄 수 있다. 그는 이런 말을 덧붙인다. "앞으로도 이스라엘은 항상 작은 영토와 인구를 가진 나라일 것입니다. 그래서 우리는 절대 거대한 산업이나 시장을 발달시킬 수 없습니다. 크기가 양적인 우세함을 만들어낸다면 작음은 질적인 면에서 앞설 수 있는 기회를 만들어줍니다. 이스라엘의 유일한 선택은 창조성을 살려 질적인 향상을 추구하는 것밖에 없습니다."

사해에 녹아 있는 광물자원을 빼고는 천연자원이 전무하여 에너지

위기를 겪어온 이스라엘에서는 과학기술이 경제의 95퍼센트를 차지한다. 가정에서나 학교에서나 열린 교육을 지향하며 질문과 토론으로 상상력을 장려하고, 군사 분야에서는 과학기술 중심의 엘리트 부대를 편성하여 과학국방을 지향한다. 군에서 개발한 기술은 제대 후 산업화하여 창업으로 이어질 수 있도록 배려하는 덕택에 이스라엘의 엘리트 부대 출신들은 성공적인 비즈니스로 미국 나스닥을 주름잡고 있다.

그뿐만이 아니다. 통계에 따르면 이스라엘 국민 800명당 한 명이 벤처기업가로 활동하고 있다. 이러한 현상은 과거 유대인들이 유럽에서 생활하던 시대의 생활방식에서 유래되었다고 보는 관점이 지배적이다. 유대인들은 대기업이나 거대 조직에 소속되어 일하기보다는 개인의 소규모 사업을 선호했다. 여기에는 부분적으로 유대인 특유의 기질적인 요소도 작용했을 것이다. 누군가의 지시를 받기보다는 스스로 사업 감각을 발휘하겠다는 사고방식은 유대인들의 실리적이면서도 모험친화적 성향을 반영한다. 결국 유전적 요소와 유럽에서의 생활방식, 그리고 그들이 살고 있는 국가 자체도 다른 국가에 비해 벤처 특유의 성격이 두드러지기 때문에 지금의 요소들이 합해져 오늘날 창업경제의 역동적인 사회 분위기가 조성되었다고 할 수 있다.

## 과학이 곧 경제다

과거 유대인들은 '수전노'라는 부정적 이미지를 감

수하고 돈이 되는 금융업이나 다이아몬드 사업에 주로 종사해왔다. 그처럼 실리적인 유대인들이 오늘날 눈을 돌린 분야가 바로 과학기술 분야다. 이스라엘이 농업 중심 국가에서 하이테크 산업의 선두 국가가 되는 데는 2006년부터 2009년까지 재임하던 시절, 창업 인프라 구축을 중심으로 경제정책을 만든 에후드 올메르트 전 수상의 역할이 컸다. 올메르트 전 수상은 참신한 아이디어를 기반으로 가능성이 무한한 IT기술, 사이버 기술 등 하이테크 분야의 벤처기업에 많은 관심을 가졌다. 하이테크 기술은 고급 인적 자원에 의존하기 때문에 정부는 인재들이 각자의 능력을 최대한 펼칠 수 있도록 지원하는 데 힘썼다.

이스라엘에서 과학은 곧 경제다. 과학이야말로 인간의 생활에 도움을 주는 가장 실용적인 학문이라는 믿음이 이 나라에서는 뿌리 깊게 자리해왔다. 나아가 과학은 학문으로 그치지 않고 고용을 창출하고 경제성장을 이루고 국가 번영에 기여한다.

IT세상인 오늘날, 모든 국가들이 인터넷 환경 안에서 치열하게 두뇌 싸움을 한다. 인터넷상에서는 누구에게나 기회가 주어진다. 좋은 아이디어를 가지고 있다면 누구든 한정된 자원을 가지고도 수백만 명의 사람들이 이용할 수 있는 아이템을 창조할 수 있다. 거의 대부분의 하드웨어가 규격화되어 쉽게 구입할 수 있으며, 소프트웨어의 경우도 누구나 프로그래밍할 수 있기 때문이다. 모바일 앱도 마찬가지다.

한편, 우리나라의 삼성이나 LG처럼 산업사회에서 출발한 재벌과는 그 성격이 다르지만 이스라엘에도 재벌은 있다. 지식형 신흥 강소재벌, 라드그룹이 바로 그들이다. 우리가 흔히 생각하는 재벌은 제조업을 기반으로 수십만 명을 고용하는 거대 모델이지만 라드그룹은 수백 가지의 특허를 바탕으로 연구개발 업무를 대행하는 글로벌 사업모델이다. 나스닥에 상장된 여덟 개의 계열사를 포함, 20여 개의 자회사를 거느린 하이테크 기업이지만, 직원은 2,500여 명에 불과하다. 기업 내부 인력뿐 아니라 외부에서도 경쟁력 있는 아이디어를 가진 개인 또는 단체와 손을 잡고 새로운 사업체를 만들어 성장시키는 시스템으로 운영되기 때문이다. 라드그룹은 성공적인 외부 사업체 또는 개인을 적극적으로 내부화 하거나 외부에 매각함으로써 지속적인 이윤을 창출한다. 이러한 탄력적인 모델이 바로 21세기 하이테크를 지향하는 이스라엘 재벌의 모습이다.

각 계열사는 글로벌 시장의 다양한 기업과 결합하여 기존의 생산모델을 서비스 모델로, 서비스 모델을 부가가치가 더 큰 솔루션 모델로 탈바꿈시키는 생태계(에코시스템)를 구축함으로써 끊임없이 새로운 비즈니스 모델을 만들어내는 비즈니스 인에이블러, 즉 융합기술 복합체를 지향한다.


## 이스라엘의 두뇌, 수석과학관실


에후드 올메르트 수상의 초대로 이스라엘을 방문했을 때 가장 먼저 확인하고 싶었던 곳이 산업통상노동부였다. 이스라엘 지식경제를 주도하는 부총리 산하의 과학기술 행정기관인 이곳은 자본이 없는 이스라엘의 창조경제를 사실상 지휘하는 지휘소이기 때문이다. 특히 이 기관 산하에 있는 수석과학관실 즉, OCS는 이스라엘의 지식경제를 주도하는 작곡자 및 지휘자의 역할을 하고, 그 지휘에 맞추어 각 부처들은 연주를 하는 오케스트라처럼 움직인다.

과학기술 산업화를 위한 R&D를 총괄하는 OCS는 1969년에 설립되었다. 당시 이스라엘은 국민들 대부분이 농사를 짓는 농업국가였으므로 하이테크 기술은 거의 보유하고 있지 않았다. 그런데 정부에서 지식을 기반으로 하는 기술경제를 운영하기로 전격 결정한 것이다. 정부는 곧 유능한 인적 자원과 자산을 모아 OCS를 세웠다. OCS의 목표는 명확하다. 시장에 내놓을 제품을 개발하고, 가시적인 경제효과를 일으키는 것이다. 따라서 연구개발 프로젝트가 있으면 반드시 산업화로 연결될 수 있도록 인더스트리얼 R&D에 주력한다. 실제로 OCS는 40여 년간 과학이 단지 과학으로 그치는 것이 아니라, 고용을 창출하고 경제성장을 가져오는 핵심적인 역할을 담당해왔다.

1969년, 건국 20여 년밖에 안 된 농업 기반의 신생국가가 지속가능한 성장을 위해 과감하게 지휘권을 넘긴 곳이 바로 OCS였다. 현재 이곳에는 과학자 150여 명이 소속해 있으며, 이스라엘 경제를 예측하고 제시하는 일을 한다. 또한 세계 여러 국가와 다국적 펀드를 운용하면서 다양한 창업 벤처에 신중하게 투자하고 있기도 하다.

즉, OCS는 이스라엘 경제의 악보를 그리는 조직이다. 이들이 그리는 악보에 맞추어 각 부처의 장관들은 각자의 악기를 연주하며 이스라엘의 성장을 설계하고 있다.

## 침몰되는 인텔을 구해내다

이스라엘에서 하이테크 산업은 전체 수출의 약 41퍼센트, 이스라엘 GDP의 15퍼센트를 차지하며 이스라엘 경제의 핵심 엔진이 되고 있다. 세계적으로 주요 하이테크 산업체들 대부분이 이스라엘에 연구개발 센터를 두고 있으며 그 규모 또한 결코 작지 않다. 마이크로소프트Microsoft 의 해외 첫 연구개발 센터를 비롯해 인텔, IBM 등의 주요 IT기업이 이스라엘에 연구개발 센터를 설립하였다.

이들은 단순히 기술의 현지화를 위해 지원하는 역할에 그치지 않고, 기초과학기술원을 운영하며 주요 해외 연구개발 거점이 되고 있다. 이스라엘 하이테크에 대한 명성이 그만큼 높고, 각 기업의 수뇌부에서 이스라엘의 창조경제 현장에서 시장성을 보았기 때문이다. 에후드 올메르트 전 수상의 지적에 따르면 삼성이 만드는 갤럭시 스마트폰 안에 들어 있는 핵심 특허 4개도 이스라엘의 것이라고 한다. 무엇보다도 구글이 글로벌 검색 시장을 제패할 수 있었던 구글 서제스트Google Suggest가 구글 이스라엘 직원의 아이디어로 고안되었다는 사실에서 이스라엘의 우수한 기술력을 확인할 수 있다.

구글은 전 세계에 10여 곳의 연구개발 센터를 운영하고 있다. 한국, 일본, 유럽 등지에도 각각 한 군데씩 가동되고 있는데, 특이하게도 이스라엘에서는 텔아비브와 하이파 두 지점에 센터를 운영하고 있다. 구글이 한 국가에 두 곳을 운영하는 곳은 이스라엘이 유일하다.

이스라엘 구글 CEO인 마이어 브랜드는 각국의 글로벌 기업이 이스라엘에 진출하는 의도를 이렇게 분석한다. "구글뿐 아니라 IBM·야후 yahoo·마이크로소프트·인텔 등 많은 다국적 기업들이 이스라엘에 지사를 설립하였습니다. 그것도 인구수에 비하면 상당한 규모인 셈이지요. 세계적인 기업들이 이스라엘에서 주목하는 것은 바로 이스라엘의 젊은 인재들입니다. 그들은 기업가 정신을 지녔으며, 수준 높은 교육을 받고, 틀에 벗어난 사고를 하기 때문입니다."

이스라엘의 하이테크 산업을 이야기할 때 인텔을 빼놓을 수 없다. 마찬가지로 인텔의 기업사를 이야기할 때 이스라엘을 빼놓는다면 지금의 인텔 또한 성립할 수 없을 것이다.

인텔이 해외에 처음 건설한 공장이 바로 예루살렘에 있을 정도로 이스라엘은 인텔에 전략적으로 중요한 거점이었다. 인텔 이스라엘은 IBM PC에 들어가는 최초의 칩을 개발했고 최초의 펜티엄 칩을 설계하였다. 인텔의 창업자 중 한 사람인 고든 무어Gordon Moore가 1965년 제시한 '무어의 법칙'에 얽힌 이야기는 유명하다. 경험적 관찰에 근거하여 18개월마다 실리콘 트랜지스터의 집적도와 성능이 두 배로 높아지고 비용은 줄어든다고 자신하여 세상에 알려진 이 법칙은 지난 40여 년간 마이크로 칩의 꾸준한 기술발전과 더불어 지켜져왔다. 그런데 386 PC의 등장과 함께 무어의 법칙은 벽에 부딪히게 된다. 그동안은 8080 칩하나로 PC 전체를 구동했는데, 속도가 급격히 빨라지면서 열이 발생하여 타버리는 문제가 발생했던 것이다. 설상가상으로 당시 인텔의 경영은 악화일로에 치닫고 있었다. 무어의 법칙이 중단되는 수준의 위기가 아니라 인텔이라는 세계적 기업이 침몰 직전에 있었다.

미국 산타클라라 본사에서 오직 '속도=경쟁력'이란 공식에 집착하며 발을 동동 구르고 있을 때, 당시 미국 밖에 설립된 인텔 연구소 중 가장 규모가 큰 이스라엘 하이파 연구소에서는 속도지상주의를 배제한 색다른 해결책을 제시했다. 이스라엘 팀이 문제 해결의 아이디어를 얻은 출처는 자동차의 기어 시스템이었다. 컴퓨터 칩에 변속기어를 개발하여 장착하면 구동속도를 늘리지 않고도 성능을 올릴 수 있었다. 변속기 없이 엔진의 속도가 지나치게 높아지면 자연히 발열문제가 생기는데 이를 자동차 기어에 착안하여 단번에 해결한 셈이었다.

하이파 연구소는 해결방법을 찾아내자마자 신속하게 폴 오텔리니Paul S. Otellini 회장(당시 본부장)에게 전화를 걸었고, 이로써 인텔은 무어의 법칙을 계속 진행시킬 수 있었다. 흥미로운 점은 아이디어를 낸 연구원이 군대에서 운전병 출신이었고, 반도체 분야에서는 비전문가였다는 사실이다. 그의 아이디어 덕분에 최초의 2단 기어를 장착한 센트리노 노트북이 개발되었다. 1단 기어는 노트북 컴퓨터를 구동하고, 2단 기어는 와이파이wifi라는 무선인터넷을 가능하게 만든 것이다. 2002년 주가폭락으로 파산 직전에 놓여 있던 인텔은 센트리노 칩의 등장으로 극적으로 회생하여 비약적인 성장을 이루게 되었다.

이 에피소드가 전 세계에 널리 알려지면서 유망한 다국적 기업들이 안보의 위협에도 불구하고 이스라엘에 앞다투어 연구소를 짓게 되었다. 삼성 등 우리나라 기업들도 이스라엘에 연구개발 센터를 만들었으며, 오라클Oracle이나 SAP, 애플Apple 등의 소프트웨어 기업들은 이스라엘의 벤처기업 인수를 적극적으로 검토하게 되었다.

## 미래 세대에게 기업가 정신을 키워주는 나라

2009년 겨울, KT 상임이사 직을 마치고 뉴욕 벨연구소에 근무하기 위해 미국에 도착한 지 일주일 만의 일이다. 한 번도 만나본 적이 없는 이스라엘 청년들에게서 뜻밖의 메일을 받았다. "당신이 뉴욕에 와 있다고 들었는데 이번 주 토요일에 맨해튼 32번가의 246번지에 있는 음식점에서 점심 때 봅시다"라는 내용이었다. 무슨 용건일까 호기심에 이끌려 약속장소에 나가 보니, 아직 앳된 티가 남아 있는 두 젊은이가 나를 기다리고 있었다.

두 사람은 인사를 나누자마자 거두절미하고 지난주에 '퀼트Qwilt'라는 이름의 벤처기업을 차렸는데 회사의 고문을 맡아달라는 부탁을 해왔다. 아니, 부탁이라기보다 명령이라 하는 편이 어울릴 만큼 자신만만한 태도였다. 그러면서 젊은이들은 2005년도에 발간된 히브리 신문을 내게 내밀었다. 히브리어를 모르는 나로서는 영어로 쓰여 있는 익숙한 내 이름만 겨우 알아볼 수 있을 뿐이었다. 알고 보니 2005년, 내가 KT에 근무하고 있을 당시 에후드 올메르트 이스라엘 전 수상의 초청을 받아 일주일간 이스라엘을 방문한 일이 있는데, 그 방문일정과 취지에 관해 보도한 기사였다. 청년들은 그 기사를 읽고 4년이나 지났는데도 일부러 나를 찾아온 것이었다.

그들은 거의 반 강제로 내게서 긍정적인 답변을 얻은 다음에야 나를 찾아온 경위와 회사의 사업모델을 차근차근 설명해주었다. 언론 기사를 통해 나의 정보를 알게 된 그들은 이스라엘과 한국에 있는 나의 지인을 수소문하여 여기까지 찾아왔다고 했다. 게다가 스물여덟 살, 서른한 살의 이 젊은이들은 이미 벤처를 두 번이나 차렸다가 실패한 경험이 있는, 소위 우리나라의 신용불량자쯤 되는 청년들이었다. 그런데 알고 보니 놀랍게도 히브리대학의 기술지주회사인 이숨Yissum의 야콥 미칠린Yaacov Michlin 대표가 그 회사의 이사장직을 맡고 있다는 게 아닌가. 이스라엘을 방문했을 때 이야기를 나눈 적이 있는 야콥 미칠린 대표는 연간 특허매출 10억 달러를 자랑하는, 사실상 세계 최고의 대학 기술지주회사의 수장이다. 그는 이숨의 대표일 뿐 아니라 무려 스무 곳이 넘는 창업 벤처의 이사장 직함을 가지고 있었다.

이처럼 사회적으로 덕망 있는 리더들이 갓 창업한 청년들의 멘토를 자청하며 무보수로 봉사하는 이스라엘의 사회 분위기를 부러워하지 않을 수 없었다. 자신의 전문 분야에서 쌓아올린 전 세계의 휴먼 네트워크를 동원하여 청년들의 아이디어와 경험을 연결해주고, 새로운 기회를 열어줌으로써 다음 세대를 이끌어주는 그들의 리더십은 참으로 귀감이 된다.

퀼트의 사업모델은 인터넷의 트래픽이 집중되는 병목구간을 재빨리 예측하고 그 즉시 소프트웨어를 가동하여 논리적으로 다른 루트를 만들어내는 개념이었다. 이러한 인연으로 나는 그들이 미국 벨연구소와 협력관계를 맺을 수 있도록 주선해주었고, 양사가 공동으로 미국을 비롯해 세계 주요 인터넷사업자들을 대상으로 사업을 시작하도록 도와줄 수 있었다. 이 모든 과정에서 아이디어만을 가지고 무작정 사업을 시작하고, 관련 분야의 인물들을 찾아 자문을 구하는 그들의 저돌적인 추진력을 지켜보며 혀를 내두르지 않을 수 없었다. 그러한 적극성 덕분에 다양한 인적 네트워크와 소통할 수 있었고 마침내 벨연구소의 노하우를 활용하여 기술개발의 어려움을 극복할 수 있었다. 이들의 아직 설익은 상태의 아이디어가 '생각'으로 그치지 않고 '실행'으로 연결된 것이 필요조건이었다면 그것을 구현하는 연구소와의 접점을 찾는 것은 분명 충분조건이었을 것이다.

베터플레이스의 창업자 샤이 아가시에게도 전 세계적 네트워크를 지원한 인물이 있었다. 시몬 페레스 이스라엘 대통령이 그 주인공이다. 그는 아가시의 아이디어에 귀를 기울이고 총리를 포함한 정부 지도자들과 이스라엘 산업계 인사들을 불러 하루에도 수차례 만남을 갖도록 주선해주었다. 아가시는 나라의 주요 결정권자들 앞에서 전기자동차의 필요성과 사업성을 마음껏 브리핑할 수 있었고, 결국 사업성을 인정받아 이스라엘의 대표적인 벤처사업가로 거듭날 수 있었다. 페레스 대통령이 나서주지 않았다면 제아무리 세계적인 기업의 임원 경력이 있다 하더라도 아가시 혼자서 그런 기회를 만들 수 있었을 리 만무하다. 이렇게 도전하는 젊은이들을 위해 세계 어느 지역이라도 필요한 네트워크를 찾아내어 돕고 지원하는 시스템은 사회의 몫이다. 비록 베터플레이스가 현재 파산 직전에 몰려 위기를 맞았으나 후츠파 정신으로 다시 일어서는 모습이 궁금할 따름이다.

어떤 비즈니스를 구상하든 오프라인상에서 창업을 해야 했던 10여 년 전만 해도 모든 것을 무에서 시작해야 하는 까닭에 실질적인 사업모델을 가동하기 위해서는 수만, 수백만 달러의 거금이 필요했다. 그러나 오늘날과 같이 인터넷 같은 공통의 네트워크가 갖춰져 있는 상태에서는 거의 모든 하드웨어가 규격화되어 쉽게 구입할 수 있고, 누구나 소프트웨어를 프로그래밍할 수 있는 환경이 제공되고 있다. 그래서 이스라엘의 젊은이들은 학교를 졸업하더라도 취직을 하기보다는 창업을 선호한다. 친구들과 모여 새로운 아이디어를 생각해내고 시도해보고, 실패하면 다른 아이디어에 도전해보는 과정을 반복하면서 결국 성공을 이끌어내고 일자리를 창출한다. 구직자가 되는 대신 스스로 고용자가 되기를 선택하는 것이다.

만일 벤처가 실패한다고 해도, 이스라엘의 두뇌를 필요로 하는 300여 개의 글로벌 기업 연구소에 취직할 수 있는 환경이 이미 갖추어져 있기 때문에, 능력 있는 젊은이들은 두려움 없이 창업 전선으로 달려간다. 그뿐 아니라 이스라엘 정부와 기관들은 인터넷의 무한한 가능성에 뛰어드는 청년들의 스타트업 회사를 적극적으로 지원하고 나선다. 뒤에 자세히 부연하겠지만 1993년 출범한 요즈마 프로그램이 대표적이다.

유대민족 특유의 가족 중심 문화도 기업가 정신을 키우는 데 큰 역할을 한다. 웬만한 이스라엘 중산층 가정에서는 첫 생일잔치 때 아이의 장래를 위해 친척과 친지들이 십시일반 돈을 모아 우리나라 돈으로 수천만 원 정도의 거금을 모아 건네며 앞날을 축복한다고 한다. 나라를 잃고 2,000년 넘게 떠돌이 생활을 한 경험이 만들어낸 전통이다. 이렇게 받은 돈은 아이가 자라 성인이 되었을 때 주로 창업자금으로 활용되며, 일단 창업을 하면 가족 전체가 반기고 도와주기 때문에 청년들이 스스로 사업을 구상하고 도전하는 데 든든한 보탬이 된다.

요즈마펀드Yozma Fund의 창업자인 이갈 에를리히Yigal Erlich 대표는 창업하는 젊은이들에게 국가와 사회가 안전장치가 되어야 한다고 역설한다. "경제흐름은 사이클입니다. 올라갈 때가 있으면 떨어질 때가 있죠. 경제가 침체될 때 명심해야 할 것은 세상에 종말이 온 게 아니라 오히려 창업하기 가장 좋은 시점이라는 것을 아는 것입니다. 왜냐하면 이제 올라갈 일만 남았기 때문이죠. 젊은이들이 실패를 두려워하여 도전을 꺼리거나 창업의 열기가 사그라지지 않도록 정부의 지원이 있어야 합니다."

## 창업경제를 쏘아 올리는 연료의 제공 : 벤처캐피털

오늘날 이스라엘은 전 세계가 주목하는 벤처왕국이다. 이스라엘 벤처기업협회가 집계한 벤처기업 수는 8,226개(2013년 2월 기준), 이스라엘 인구 비율로 따지면 936명당 한 명이 벤처기업가인 셈이다. 고작 인구 770만 명의 조그만 나라에서 어떻게 이런 역동적인 창업경제가 가능했을까?

우리나라에도 90년대에 벤처 붐이 불었지만 사실상 실패였다고 할 수 있다. 수많은 벤처기업들이 성공적으로 자리를 잡았다면 지금 한국의 경제는 한층 전망이 밝았을 것이다. 우리나라에서는 진정한 의미의 투자보다는 담보를 받고 자금을 빌려주는 방식이다 보니 투자를 받기도 쉽지 않고, 무모하게 벤처 붐에 뛰어들었다가 신용불량자가 되는 사례도 많았다. 물론 이스라엘도 처음부터 성공적이었던 것은 아니다. 일찍이 우수한 인력들이 벤처를 세웠지만 자본과 해외 네트워크가 뒷받침되지 않은 탓에 성공하는 곳이 드물었다. 이때 창업의 리스크를 최소화하고 사업자금을 지원하는 벤처캐피털이 이스라엘 창업경제의 기반을 닦는 큰 역할을 했다.

## 이스라엘 벤처산업의 아버지, 요즈마펀드

유대 신앙의 상징인 이스라엘의 수도 예루살렘. 그 도시 안에 있는 통곡의 벽은 전 세계 유대인의 성지로써 역사적으로 수많은 순례자들이 다녀간 곳이다. 그런데 시대가 바뀌면서 오늘날의 이스라엘은 또 다른 부류의 인구를 불러 모으고 있다. 세계적인 기술기업들의 잇따른 진출에 따라 세계의 고급 두뇌와 투자자들이 속속 모여들고 있는 것이다.

예루살렘의 유적지를 지나면 곧바로 전혀 다른 분위기의 활기찬 도시가 모습을 드러내는데, 이곳 빌딩숲 곳곳에는 벤처회사 간판이 즐비하다. 그야말로 창업국가로서의 면모를 자랑하는 역동적인 도시 풍경이다. 위험 부담이 높은 벤처기업은 초기 자본이 필요한 것은 물론이고, 끊임없이 새로운 사업에 도전하며 변화하는 경제 상황에 유연하게 대처해야 하므로 충분한 자금 없이는 지속적인 운용이 불가능하다. 이스라엘이 벤처강국으로 부상할 수 있었던 데는 1992년 정부 주도로 설립된 이스라엘 벤처캐피털 1호 요즈마펀드가 있었다. '요즈마yozma'란

이갈 에를리히 요즈마펀드 대표

'창조'를 뜻하는 히브리어다.

이스라엘 정부는 1990년에 국가경제 지표를 만들었고, 국가적 미래를 '창업경제'로 설정했다. 문제는 기업을 세울 수 있는 자금이었다. 기술력은 인정받았지만 이스라엘의 기업 관리 및 경영 능력에 대해서는 신뢰할 만한 지표가 없는 상황이었다. 돈줄을 쥐고 있다는 유대인들조차도 이스라엘의 공적 발전을 위해서는 거액의 기부금을 내놓을지언정, 하이테크 분야에 대한 투자에는 선뜻 결정을 내리지 못했다. 그들에게 자선활동과 사업은 어디까지나 별개의 문제였다.

미래가 불투명한 신생 벤처기업에 선뜻 자금을 대겠다는 투자자가 나서지 않자 정부가 직접 벤처 투자펀드 요즈마를 조성한다. 처음에는 총 2억 달러 규모의 작은 펀드로 시작했다. 좋은 아이디어가 있으면 창업자금의 70퍼센트를 정부가 대주고, 성공하면 정부 지분을 투자 파트너들이 싸게 매입할 수 있도록 보장하였다. 다시 말해 리스크는 정부가 나누어 분담하면서도 이익은 투자자들에게 전부 나누어준다는 개념이 었다. 정부의 이러한 적극적인 지원책은 확실한 촉매제가 되었다.

이갈 에를리히 요즈마펀드 대표는 "아이디어가 있는 젊은이들에게 융자가 아닌 투자금을 지원하고, 정부 과학자들이 세심하게 살펴줌으로써 성공률을 높이는 전략이 유효했다. 또한 이미 성공한 벤처사업가들이 재투자하게 하는 방식으로 처음 10년 동안 100억 달러 이상의 자금을 모았다. 지원받은 창업회사가 또 다른 회사와 합병하면서 M&A 시장 규모가 200억 달러까지 올랐고, 투자 받은 회사들 중 상당수가 나스닥에 상장되었다. 요즈마펀드가 있었기 때문에 이스라엘의 벤처 환경과 시스템이 세계 최고가 될 수 있었다"고 이야기한다.

창업의 활성화로 이스라엘의 사회 분위기도 달라졌다. 과거 이스라엘은 국민 1인당 의사의 비율이 가장 높은 나라였다. 전통적으로 의사나 변호사 등 소수 전문직을 선호하던 이스라엘 청년들은 실패하더라도 책임을 묻지 않는 정부 정책에 힘입어 다양한 관심 분야로 눈을 돌리기 시작했고, 창업 열기가 급속히 퍼져 나가면서 경직되었던 사회 분위기는 일시에 활기를 띠게 되었다.

요즈마펀드의 지원을 받은 몇몇 벤처기업들이 소위 대박을 터뜨리며 벤처 활성화 정책은 큰 성공을 거두었다. 요즈마펀드의 성공을 눈여겨

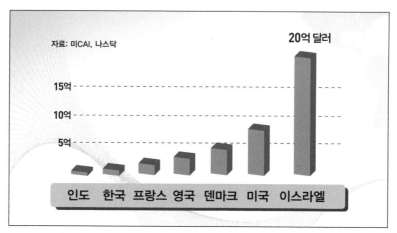

자료: 미CAI, 나스닥

**20억 달러**

15억 - - - - - - - - - - - - - - - - - -

10억 - - - - - - - - - - - - - - - - - -

5억 - - - - - - - - - - - - - - -

인도 한국 프랑스 영국 덴마크 미국 이스라엘

각국의 벤처캐피털 투자액

본 이스라엘의 사기업들도 벤처캐피털에 투자하기 시작했다. 대표적인
예가 피탕고Pitango다. 이스라엘 최대의 사기업 벤처캐피털인 피탕고는
1년에 10억 5,000만 달러라는 거액의 투자금을 운용하는 투자 시장의
큰손으로 꼽힌다.

그리고 이들 벤처캐피털의 자본을 바탕으로 수많은 창업 회사들이
생겨났다. 전자상거래의 정확성과 효율성, 보안성을 해결하여 세계적
으로 주목받은 온라인 결제대행업체 페이팔은 2002년, 세계 최대의 전
자상거래업체 이베이eBay에 약 15억 달러에 인수 합병되었으며, 인터넷
보안 솔루션으로 출발한 체크포인트는 세계적인 기업으로 성장하여 미
국 나스닥에 안착하였다. 이에 고무된 이스라엘 정부는 15개 국가와 국
가 대 국가G2G펀드를 만들어 청년들의 창업을 지원하는 데 앞장섰다.
특히 미국의 유대계들이 적극 협조한 덕분에 미국 정부와의 BIRD프로그램이 20억 달러 규모로 결성되었고, 수많은 기업이 이 펀드를 통해 실리콘밸리에 진출하였다. 지금도 이스라엘에서는 누구든 반짝이는 아이디어만 있다면, 이들 벤처캐피털에 사업계획서를 보내 투자 의사를 타진할 수 있다.

이스라엘의 벤처에 투자하는 것은 이스라엘 국내의 벤처캐피털뿐만이 아니다. 세계 각국의 벤처 투자자들이 이스라엘의 경쟁력 있는 벤처 기술에 대한 투자 가능성에 주목하고 있으며, 실제로 해마다 막대한 규모의 벤처캐피털이 이스라엘 기업에 집중되고 있다. 이는 전 세계 벤처 캐피털의 무려 35퍼센트에 이르는 규모다.


## 이스라엘의 착한 마피아들

이스라엘의 벤처기업가들과 직원들이 혁신적 아이디어로 큰 성공을 거두고 백만장자가 되면 이들의 다음 목표는 무엇이 될까? 안락한 휴양지나 저택을 짓고 여생을 보낼까? 그렇지 않다. 이들은 벌어들인 수익을 이용해 창업 투자가로 변신한다. 자본금은 없고 아이디어를 가진 스타트업(start-up, 초기 기업)에 투자하는 것이다. 그 대표적인 예가 실리콘밸리의 전설이 된 '페이팔 마피아'다.

페이팔의 창업자이자 CEO인 피터 티엘Peter Thiel은 2004년 8월, 마크 주커버그Mark Elliot Zuckerberg가 투자를 받기 위해 찾아왔을 때 50만 달러를 투자함으로써 당시 페이스북Facebook의 지분 10퍼센트를 확보했고,

그 주식은 현재 시가로 2조 원어치가 넘는다. 또 그는 '파운더 펀드The Founders Fund'라는 스타트업 투자회사를 만들어 퀸캐스트Quantcast, 옐프Yelp, 슬라이드Slide.com, 링크드인LinkedIn, 팰런티어Palantir 등 실리콘밸리의 수많은 회사에 성공적인 투자를 했다. 특히 '20 under 20'라는 티엘 펠로우십 프로젝트에서는 창업에 대한 그의 도전적인 철학을 엿볼 수 있다. 이 펠로우십에는 대학생만 지원할 수 있으며, 선정되면 대학을 중퇴하고 창업하는 조건으로 무려 10만 달러를 투자받게 된다.

페이팔의 핵심 기술을 만든 천재적인 엔지니어 맥스 레브친Max Levchin은 페이팔을 매각한 후 사진공유 사이트 슬라이드를 만들었고 이를 구글에 약 1억 8,200만 달러에 매각했다. 그는 또한 지역정보 검색서비스 옐프에 100만 달러를 투자했는데, 훗날 옐프가 상장되면서 큰 이익을 남겼다. 그 외에도 핀터레스트Pinterest, 유누들YouNoodle, 위페이WePay 등 10개가 넘는 회사에 성공적으로 투자했다.

페이팔의 또 다른 엔지니어였던 스티브 챈Steve Chen과 채드 헐리Chad Hurley는 유튜브YouTube를 만들었으며, 이를 구글에 16억 달러에 매각했다. 페이팔의 고위 임원이자 투자가였던 리드 호프만 역시 적극적으로 스타트업 회사에 투자를 했는데, 그가 지금껏 투자한 회사들만 50여 곳이 넘는다. 그는 피터 티엘의 소개로 페이스북에 투자하여 페이스북의 성공에도 큰 역할을 했다.

페이팔 마피아가 성공에 성공을 거듭하여 이스라엘의 벤처자금으로 회귀한 금액은 자그마치 우리 돈으로 10조 원에 달한다. 마치 연어가 부화하여 태평양을 돌고 돌아 성어가 되어 회귀하는 것과 같은 이치다.

이들은 여전히 전 세계를 대상으로 치밀한 분석과 투자를 계속하고 있으며 수익의 절반을 이스라엘에 재투자할 계획이라고 한다. 그 밖에도 '체크포인트 마피아', '피탕고 마피아'와 같은 수많은 벤처캐피털들이 이스라엘로 집중되고 있다. 이들이 바로 이스라엘의 벤처생태계에 건강한 선순환을 만드는 착한 마피아들이다.

현재 이스라엘에는 200여 개의 벤처캐피털이 존재한다. 이들이 50조 원 규모의 펀드를 운영하면서 아이디어와 열정이 있는 세계 청년 기업가들을 육성하고 있다. 벤처기업 투자 액수만 따지면 또 다른 벤처강국인 인도의 350배에 이른다. 유럽 전체를 더한 것보다 30배가 많고, 벤처 시장의 최대 규모를 자랑하는 미국과 비교해도 2.2배가 넘는다. 더불어 전 세계 벤처캐피털의 35퍼센트가 이스라엘에 집중 투자되고 있다. 이처럼 끊임없는 파이의 창조를 지향하는 창조경제는 블루오션의 연속이다. 이제 세계는 근면, 자조, 협동이라는 기치 아래 부지런한 손발로 만들어 일구는 산업경제를 지나 창조적 두뇌가 인정받는 지식경제 시대를 맞이했다.

피탕고의 네케미아 페레스Nechemia Peres 회장은 벤처캐피털의 역할을 이렇게 말한다. "벤처캐피털과 스타트업 기업의 관계는 우주선 발사와 비슷해요. 우주선을 발사하려면 미사일과 우주선을 중력궤도 밖으로 날려 보낼 에너지가 필요하죠. 그렇게 지구를 떠나 가속화되면 어느 시점에서 미사일은 해체되어 우주선과 분리됩니다. 이때 우주선, 즉 기업은 자력으로 비행을 계속하지요. 우주선에 '자본'이라는 연료를 제공하는 것이 우리의 역할입니다."

전 세계가 금융위기에 시달려온 지난 몇 년간, 유독 이스라엘의 경제는 두드러진 안정성을 보여주었다. 그러한 이스라엘 경제의 열쇠를 '혁신'에서 찾는 것은 새로운 시각이 아니다. 네케미아 페레스 대표가 "현재와 미래, 어느 곳에 투자하겠느냐고 묻는다면 다만 '혁신'에 투자할 것이라고 대답하겠다"라고 말한 것도 같은 이유다.

우리나라가 1990년대 후반부터 국민의 세금으로 벤처를 육성할 때, 이들은 단 한 차례의 정부 펀드로 성공 모델을 일구었고 선순환으로 민간 펀드를 육성하는 펀드 마피아들의 생태계를 만들어냈다. 이들 민간 펀드는 효율과 자율을 강조하는 민간 경영기법으로 운영되어 급성장의 소용돌이를 만들어내고 있다.

벤처캐피털은 기업에만 투자하는 것이 아니라 때로 훌륭한 기업가의 자질을 가진 개인을 찾아내 육성하기도 한다. 사무실을 제공해 구체적인 사업 아이템이나 프로젝트를 구상할 수 있는 환경을 조성해주고 기다리는 것이다. 이러한 종자투자seed investment를 통해 벤처캐피털은 투자하는 회사와 함께 성장한다. 이것이 바로 이스라엘의 창업경제에 활기를 더하는 인큐베이션incubation, 즉 창업보육이다.

창업을 한다 해도 실패 확률은 매우 높다. 심지어 벤처기업이 실패할 가능성은 90퍼센트 이상이라는 말도 있다. 이스라엘이라고 다르지 않다. 그럼에도 불구하고 융자가 아닌 투자로 가득 채워진 환경에서 이스라엘의 젊은이들은 거침없이 창업에 도전한다. 자원이 없는 나라가 취해야 할 국가경영의 본질을 잘 보여주는 이스라엘식 창업경제는 적어도 다음 10년의 미래를 좌우할 중요한 열쇠가 될 것이다.

# CHAPTER 3

## 혁신국가의 자양분,
## 군대문화

이스라엘은 아랍권의 적국으로 둘러싸인 섬 아닌 섬나라다. 따라서 경제성장의 최대 복병은 언제 어디서 날아들지 모르는 미사일과 폭탄 테러로 인한 불안감과 긴장감이다. 지금 이 순간에도 이스라엘 곳곳에는 치열한 전쟁의 흔적이 늘어가고 있다. 365일 전운이 감돌고, 주변국들과의 대립 속에서 유혈사태가 끊임없이 벌어지는 곳. 가자 지구의 높은 장벽과 철조망은 전시 체제 속에서 긴장을 늦추지 못하고 살아가는 이스라엘의 현실을 고스란히 보여준다.

그런 환경 탓에 이스라엘에는 우리나라처럼 의무 복무제도가 있다. 대부분의 젊은이들이 고등학교 졸업 후 대학에 진학하기 전에 군대를 가서 남자는 3년, 여자는 2년 복무를 한다. 따라서 다른 나라의 학생들이 어느 대학에 진학할 것인지를 고민하는 동안, 이스라엘 학생들은 서로 다른 군 부대의 특성을 연구하고 비교·분석한다. 군대 기피 현상 따위는 찾아보기 힘들다. 오히려 군대를 자기계발의 기회로 생각한다. 그들은 군 복무를 통해 스스로 무엇을 원하는지에 대한 확신을 갖고, 사람들과의 관계도 배운다. 장교들의 경우 인력 관리 능력을 터득하게 되고, 체계적인 기술 교육도 받는다. 그래서 일상적으로 군대용어가 쓰이는 나라가 바로 이곳 이스라엘이다.

## 계급보다 능력이 우선한다

이스라엘 젊은이들에게 군대는 커다란 도전 과제이지만, 동시에 개인의 독특한 개성과 자질, 네트워크가 형성된다는 점에서 큰 배움의 기회이기도 하다. 창업국가라 불리는 이스라엘 젊은이들의 도전정신이 바로 군대에서 육성되고 있다는 점은 이미 잘 알려져 있다.

인구 2억 5,000만 명의 주변국들과 항상 긴장하며 대치해야 하는 이스라엘은 770만의 적은 인구로 국가안보의 위협을 감당하기 어렵다. 이에 이스라엘의 군대는 수직적 명령체계만으로는 효율을 기하기 어렵다고 판단하고 각 병사들에게 최대한의 권한과 책임을 위임하기에 이른다. 따라서 이스라엘의 군대는 세계에서 가장 계급의 단계가 적고, 사병 대비 장교의 비율 또한 어느 나라보다도 적다. 고위 장교가 많지 않다는 것은 하급 사병들의 개인적인 가치와 역량을 그만큼 보장한다는 의미다.

군대에서 수행하는 목표와 역할은 임무를 수행하겠다는 의지와 임무를 완수하기 위한 사람들의 테두리 안에서 정해진다. 그들은 계급에 연연하는 것이 나이와 계층 간의 불필요한 갈등을 초래할 뿐이라고 생각한다.

이스라엘 군에서 병장 정도가 되면 우리나라 군대의 소대장에 버금가는 권한과 책임이 주어진다. 이들은 작전에 투입되면 기본적인 전략과 목표만 주어지고 모든 판단은 상황과 역량에 따라 본인 스스로 결정하고 책임질 수 있도록 철저히 교육받는다. 교본이 있다 하더라도 그것을 응용하는 것은 어디까지나 지휘자의 권한이다. 작전이 실패했다 하더라도 교본에 충실하지 않았다는 것을 문제 삼는 일이 없다. 전쟁교본은 매일 새로운 교본으로 재탄생하기 때문에 전통이란 것은 애당초 존재하지 않는다. 요약하면, 이스라엘 군대의 전통은 '전통이 없는 것'에 있다고 볼 수 있다.

그들은 기존에 성공한 방식이라거나, 과거에 잘 통했다는 이유로 특정 아이디어나 해법에 얽매여서는 안 된다는 생각이 확고하다. 심지어 그들은 전쟁 개시 다섯 시간 만에 전세를 역전하고 엿새 만에 영토를 세 배나 넓힌 '6일 전쟁 Six-Day War *'의 와중에도 날마다 그날그날의 작전 수행을 되짚어보는 엄격하고 꼼꼼한 점검 시간을 가졌다. 하루하루 파

---

* 1967년 이스라엘이 건국된 지 19년째 되던 해에 발발한 전쟁으로 아랍 연합(이집트, 시리아, 요르단)과의 사이에 발생하여 6일 만에 종결되었다. 이 전쟁으로 이스라엘은 옛 팔레스타인 전 지역을 통일하였고, 이집트의 시나이 반도와 시리아의 골란 고원을 점령하였다

죽지세로 승리를 거듭하고 있으면서도 그날의 작전 가운데 패전으로 이어질 뻔한 요인들을 끄집어내어 통상 90분간의 분석과 토론을 한 다음, 내용 정리가 끝난 뒤에야 하루를 결산했던 것이다. 심지어 전쟁 중에 정부조사단이 작전수행 중인 군 간부들을 사흘간이나 불러들여 작전방식에 대하여 문제를 제기하고 진상조사를 벌인 일도 있었다. 이때 작전이 실패로 돌아가거나 부하들이 제기한 불만으로 인해 지휘관이 직위해제되는 경우도 있다. 장교가 일반 사병들의 신뢰를 얻지 못하면 작전의 성공 가능성은 그만큼 낮아질 수밖에 없는데, 항시 안보를 위협받고 있는 이스라엘로서는 군에서 같은 실수를 두 번 허용할 만한 여유가 없기 때문이다. 책임은 주되 분석을 게을리 하지 않으며, 문제가 발생할 경우 잘못된 결정에 대해 구구절절 변명하고 방어하는 것도 용납되지 않는다. 따라서 '내 탓이 아니다'라는 말은 군대 문화에 존재하지 않는다.

이스라엘에서는 고등학교를 갓 졸업한 젊은이들이 대학이나 직장에 들어가기 전에 군대를 거쳐감으로써 세계 어느 나라의 또래 젊은이들과 비교해도 차별되는 경쟁력을 갖는다.

특히 장교들은 군에서 집중 훈련을 마친 후 수십 명의 병사를 지휘하고 수백만 달러나 되는 장비를 다루며 생과 사를 가르는 중요한 결정을 스스로 내린다. 다른 나라의 20대 초반 젊은이들로서는 상상하지 못하는 다양한 실전경험과 조직생활에서의 협력을 통해 살아 있는 지식자원을 쌓는 것이다. 곧이어 자세히 부연하겠지만 엘리트 기술부대에 배치를 받으면 첨단 시스템을 개발하는 국방 프로젝트에 참여하고, 지휘관으로서의 막중한 책임을 맡게 된다. 생사의 기로에 서는 급박한 전쟁위기 상황에서 침착하고 논리적인 균형감각으로 부대원을 지휘하고, 해결해야 할 온갖 사안의 경중을 판단하면서 이들은 다른 나라에서는 자기 나이의 두 배나 되는 사회인들도 얻기 어려운 풍부한 경험을 하게 된다.

의무 복무기간이 끝나고 제대한 이스라엘 젊은이들은 평균 18개월 동안 해외 곳곳을 여행한다. 서른다섯 살이 되기 전에 평균 12곳 이상의 국가를 방문한다는 통계도 있다. 이것은 단순히 유대인들의 방랑벽으로 설명될 수는 없는 현상이다. 사방이 적국으로 둘러싸인 환경에서

이스라엘의 군인들

살다 보니 젊은이들에게는 항상 더 넓은 세계에 대한 갈망이 잠재되어 있다.

작은 국토에 770만 명의 인구가 밀집된 나라가 글로벌 시대에 살아 남기 위해서는 처음부터 세계화를 지향해야 한다. 그런 이유로 청년들이 세계 시장에 일찍부터 눈을 뜨고 견문을 넓히며, 한두 개의 외국어를 체득하는 것이 관례처럼 여겨진다. 히브리어와 영어는 기본이고 그밖에 한두 개 외국어를 습득한 뒤에 비로소 대학에 입학하는 것이다. 대학 강의실에 앉은 이스라엘 학생들이 단순히 대학입학 성적에 맞춰 진학한 다른 나라 학생들에 비해 월등히 성숙하고 성적 또한 앞서가는 것은 당연한 결과다.

한편 이스라엘은 현역군만으로는 적대적인 인접국의 침략을 막아내기에 충분치 못하다는 것을 처음부터 인지하고 예비군 조직을 조직, 예비역 장교가 직접 통솔하도록 구축하였다. 이에 따라 모든 이스라엘 국민들은 군대를 제대한 이후 1년에 한 달 이상 예비군으로 복무하게끔 되어 있다. 또한 전시에는 국가가 정규군으로 소환할 수도 있다.

50세까지 이어지는 예비군 제도는 이스라엘 사회의 인적 네트워킹을 한층 공고히 해준다. 이렇게 군대와 예비군을 통해 평생 가족이나 다름 없이 교류하기 때문에 한두 사람만 건너면 전 세계 유대인들이 모두 연결되는 유기적인 사회문화가 자연스럽게 형성된다. 누군가가 창업에 성공하면 같은 부대 출신들 사이에 금세 소문이 퍼지고 그 사업에 도움을 줄 만한 사람이 나타나 새로운 네트워킹을 소개하거나 연결해주는 식이다.

## 엘리트 부대의 창설

　　　　　　　가장 창조적인 20대 초반의 두뇌자원이 국방의 의무 때문에 방치되지 않도록 관리하는 것은 의무 복무제도를 운영하는 이스라엘에게는 무엇보다 중요한 국가적 과제였다. 모든 젊은이들을 막강한 전투부대로 투입하고 활용한다면 당장의 군사력에는 큰 보탬이 되겠지만, 그 기간 동안 두뇌가 녹슬어버리는 결과를 낳는다면 이스라엘의 국가경영은 무엇에 의존할 수 있겠는가?

　경제부, 과학부, 노동부, 국방부 모두가 머리를 맞대고 이 문제를 논의한 끝에 내놓은 방안이 엘리트 부대다. 학업성취도가 특별히 우수한 학생들은 국방의무 기간 중에도 적성과 역량에 따라 맞춤형 엘리트 부대로 배속되어 두뇌자원을 갈고닦는다.

　최상위 특공부대의 작전훈련과 기술훈련의 결정체인 탈피오트Talpiot, 8200부대 등으로 대표되는 엘리트 부대는 이스라엘을 대표하는 수많은 산업 인재를 양성해냈다. 특히 수학, 과학 과목에서 우수한 학생들은 이들 엘리트 부대가 우선적으로 선발해 간다. 그래서 고3이 되면 너도나도 엘리트 부대에 지원하기 위해 줄을 선다. 마치 미국 학생들이 하버드대학이나 예일대학과 같은 명문 대학에 진학하기를 꿈꾸듯, 탈피오트 부대나 8200부대와 같은 엘리트 부대에서 초청장이 날아오기를 손꼽아 기다리는 것이다.

　엘리트 부대는 단순한 군부대가 아닌 벤처 창업과 기술 진보를 위한 국가적 프로젝트의 일환으로, 이스라엘의 미래를 설계하는 곳이라 해도 과언이 아니다. 이 때문에 많은 중·고등학생들이 엘리트 부대 입대를 희망한다. 엘리트 부대의 지원 자격은 고교 졸업생 중에서도 상위 2퍼센트에게만 주어지지지만, 빠르면 중학교 졸업생부터 지원이 가능하다. 물론 수준 높은 학과시험은 말할 것도 없고 인성, 재능 시험까지 우수한 성적으로 통과해야 입대할 수 있다.

탈피오트는 히브리어로 '최고 중의 최고'라는 뜻으로 첨단과학기술을 활용하는 이스라엘 방위군 최고의 엘리트 부대다. 탈피오트에 들어가려면 가장 어려운 시험을 거쳐야 하며 이스라엘 군의 모든 부대를 통틀어 가장 훈련 기간이 길다. 이들은 복무 기간 동안 수준 높은 통신·보안 기술 등을 습득하면서 자연스럽게 리더이자 기업가로 성장한다. 탈피오트 출신들은 제대한 뒤 군 복무 기간 동안 익힌 기술과 인적 네트워크를 활용하여 세계적인 수준의 벤처기업을 창업하고 있다. 이들이 창업한 기업의 상당수가 실제로 미국 나스닥에 상장될 만큼 성공을 거두었다. 복무 기간이 무려 9년에 달하지만 지원자가 줄지 않는 것은 그 때문이다.

탈피오트부대의 핵심은 한 가지다. 대학과 군대가 제공할 수 있는 가장 집중적이고 밀도 높은 기술훈련을 제공하는 것이다. 탈피오트부대에 합격한 신병은 입대 후 3년 만에 대학 교육을 이수하고, 6년 동안 국방과학연구소에서 연구에 매진해야 한다. 물론 연구소에 근무하는 기간에는 일반 기업과 같은 수준의 급여 및 자율성과 창의력을 보장해준다.

전국의 수학 영재를 대상으로 선발하는 8200부대는 기초 군사훈련을 마치면 사이버 군대의 지휘체계 아래 최소의 병력으로 최대의 무력을 구사하는 솔루션을 구현한다.

이스라엘 사회에서는 고등학생의 90퍼센트가 대학에 진학하기에 앞서 군대를 택하지만, 예외적으로 엔지니어가 되기를 희망하고 그에 상응하는 기술력이 있을 경우에는 대학을 졸업하고 난 다음에 입대하는 케이스도 있다. 엔지니어로서의 본격적인 경력을 군대에서 시작하는 것이다. 보통 대학 졸업 후 스타트업 회사에 취직하면 주니어 포지션에서 시작하기 때문에 업무에서 큰 그림을 보지 못한다. 반대로 군대의 엔지니어 프로그램에 지원하면 높은 직책과 상당한 권한을 부여받는다. 총 6년의 군 복무 기간 중 첫 3년간은 무급이지만 나머지 3년 동안은 적지 않은 급여가 보장된다.

이스라엘 군대는 전투력 배양 및 향상은 물론이고, 개인의 역량에 맞춘 기술 교육을 병행함으로써 군 경력과 학력이 연계될 수 있도록 하는 시스템을 갖추고 있다. 즉, 계급보다 개인의 자질과 능력을 중시하는 독특한 문화 속에서 혁신적인 사고를 배양하는 시간으로 활용된다. 아이디어가 있으면 발전시키고 개선시킬 기회를 줌으로써 개인의 능력을 마음껏 발휘할 수 있는 환경을 제공하는 것이다.

군 복무 경험자는 실제 실무경험을 통해 체계적인 사고가 몸에 밴다. 특히 정보부대는 외부 소프트웨어의 사용을 제한하기 때문에 필요한 프로그램이 있으면 직접 설계해야 하며 철저한 보안기술을 검증받는다. 따라서 군 복무 기간 쌓은 실무 경험과 최첨단 기술을 통해 이들 엔지니어들은 현 이스라엘 전자산업의 발전에 중추적인 역할을 해왔다.

또한 이스라엘의 국방비 부담은 GDP의 7퍼센트 수준에 달하지만 이렇게 개발된 국방기술이 산업계에 고스란히 전수되면서 재생산되는 경제적 부가가치는 GDP의 6퍼센트에 이른다. 탈피오트부대 출신 개발자가 '기븐이미징Given Imaging'이라는 벤처를 세우고 의학 전문가들과의 융합기술로 카메라콩을 개발해낸 것도 이러한 정책의 성공사례로 꼽힌다. 초소형 카메라가 담긴 완두콩만 한 캡슐을 삼키면 위, 십이지장, 소장, 대장, 직장을 거쳐 항문으로 나오는 동안 매초 열여덟 장의 사진을 촬영하여 벨트에 부착된 메모리 장치에 무선 전송한다. 환자는 내시경이 작동하는 시간 동안 힘 들이지 않고 고통 없이 검사를 받을 수 있다.

이 안에는 무선 통신기술, 이미지 프로세싱기술, 무선 에너지 전송기술, 진단 센서기술 등 다양한 영역의 과학기술과 의학이 집약되어 있다. 이 초소형 카메라는 '필캠pill cam'이라고도 하는데, 미사일의 유도장치에 탑재된 광학렌즈를 초소형화한 것이다.

전 세계 사이버 방화벽 시장을 석권한 체크포인트 솔루션도 8200부대 출신들이 부대 보안용 인터넷 방화벽을 개인정보 보호용으로 적용한 것이다. 하나의 칩으로 멀티프로세싱을 가능하게 한 인텔의 듀얼코어, 트리플코어, 쿼드코어 칩도 미국 본사의 반도체 전문가가 아닌 이스라엘 운전병 출신 연구원의 아이디어에서 비롯되었다. 앞서 소개했듯이 반도체의 구동 속도가 빨라지면서 열이 발생하여 집적도가 한계에 다다랐을 때, 자동차의 기어와 같은 개념을 칩에 적용한 것이다. 한창 두뇌가 번뜩이는 군 복무 시절에 엘리트 부대원들로 하여금 자주국방을 위해 연구개발에 몰두하게 하고, 제대 후에는 그 기술을 사회에 나가서 지식경제로 활용하도록 하는 것이 그들만의 지혜다.

그 밖에도 이스라엘은 전 세계 바이오 헬스케어 관련 벤처기업의 70 퍼센트를 배출하고 있으며 이 역시 상당수가 국방기술에 뿌리를 두고 있다. 국방기술이 국민들에게 환원되는 과정이 이스라엘에서는 지극히 자연스러워 보이지만 이것은 결코 말처럼 간단하지 않다. 세계 최고의 군사기술을 자랑하는 미국도 이루지 못한 어려운 과제를 이스라엘에서는 해결한 것이다. 이렇게 군으로부터 비롯된 기술이 민간 영역에서 다양한 방식으로 적용되고 발전함에 따라 사람들은 또 다른 기회를 발견하게 되고 그러한 과정에서 새로운 기술과 기회의 형성이 이루어지는 선순환이 만들어진다.

엘리트 부대 출신들은 제대 후에도 대학 동창회처럼 지속적으로 관계를 유지하고 정보를 교류한다. 따라서 군대의 역할은 유능한 이스라엘 젊은이들의 허브로써 그 의미가 크다. 최근 미국 나스닥에 상장된 이스라엘 기업이 80개 수준에 이르고 이들 기업의 50퍼센트가 이스라엘 최고의 엘리트 부대인 탈피오트, 8200부대 출신임을 보더라도 청년들의 활발한 두뇌자원을 효율적으로 관리하는 군 정책의 성과를 실감할 수 있다.

『창업국가』의 저자 댄 세노르에 의하면 이스라엘 군대의 강점은 기업가적 정신이 살아 있는 조직이다. 주변 아랍 국가와의 인구 비례로 살펴보더라도 이스라엘은 40대 1의 비율로 압도적 열세에 있기 때문에, 군대는 그만큼 질이 높은 최첨단의 기술적 우위를 확보해야만 하는 절체절명의 과제를 부여받는다. 따라서 군대 조직도 엘리트 부대를 중심으로 기술연구 부대가 전문화되어 있고 대학 교육과도 연계되어 산학군이 하나의 생태계를 유지하고 있다. 물론 일반 전투부대의 형태가 주를 이루지만 군대는 단순히 몸 바쳐 나라를 지키는 곳이 아니라 창의적인 발상과 기술력으로 앞서 나가는 국방을 통해 산업을 주도하는 생산적 조직의 개념이 주류를 이룬다.

앞서 언급했듯이 이스라엘은 국방비의 상당 부분을 국방관련 기술의 산업화를 통해서 회수하고 있다. 어떻게 이스라엘의 방어, 테러방지 대책 그리고 국토 안보 회사들이 국내 총생산의 5~6퍼센트나 차지하는 것일까? 미국만 하더라도 군대는 군사력Military Force, 즉 무력의 개념으로 인식되어 있지만 이스라엘의 경우는 국방과학Defense Art의 개념으로 움직인다. 의무 복무기간을 마치면 군대라는 조직 환경에서 새로운 기술을 익히거나 창업정신을 함양하는 생산적 군대를 지향함으로써 자원 없는 나라의 군대다운 색다른 성과를 거두고 있다. 자주국방을 위해 핵심 기술은 스스로 개발하고, 그 기술을 온전히 민간산업으로 활용할 수 있도록 스핀오프spin off함으로써 국방기술이 GDP에서 차지하는 비율을 6퍼센트대로 끌어올린 것이다. 이로써 국방비의 대부분을 국방기술의 산업화로 충당하는 선순환체계가 갖추어졌다. 많은 전문가들은 조만간 이스라엘이 국방비의 거의 전액을 국방기술의 산업화를 통해 충당할 수 있을 것으로 내다보고 있다.

당연한 결과이지만 많은 기업들이 채용 시 엘리트 부대 출신 인재를 선호하는 것은 자연스러운 경향이다. 시스템에 입각하되 참신한 사고를 한다는 점, 풍부한 실무경험을 갖추었다는 점, 맡은 일을 책임감 있게 처리해낸다는 점 등 많은 장점이 있을 뿐 아니라 무엇보다도 같은 부대 출신들과 긴밀한 네트워크를 형성하여 상호 협력을 도모할 수 있다는 점이 가장 큰 경쟁력이다. 산업통상노동부 수석과학관 아비 핫손, 히브리대학의 기술지주회사인 이숨의 대표 야콥 미칠린, 오디오코드 AudioCodes의 COO 리오 알데마Lior Aldema, 베터플레이스 CEO인 샤이 아가시, 이스라엘 구글 CEO 마이어 브랜드 등이 모두 엘리트 부대 출신이다. 그들은 고등학교 시절부터 창업문화를 경험하고, 군대에서 첨단기술을 교육 받았으며, 제대 후에는 이스라엘에 진출한 글로벌 기업의 연구개발 센터에서 먼저 실무경험을 쌓았다는 점에서 닮았다.

주이스라엘 한국대사관의 김영태 산업관은 "이스라엘 창업가들은 경험도 네트워크도 없이 패기만으로 무모하게 도전하는 것이 아니다. 해외 투자자들과 긴밀하게 연결되는 네트워크, 어릴 때부터 쌓은 비즈니스 경험을 바탕으로 창업하기 때문에 그만큼 성공할 확률이 높다"고 이야기한다. 무엇보다 창업국가 이스라엘을 있게 한 가장 큰 자양분은 바로 군대라고 말할 수 있을 것이다.

# CHAPTER 4

# 세상을 바꾸는
## 아이디어와 혁신

오늘날 세계 각국의 정부가 심각한 재정적자에 시달리고 있다. 재정적자가 무려 GDP의 10퍼센트에 달하는 미국을 비롯하여 일본, 남미의 여러 나라와 남유럽 복지국가들마저 국가부도의 악몽에 시달리는 현실은 자본주의 사회의 어두운 그림자가 아닐 수 없다. 그렇다면 재정적자의 주범은 무엇일까? 최근 각 나라의 사례를 연구한 결과 공통된 재정적자의 주요 원인이 의료복지로 밝혀졌다. 여기에 착안한 이스라엘에서는 유전자 분석을 통해 병에 걸릴 확률을 미리 예측하여 대비하는 예방 의료를 계획한다.

텔아비브대학 이사장이자 이타마르Itamar의 CEO인 지오라 야론 박사는 이렇게 말한다. "미국에 이런 말이 있어요 '아프지 않다는 게 건강하다는 걸 의미하진 않는다'. 지금 내가 알지 못하는 사이에 심장마비가 진행되고 있을 수도 있다는 거죠. 그렇지 않길 바라지만 만약 내가 심장마비라면 응급상황이 되어서야 병에 걸린 걸 알게 될 겁니다. 하지만 사실은 이미 한참 전에 심장이 나빠진 상태일 테고요. 심장마비 치료는 비용 부담이 큽니다. 혈관 바이패스 수술도 해야 하고 심장이식 수술도 필요한데, 일반인이 치료비를 부담하기는 어렵죠. 따라서 예방은 결국 비용절감 효과를 낳습니다. 보험회사나 환자들에게도 매우 매력적인 사업이죠. 이것이 우리 의료계가 앞으로 나아가야 할 방향입니다."

## 치료에서 예방으로

실제로 이스라엘을 대표하는 바이오벤처 컴퓨젠은 사람의 머리카락으로 유전자를 분석하여, 평생건강 예측도를 만들고, 필요한 검사와 시기를 통보해주는 서비스를 개발했다. 이 서비스가 상용화될 경우, 아이가 태어나면 의료보험공단에서 영유아 예방접종 항목과 일정을 고지하듯이 의뢰인의 유전자를 분석하고 유전적 취약점을 생의 주기에 따라 일목요연하게 제시할 수 있게 된다. 예컨대 향후 간 질환이 의심되는 환자에게는 2015년 6월에 간 질환 검사를 하게 한다든가, 2020년에 환갑을 맞는 중년 부인에게 2018년에 유방암 검진을 권하는 식이다. 아이가 예방접종을 통해 천연두, 홍역, 백일해를 피해가듯이 발병 가능성이 높은 각종 질병을 피해가도록 미리 체크하고 통보하는 것이다. 그렇게 되면 병원은 교통사고로 인한 응급환자를 주로 돌보거나 건강진단 센터로 그 역할이 축소될 것이다. 병상의 수가 1/10로 줄고 의사와 간호사들은 치료가 아닌 예방을 위해 일하며, 예측환자들은 환자가 되기 전에 조치환자로 바뀜으로써 의료복지의 사회적 부담이 획기적으로 경감될 전망이다. 그런데 이 같은 새로운 패러다임은 의사들의 노력뿐 아니라 IT와 바이오, 나노기술을 포함한 학제 간 교류와 통섭이 뒷받침되어야만 가능하다.

그 밖에도 이스라엘의 바이오벤처 기술은 세계적인 수준의 성과를 속속 내놓고 있다. 주사기를 없앤 스테디메드SteadyMed도 잘 알려져 있다. 그들이 개발한 '패치팜'이라는 의료기기는 배에 부착하기만 하면 필요에 따라 약을 천천히, 어떤 때는 빨리 흡수시키게끔 설계되었다.

크기가 작고 가벼워 배에 부착한 채로도 얼마든지 일상적인 활동이 가능하기 때문에 사용이 간편한 이 패치팜은 이셀E-cell이라는 특별한 배터리에 내장된 전기량을 통해 압력과 시간을 조절함으로써 원하는 약을 원하는 속도로 투여할 수 있도록 한 첨단 의료기기의 대표주자다.

스트레스를 풀어주는 조끼 '바이오허그The BioHug'도 이스라엘의 대학에서 연구하여 개발한 제품이다. 제품명 '바이오허그'에서 알 수 있듯 포옹의 의학적 효능을 목표로 개발되었다. 포옹은 혈압과 심장박동을 제어하는 자율신경계를 안정시키며 숙면에도 도움을 준다. 바이오허그의 안쪽에는 배터리로 동작하는 작은 공기압축기 장치가 부착되어 있다. 이 공기압축기가 사용자에게 압력을 주는데 그 위치와 시간이 지속적으로 변화하기 때문에 실제로 포옹하는 듯한 느낌을 받을 수 있다.

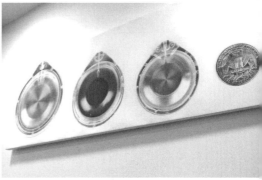

스테드메드(왼쪽)에서 개발한 패치팜(오른쪽)

시험을 앞두고 긴장을 했거나, 스트레스를 받는 사람이 이 조끼를 20분 정도 착용하는 것만으로도 긴장이 이완되고 스트레스가 감소하는 효과를 누릴 수 있다고 한다. 실제로 학생, 직장인을 비롯해 고혈압 환자, 자폐증 환자에게도 테스트를 실시해 심리적 안정 효과를 입증했다.

이들 의료기기의 혁신은 바이오공학자, 화학공학자, 농업 관련 기술자와 세계적인 배터리 기술자, 의약 전문가들이 머리를 맞대고 연구를 거듭한 끝에 이루어낸 성과다.

## 산·학·연 협력의 윈윈 전략

이스라엘 맨파워의 10.2퍼센트는 하이테크 산업과 관련이 있다. 현재 세계가 부러워하는 유대인들의 창조력은 대부분 과학기술에서 기인하는데 본격적인 기술개발은 대학에서부터 출발한다.

그들은 과학 연구가 상아탑 안에 갇히는 것이야말로 국가적 손실이라고 여기는 실리적인 민족이다.

수천 년간 전 세계에 흩어져 방황하던 유대인들은 19세기 말까지도 제대로 된 대학 교육을 받지 못하다가, 학문을 본격적으로 연구해야겠다는 필요성을 느끼면서 테크니온 공대를 세웠고, 이어 1년 뒤에는 히브리대학을 설립하였다. 사막을 개간하기에 앞서 미래를 먼저 개척했던 것이다.

현재 이스라엘에는 대학교가 8곳, 단과 대학이 27곳이 설립되어 있다. 그 숫자는 많지 않지만 그중 4개 대학교는 세계 최고 대학 150위 안에 들며 우수성을 입증하고 있다.


## 이스라엘을 건국한 테크니온 공대

이스라엘의 MIT라 불리며 이스라엘 과학자의 70퍼센트를 배출한 테크니온 공대는 1912년 4월 11일, 유대인의 기부금을 받아 설립된 이스라엘 최초의 근대식 대학이다. 엄밀히 말하면 이스라엘이라는 나라가 1948년 건국되기도 훨씬 전인 1912년에 설립된 첫 번째 유대인 대학교로, 하이테크를 지향하는 이스라엘 기술력의 원천이라고 할 수 있다. 이스라엘은 건국 이후 60여 년 동안 무려 열 명의 노벨상 수상자를 배출했는데, 2004년 아브람 헤르슈코Avram Hershko와 아론 치에하노베르Aaron Ciechanover와 2011년 댄 셰흐트만Dan Shechtman까지 노벨화학상 수상자 세 명이 바로 이곳 테크니온 공대 출신이다.

이스라엘 건국 당시 테크니온 대학 출신 학생들이 건물, 도로, 통신 기술 연구 등 다방면에서 큰 활약을 한 사실은 이스라엘 사회에 잘 알려져 있다. 이 대학의 페레츠 라비Peretz Lavie 총장의 자부심은 과학기술자의 자부심 그 자체였다. 라비 총장은 테크니온 공대야말로 이스라엘 건국의 주역이라고 말한다. "테크니온 공대는 유대인이 세운 첫 번째 이스라엘 대학교다. 그런데 왜 공대인가? 이스라엘이 누구에 의해 세워졌는지를 알 필요가 있다. 이스라엘은 공학자들이 세운 나라다. 처음 테크니온 공대에 있던 학생들이 말 그대로 이스라엘을 건국했다. 건물, 도로, 전화, 전기 등을 이들이 건설하였다."

1998년 7월, 테크니온 공대는 세계를 깜짝 놀라게 한다. 연구를 시작한 지 불과 7년 만에, 연구용 인공위성 '텍사트Teksat'을 학교의 자체 기술만으로 쏘아올렸던 것이다. 현재 10년이 훌쩍 넘도록 텍사트는 잔고장 하나 일으키지 않고 제 기능을 다하고 있다. 테크니온 공대는 여기에서 만족하지 않고 다음번 위성발사 프로젝트 때는 이스라엘 정부는 물론이고, 유럽 및 미국의 우주국과도 긴밀한 관계를 유지하며 협조를 구할 계획이다. 페레츠 라비 총장의 말에서 확인할 수 있듯, 테크니온 공대는 이스라엘 첨단기술의 요람과도 같은 곳이며 이제는 그 영향력이 이스라엘을 넘어 세계 첨단산업을 선도하고 있다.

테크니온 공대가 가장 역점을 두는 분야는 기술융합이다. 기존의 한계를 넘어 다른 기술 분야와의 과감한 융합만이 전혀 새로운 발견과 발명을 가능케 한다고 믿기 때문이다. 이미 수십 년의 미래를 내다보고 끊임없이 기술융합을 시도해온 테크니온 공대는 현재 이공계뿐 아니라 의학대학, 약학대학을 설립하여 학문간 융합프로그램을 적극 추진하고 있다. 테크니온 공대의 또 다른 주요 연구 분야는 바로 생명공학이다. 페레츠 라비 총장의 설명을 유심히 들어보자.

"1969년 왜 테크니온 공대에 의학대학이 있어야 하는가에 대한 활발한 논의가 있었습니다. 세 시간에 걸쳐 의논을 했지만 결국 같은 결론에 이르렀어요. 미래에는 의학과 기술이 밀접하게 연관될 것이므로 테크니온 공대에 마땅히 의학대학을 설립해야 한다는 것이었지요. 그 뒤 50년이 흘렀고 이스라엘은 의학 기술에 있어 당당히 선두 국가가 되었습니다. 그 비결은 의학대학이 공과대학과 긴밀한 협력관계를 유지했기 때문이라고 볼 수 있습니다."

테크니온 공대가 시대의 흐름을 멀리 내다보고 미래를 예견한 결과, 바이오·헬스케어와 같이 떠오르는 미래산업 분야의 이스라엘 창업 건수는 독보적이어서 전 세계의 40퍼센트를 차지한다. 현재 테크니온 공대는 창업 MBA 과정도 운영 중이다. 연구 성과를 상아탑에 모셔두지 않고 적극적으로 경제 가치를 창출해내기 위한 노력이 엿보인다.

미국 실리콘밸리가 그렇듯이, 테크니온 공대와 그 주변 산업단지는 거대한 하이테크 단지를 형성하고 있다. 이는 세계에서 두 번째로 큰 첨단산업 단지로 꼽히는 규모다. 테크니온 공대에서 15분 거리 안에 마이크로소프트, 야후, 구글, 애플, 시스코Cisco 등 세계적 주요 기업의 연구개발 센터가 집중되어 있다. 학생들은 기술개발 프로젝트를 위해 1학년 때부터 이들 기업에 나와 연구하고 학교로 돌아가 공부를 하는 것이 자연스러운 일과다.

라비 총장은 학생들이 하이테크 산업을 공부하는 이유가 '세상을 바꾸기 위해서'라고 단언한다. 졸업생의 42퍼센트가 창업과 연관이 있고, 졸업생의 25퍼센트가 1건 이상의 기술 특허권을 갖고 있다니 놀라운 수치다.

한편 테크니온 공대는 의학과 공학, 약학의 거대한 융합실험실이기도 하다. 이스라엘에서는 의대생들이 6년간 내리 의학을 공부하다가 졸업과 동시에 의사가 되어 개업하거나 근무하는 경우가 드물다. 모든 커리큘럼이 학생 누구에게나 개방되어 있기 때문에 7~9년간 차근차근 공부하며 의학 외에도 한두 가지의 이공계 과목을 복수 전공하는 것이 일반적이다. 따라서 이스라엘 의사들은 동시에 물리학자, 전자공학자, 재료공학자들이다. 때로는 이공계에서 새로운 진로를 찾는 의사들도 많다고 한다. 의학을 공부하면 반드시 의사가 되어야 한다는 생각 자체가 자유로운 발상을 제한하는 울타리인 셈이다.

라비 총장은 대학이 좋은 일자리를 차지하는 학생을 육성하기보다 좋은 일거리를 만들어내는 학생을 키우는 것이 목표여야 한다고 말한다.

"연간 4,000개의 기업이 생겨나면 그중에서 성공하는 기업은 5~10퍼센트에 불과합니다. 400여 개 기업만이 성공하는 거죠. 기업이 자리를 잡고 발전하면 더 많은 기술자가 필요해지고 자연스럽게 일자리를 찾는 사람들이 모입니다. 이것이 창조경제의 발전 모델이지요. 세상에 없던 사업을 만들어 일거리를 만들어내지 못하면 정체될 수밖에 없고, 끝내 빈곤의 악순환에 빠지게 됩니다."

## 텔아비브대학

미국 실리콘밸리에 스탠포드대학이 있다면 이스라엘의 실리콘와디에는 텔아비브대학이 있다. 스탠포드와 텔아비브대학 모두 하이테크 산업에 중점을 두고 있다는 점에서 공통적이다. 그러나 지향하는 방향성에서만큼은 확연한 차이를 보인다. 텔아비브대학의 경영학과 부학장인 모셰 바이란Moshe viran은 MBA프로그램의 목표를 이렇게 말한다. "스탠포드대학의 학생들은 마음만 먹으면 주변의 검증된 대기업에 채용될 수 있지만 텔아비브대학 출신 학생들은 대기업이 기다려주지 않습니다. 따라서 우리 학교의 MBA프로그램은 과정을 이수한 학생이라면 누구든 직접 사업을 일구어낼 수 있도록 실질적인 창업 과정을 개설하였습니다. 일자리를 찾아 나설 동안 일자리를 만들어내라는 메시지를 전달하고 있지요."

바이란 부학장의 현실 진단은 아주 냉정하고 정확하다. "이스라엘에는 일곱 개의 종합대학이 있고 28개 정도의 단과대학이 있습니다. 이 숫자의 대학으로는 엔지니어를 충분히 배출하지 못합니다. 인력자원을 중시하고 창업을 강조하며 활성화 정책을 추진하면서도 엔지니어와 컴퓨터 공학자들을 충분히 배출하지 못하는 형편입니다. 하이테크 산업 종사자들의 월급을 미국 동종업계 종사자와 비교해보면 이스라엘이 더 낮습니다. 이스라엘 하이테크의 장점은 기술력이 아니라 아직까지는 값싼 노동력이라는 뜻입니다. 이스라엘의 실업률이 낮은 데에는 그런 요인도 작용하지요. 하이테크 분야는 늘 기술자들을 필요로 합니다."

세계적으로 명성이 높은 텔아비브대학의 비즈니스 과정에는 마케팅, 파이낸스, 매니지먼트, 이노베이션, 전략 등 여섯 개의 전공 분야가 있는데 교수는 55명에 불과하다. 다른 대학과 전공 분야를 연계하는 인포멀리티의 사례인 셈이다.

텔아비브대학은 또한 기업가 정신을 강조한다. 학생들에게 제품을 발명하는 과제를 내주고 그것을 기반으로 가상의 회사나 실제 회사를 창업하도록 장려한다. 이렇게 해서 젊은 나이에 혁신적인 사고를 심어주고 실행하도록 지원하는 것이다.

"우리는 이스라엘이 세계의 중심이라고 생각하지 않습니다. 다만 강점을 찾아 거기에 집중할 뿐입니다. 저는 이스라엘의 강점으로 기술혁신과 기업가 정신을 꼽습니다. 과거에는 교육현장에서 누구도 기업가 정신에 대해 이야기하거나 가르치지 않았습니다. 오늘날에는 대학에서 '이노베이션 서비스와 기업가 정신' 강의를 제공하고 있지요. 하지만 혁신과 기업가 정신을 학교 수업만으로 다 가르칠 수는 없습니다. 가르칠 수 있는 건 그것을 '어떻게 찾는가' 하는 겁니다. 요즘 같은 글로벌 환경에서는 모든 학생이 스스로 혁신가가 되도록 장려해야 합니다."


## 히브리대학

이스라엘 최고의 수재들만 모인다는 명문 대학 히브리대학은 규모는 우리나라의 서울대학교와 비교할 때 절반 정도로 작지만, 아인슈타인이 숨을 거두기 전 7만 5,000건의 연구재산을 남긴 것으로 유명하다. 그 정신을 이어받아 히브리대학도 과학기술 분야의 혁신에 아낌없이 지원하고 있다. 특히 바이오연구센터는 히브리대학의 자부심이다. 연구원 50여 명이 소속된 이 연구센터에서 이스라엘 생명과학 연구의 40퍼센트가 이뤄지고 있다. 최근에는 미립자를 연구하는 나노 연구가 활발하다. 나노 기술은 전자·정보·통신은 물론 기계·화학·바이오·에너지 등 모든 산업에 응용할 수 있기 때문에 인류를 바꿀 혁신기술로 주목받고 있다.

## 상아탑의 기술을 세계에 전달한다 : 기술전수회사

　　　　　　　　이스라엘에서는 학문적 성과를 대학이라는 상아탑 안에 가두어놓지 않고 시장에 진출시켜 수익을 창출한다. 이스라엘의 대학이 기술혁신에 적극적으로 나설 수 있는 비결은 기술전수회사를 운영하기 때문이다.

이스라엘 정부는 기업과 산업을 지원하기 위하여 연구개발 활성화 대책을 법으로 만들었다. 법적으로 모든 대학과 연구소에 기술전수회사를 두도록 명시한 것이다. 이 법은 대학이 산업과 협력하는 데 많은 도움을 주었다. 우리나라에서는 볼 수 없는 독창적이며 실리적인 접근 방식이다.

수석과학관실 내에는 학계와 산업계의 부서가 협력하여 다양한 프로그램을 통해 연구를 보조한다. 기술을 외부로 전달하는 과정이 그만큼 까다롭고 어렵기 때문이다. 대학에서 출원하는 기술은 주목할 만하고 독창적이지만, 초기 단계이고 위험하기 때문에 투자자나 업계에 소개하기 위해서는 이러한 보조 장치가 필요하다.

이렇게 해서 설립된 기술전수회사는 학생들과 연구원들이 연구하고 개발하여 내놓은 창의적인 아이디어와 성과물들에 대해 특허권을 획득하고, 해당 특허권을 기업에 판매하는 일을 담당한다. 대학은 연구한 기술의 특허권을 행사하고, 특허 수익은 다시 대학의 연구 자금으로 투자된다. 이 같은 시스템 덕분에 정부의 지원을 받지 않고도 자체적으로 연구비 조달이 가능한 것이다.

이러한 정책은 모든 기초기술이 반드시 산업화를 통해 가치를 창출하도록 장려하는 미국의 기술산업화법, 즉 '베이 돌Bay Dole' 정책과 유사하다. 이스라엘 정부는 정부 소유의 대학에 IT 관련 지식자산intellectual prorerty이 많다는 사실을 인식하고 이에 맞추어 지원 및 IT 산업화에 관한 장려를 유도하고 있다. 연구소에서는 학문을 바탕으로 기술을 연구하고, 기업은 그 기술의 상용화를 도맡는다. 물론 연구기관의 고유 영역, 즉 기초과학이나 연구개발 분야를 침해하지 않는 범위 안에서 상호작용이 이루어진다.

이러한 역할 분담과 끊임없이 새로움을 창조해내는 도전정신을 바탕으로 이스라엘은 계속해서 진화하고 있다. 기술전수회사의 역할은 단순히 연구 내용을 개선시키거나 상용화하도록 중개하는 데 그치지 않고, 혁신을 창조하여 새로운 패러다임을 만드는 데 있다.

## 이숨

히브리대학은 1964년에 기술전수회사 이숨을 설립했다. '이숨yissum' 이란 단어는 '적용'을 뜻하는 히브리어로, 회사의 설립 의의를 고스란히 말해준다. 현재 대표를 포함한 직원 열여덟 명이 전부이지만 이 대학 출신들이 만들어내는 한 해 특허 수익은 10억 달러 규모에 달한다. 이 숨은 존슨앤존슨Johnson & Johnson, IBM, 인텔, 네슬레Nestle를 비롯한 수많은 다국적 기업에 연구기술을 판매했으며, 보유하고 있는 연구물은 이스라엘 전체 연구물의 40퍼센트를 차지한다. 특히 이스라엘 생명기

히브리대학 내의 기술전수회사 이숨

술 연구 분야에서 이숨의 연구 결과는 40퍼센트에 달하며 수입의 80퍼센트가 생명기술에서 비롯된다.

이숨은 현재 2,000건의 집단특허와 7,000건 이상의 개별특허를 보유하고 그중 500개 이상의 특허를 라이센싱하고 있으며 지금까지 70개의 회사가 창업되었다. 2012년 한 해에만 스무 곳 이상이 창업했을 정도이다. 그중에는 이스라엘 주식시장은 물론 해외 주식시장에 상장된 회사도 있다. 현재 이숨은 하이테크에 이어 차세대 산업으로 클린텍과 농업 관련 산업 분야를 전망하고 있다.

## 텔아비브대학 기술지주회사 라모트

2001년부터 기술판매에 집중해온 텔아비브대학 기술지주회사 라모트RAMOT는 500여 개의 특허를 보유하고 그중 100개의 특허가 활용되고 있다. 또한 현재 의약품을 비롯한 다양한 제품이 상용화 직전의 단계에 있다. 종합제약기업인 화이자Pfizer와 존슨앤존슨이 개발하는 알츠하이머 치료약이나 샌디스크Sandisk의 마이크로 디스크 등이 그것이다.

이 회사의 가장 대표적인 성공사례는 세계 시장 점유율의 4분의 1을 차지하는 구강세척제다. 2000년경 영국의 치과의사 출신인 연구원이 우연히 연구실에 들른 공인회계사 친구와 이야기를 나누다가 아이디어를 얻어 개발한 제품인데, 상업적으로 큰 성공을 거두었다.

기술거래 현황을 보면 생명과학 분야가 상당한 비중을 차지하지만 텔아비브대학 기술지주회사가 주목하는 분야는 사이버 보안이다. 이들은 현재 유통되지 않는 독창적인 알고리즘에 기반하여 유사 사례를 찾기 힘든 솔루션을 개발하고 있다.

따라서 라모트는 학교 교수들이 외부인들과 소통할 수 있는 채널을 다각도로 마련하는 데 많은 노력을 기울인다. 교수진들이 시장 상황을 시의적절하게 파악하고 적극적으로 외부와 교류하게 하는 것이 라모트의 1차적 목표이기 때문이다. 자금을 지원해주고 교수진들의 협력을 통해 기술을 상품화하는 데 기여하는 것이다. 즉, 기업가들과 팀을 형성하여 회사를 공동 운영하는 방식이다. 그러나 기초과학을 희생할 뜻은 없다. 그들의 본바탕은 어디까지나 기초과학에 있기 때문이다.

라모트는 현재 30여 개의 스타트업 회사를 육성하고 있다. 기술이 초기 단계일 때 그것을 상업화해줄 기업가를 찾는 것이 그들의 주요 임무이다. 마케팅 미팅은 전 세계에 걸쳐 이루어진다. 예컨대 엔지니어링 부서의 팀장이 미국 뉴욕에 가서 바이오기술의 협력자를 찾아내는 식이다. 라이센싱 수익으로 약 1,200만 달러를 벌어들이며 선전하고 있는 이들은(2010년 기준) 향후 수년 이내에 4,000만~5,000만 달러의 매출을 달성하겠다는 목표를 세우고 있다.

## 바이츠만과학연구소와 예다

연구소들도 저마다 기술전수회사를 설립하고 기술혁신 개발에 박차를 가하고 있다. 이스라엘 초대 대통령이었던 과학자 하임 바이츠만이 세운 바이츠만연구소는 석·박사 이상의 실제 과학자를 고용하는 이스라엘 최고의 기초과학 연구기관이다. 1934년에 설립할 당시에는 투자금을 댄 영국의 지브 가문의 이름을 딴 '지브유기화학 연구시설'이라는 명칭의 유기화학 전문 연구소였다. 그러다 1948년 이스라엘이 개국된 다음 해 지금의 이름인 '바이츠만과학연구소'로 바뀌었다.

현재 바이츠만연구소는 이스라엘 정부의 후원으로 유기화학, 수학, 물리학, 생명과학에 걸쳐 폭넓은 연구가 이루어지고 있다. 현재 연구소에 근무하고 있는 2,800여 명의 연구원들은 학위를 목표로 공부하는 학부생이 아닌, 석·박사 이상의 과학자들이다. 최고의 인재를 등용하여 최고의 연구 성과를 낸다는 것이 바이츠만연구소의 토대를 이루는 이념이다. 연구소 내에는 250여 개의 연구그룹이 있고 각 그룹마다 전담 교수가 있다. 교수들마다 적게는 2, 3명에서 많게는 10명 이상의 연구진을 거느리고 전문 분야를 집중 연구한다.

연구소는 박사 과정을 마친 연구원들에게도 지적 투자를 아끼지 않는다. 연구원들을 대상으로 별도의 교육 프로그램을 운영함으로써 계속해서 새로운 연구에 매진할 수 있는 환경을 조성하는 것이다. 바이츠만연구소는 또한 해외 유학생을 모집하는 데에도 노력을 아끼지 않는다. 국적에 관계없이 우수한 과학자들을 유치하는 것이 우선적인 목표이지만, 장기적인 관점에서 보았을 때 외국인 과학자들이 바이츠만연구소에서 연구 활동을 마치고 본국으로 돌아가면 훗날 바이츠만연구소가 해외에 진출할 때 든든한 네트워크가 되어줄 것이라고 내다보기 때

바이츠만과학연구소

문이다.

  소속된 과학자들에게 최적의 인프라를 제공하고 자유롭게 관심 분야
를 연구하도록 지원하되, 어떤 강요나 지시도 하지 않는 것, 오로지 과
학자들의 능력에 맡기는 것이 바이츠만연구소의 운영방식이다. 연구소
부총장인 모르데카이 셰브스Mordechai Sheves는 이것이 바로 산업사회와
학문사회의 차이라고 설명한다. "일반 사기업은 해결해야 할 목표를 하
향식(탑다운 방식)으로 아래에 전달하여 문제해결을 지시하지만, 바이츠
만 연구소와 같은 학문세계에서는 상향식 바텀업 방식을 고수합니다.
과학자들이 스스로 관심 있는 분야를 택하고 좋은 연구 성과를 얻으면 우리가 그것을 산업 분야에 전달해주는 것이죠."

흥미로운 사실은 바이츠만연구소가 기초과학에 집중하고 있음에도 불구하고 응용기술과학 분야에서 매우 우수한 성과를 거두고 있다는 점이다. 이스라엘 생명과학분야 과학자들 중 절반 이상이 바이츠만 과학연구소 출신이다. 10년 전, 쥐의 빈 몸속에서 인간장기를 배양하는 데 성공시켜 그 명성을 높인 바 있다. 최근에는 미 국립보건원과 기술협력 양해각서MOU를 체결하고, 간염과 알츠하이머병 등 11개 과제를 중심으로 바이오·의학 분야 공동연구를 시작했다. 모든 것이 지식, 즉 과학에 기반하며 탄탄한 기초과학이 뒷받침되지 않는다면 좋은 기술력을 가질 수 없다는 믿음을 그들은 공유하고 있다. 1959년, 바이츠만연구소의 기술 특허를 외부에 전수하는 기술전수회사 법인 '예다'는 이러한 배경에서 탄생했다. '예다'는 히브리어로 '지식'을 뜻하는 말이다.

예다는 현재까지 600여 건의 기술특허권을 기업에 전수했다. 이들 특허를 활용하여 전 세계에서 사업을 하는 모든 기업들이 거둔 매출 규모가 한 해 약 170억 달러(약 20조 원)에 달한다. 사업모델은 기술을 일반 기업에 라이센싱하는 것이다. 기술을 판매하지 않는 것은, 특허를 통제할 수 있는 권리가 매수 기업에 넘어가고 나면 특허를 사들인 기업이 어떻게 관리하느냐에 따라 그 기술이 더 이상 발전하지 못할 것을 우려하기 때문이다. 공기관으로서 바이츠만연구소의 역할은 기술을 계속 발전시키고 다듬어 사회에 공헌하는 것이다.

특허가 성공적으로 출원될 경우 바이츠만연구소에 오는 특허 수익의 60퍼센트는 연구실에 재투자되고, 40퍼센트가 개발자 개인에게 돌아간다. 연구소로 재투자되는 것도 기술연구 환경을 조성하는 데 매력적인 조건이라 할 수 있지만, 특허를 개발해낸 연구자 개인에게 이득이 돌아가는 시스템이야말로 과학자에게는 그 어떤 보상보다 강력한 동기부여가 된다.

바이츠만연구소는 '파인버그 학교'라는 대학원에서 연구원들을 주로 선발한다. 석사과정, 박사과정, 박사후 과정 프로그램을 운영하며 이스라엘 학생은 물론이고 해외 학생도 적극적으로 모집한다. 따라서 바이츠만연구소의 공식 언어는 히브리어가 아니라 영어이며, 모든 학생은 전액 장학금을 받기 때문에 학비에 대한 부담 없이 연구와 학업에 집중할 수 있다.

모르데카이 셰브스 부총장은 창업기업 활성화의 필수조건을 다음과 같이 강조한다. "원천 아이디어, 장기간에 걸친 인내심, 투자자금 이세 가지야말로 과학 혁명의 핵심입니다."


## 다브카, '그럼에도 불구하고'

이스라엘에 투자하는 투자자들이 투자유치 설명회에서 가장 많이 듣는 단어가 있다. '그럼에도 불구하고'라는 의미의 히브리어 '다브카davca'가 그것이다. 이스라엘의 조건과 환경이 다른 나라에 비해 특별히 유리할 것은 없다. 그럼에도 불구하고 그들은 한계를 극복하는 돌파력과 노하우를 반드시 보여준다는 것이다. 2006년 레바

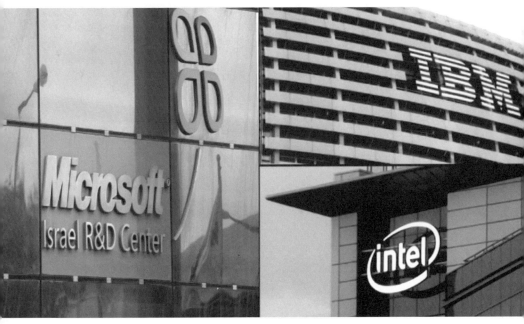

이스라엘에 진출한 글로벌 기업들

논과 전쟁 중인 시점에 구글은 제2의 상업도시 하이파에 연구소를 지었고 워런 버핏은 미국이 아닌 나라에, 그것도 미사일 공격이 빗발치는 시점에 50억 달러의 투자를 결정했다. 당시 워런 버핏은 투자 이유를 이렇게 밝혀 화제를 모았다. "우리는 이스라엘 땅에 투자하는 게 아니라 이스라엘 젊은이들의 '다브카'에 투자한 것이다."

현재 세계에서 안전이 가장 위협받는 나라 중 하나로 여겨지는 이스라엘에 연구소나 생산기지를 둔 대표적인 기업은 인텔(7,500명), HP(4,000명), IBM(2,000명) 등이다. 애플은 최근 이스라엘의 플래시메모리 벤처기술업체 애너비트Anobit사를 흡수 합병하고 대대적인 연구개발

센터를 설립하며 '이스라엘 프로젝트'를 가동 중이다.

지금 이 순간에도 이스라엘 경제 수도 텔아비브 외곽에 위치한 컨벤션 도시 요파에서는 거의 매주 300개의 벤처기업과 글로벌 투자자 간 만남이 주선되고, 그중 평균 30개 기업이 투자유치에 성공하고 있다. 이스라엘에 투자하는 벤처펀드의 규모는 국민 1인당 규모에서 세계 1위를 차지하고 있으며 유럽 전체가 1년에 만들어내는 창업의 규모와 맞먹는다. 특히 현재 가장 부가가치를 넓히고 있는 바이오 벤처의 40퍼센트가 이스라엘에서 탄생되고 있다. 이러한 사실은 무엇을 의미할까? IT 중심의 산업구조가 타 산업과의 융합구조로 옮겨가는 트렌드를 먼저 읽어낸 그들만의 혜안이 결실을 맺고 있는 것이다. 인구가 아닌 경제 규모로 말한다면 이스라엘은 이미 거대한 나라임에 틀림없다.

테크니온대학 MBA의 시오모 마이탈 교수는 한국과 이스라엘의 유사점에 큰 관심을 보이며 다음과 같이 말했다. "이스라엘과 한국은 땅덩어리도 작고, 지정학적 위치를 보아도 불이익이 많은 나라라고 생각하기 쉽습니다. 하지만 석유가 나는 국가들과 한번 비교해볼까요? 그들은 기름을 제외한 모든 제품을 수입합니다. 전 세계 모든 제품들을 말이죠. 그래서 중동 국가들은 알프스의 작은 나라 스위스보다도 수출하는 제품이 적습니다. 석유가 있기 때문에 브레인파워를 사용하지 않는 거죠. 따라서 특허도 없고 혁신도 없고 하이테크 산업도 없습니다."

그의 지적은 핵심을 꿰뚫고 있다. 실제로 아랍권의 경제를 살펴보면 혁신적인 기업가 정신으로 이뤄낸 성취 사례를 발견하기 어렵다. 이들 나라에서는 창업을 하거나 중소기업에 근무한 인구의 비율이 두 자리

수도 되지 않을 만큼 극소수에 불과하다. 물론 이들 자원국가로 하여금 기업가 정신의 태동을 가로막는 요인은 그 밖에도 여러 가지가 있다. 여성의 사회활동이 제한되고 있으며 교육의 수준이 낮은 것을 비롯한 여러 사회적 한계들이 이들 산유국에서 인적 자원의 질을 떨어뜨리고 있다. 여성이 동등하게 군대를 가고, 전통적으로 유대인 교육의 우수성이 입증된 이스라엘과는 확연한 차이가 드러나는 부분이다. 여성의 사회적 지위와 교육열은 우리나라도 결코 뒤지지 않는다는 점에서 이스라엘과의 유사성을 찾을 수 있다.

"한국과 이스라엘은 선택의 여지가 없습니다. 두 나라는 브레인파워를 적극 활용해야 합니다. 두 나라 모두 호전적인 이웃나라를 두었기 때문에 머리를 쓰지 않을 수가 없죠. 특히 이스라엘에서 지식에 기반한 기술력은 군사 R&D에서 나왔는데요, 이것이 민간산업에서 활용되면서 거대한 산업을 일구어왔습니다. 그런 점에서는 자원이 없는 게 장점이 되었죠."

# 후츠파, 지치지 않고

# 비상하는 힘

**01** 형식이 아닌 가능성을 주목하라 | **02** 후츠파에 담긴 일곱 가지 처방
**03** 후츠파를 실현하는 사람들

**이스라엘에서** 리더의 역할은 저항을 극대화시키는 데 있다. 그래야 구성원들의 의견 차이나 반대를 자연스럽게 드러낼 수 있다. 조직이 위기에 처했는데 반대 의견이 없는 것은 내부적으로 붕괴되어 있다는 증거다. 이런 소통의 문화가 언뜻 보면 질서가 없어 보일 수 있겠지만, 이스라엘 고유의 또 다른 질서인 셈이다.

chutzpah

# CHAPTER 1

# 형식이 아닌
# 가능성을 주목하라

　　이스라엘의 MIT로 불리는 테크니온 공과대학을
방문해 수업이 한창인 강의실을 참관한 일이 있다. 겉으로는 여느 대학
과 다르지 않아 보였지만 수업 분위기는 매우 낯설었다. 강의가 시작한
후에도 학생들은 아무렇지 않게 강의실을 드나들었다. 강의 내용에 조
금이라도 의문이 나는 부분이 있으면 강의가 진행되는 와중에도 불쑥
불쑥 교수의 말을 끊고 문제를 제기했다. 날카로운 질문과 적극적인 토
론으로 강의실은 금세 시끄러워졌다. 교실 분위기는 심지어 작은 전쟁
을 방불케 하지만 이러한 광경은 그들 사이에서는 매우 익숙한 듯했다.
　학생들은 아니라고 생각하면 끝까지 물고 늘어졌다. 교수도 학생들
의 수업 태도를 문제 삼기는커녕 적극적인 의견 개진을 존중하고, 기꺼
이 그들의 발언을 경청했다. 토론 과정에서 학생의 논리가 옳다고 판단

되면 교수는 흔쾌히 자신의 잘못을 시인하고 사과했다. 그들의 수업은 결코 일방적인 지식의 주입이 아닌 상호작용을 토대로 이뤄졌다. 학교에서 수업에 참여하는 목적은 강의를 듣는 것뿐 아니라 질문을 하는 데에도 있었다. 질문은 새로운 가능성을 발견하고, 학생들로 하여금 더 높은 수준에 도달할 수 있도록 자극하는 수단으로 인식되고 있었다.

## 질문하지 않으면 이해한 것이 아니다

2013년 한국에 진출한 이스라엘 요즈마펀드의 이원재 지사장은 어린 시절 예루살렘에서 학창시절을 보내며 겪은 이스라엘 특유의 학교 분위기에 대해 생생한 이야기를 들려준 적이 있다.

초등학교 5학년 때 이민을 가서 처음으로 이스라엘의 초등학교에 들어서던 순간을 그는 지금도 잊을 수가 없다고 말한다. 또래 아이들이 선생님과 말다툼하듯 언성을 높여 토론하는 장면을 보면서, 위계질서가 확실한 한국 학교에 익숙했던 그로서는 문화적 충격에 얼떨떨할 정도였다고 한다. 게다가 히브리어도 할 줄 모르는 낯선 외국인 학생의 눈에는 학생과 교사가 격앙된 어조와 빠른 속도로 말을 주고받는 그 상황이 얼마나 당황스럽게 느껴졌을지 미루어 짐작할 만하다. 교실에서 옥신각신 논쟁을 벌이는 광경은 그 뒤로도 일상적으로 일어났고, 그는 항상 버릇없이 구는 반 아이들을 조마조마한 마음으로 지켜보았다고 한다. 그러다 얼마 지나지 않아 깨달은 사실은, 선생님이 의도적으로 학생들에게 질문을 던지면서 격렬한 논쟁을 부추기고 있다는 것이었다.

"이스라엘 학교에서는 절대 문제의 답을 바로 알려주지 않습니다. '너는 왜 그렇게 생각하니?'라며 논쟁을 부추기는 것이 아주 흔한 광경이에요. 일단 질문을 받으면 아이들도 자신의 의견을 내세우거나 새로운 질문을 하는 데 거리낌이 없습니다. 이때 틀린 답을 내놓거나 다소 엉뚱한 소리를 하는 학생들에게도 절대 면박을 주거나 꾸중을 하는 일이 없습니다."

이스라엘 사회에서는 랍비의 가르침이라고 해서 제자들이 꼭 곧이곧대로 받아들이거나 찬성할 필요는 없다. 스승이 아무리 많은 경험과 지식을 갖추고 있더라도 100퍼센트 옳다고 맹신하거나 의존하지 않는다. 제자들은 후츠파의 의미 그대로 시건방지고 예의 없고 주제넘어 보일 정도로 치열하게 논쟁해야 하며 그 지식을 온전히 자신의 것으로 만들어야 한다.

이러한 환경에서 이스라엘 학생들이 공부를 하는 이유는 분명해진다. 그들은 결코 취업이나 어떤 자격증, 타이틀을 따기 위해 공부하는 것이 아니라 스스로 알고 싶고 탐구하고 싶은 것을 찾아서 공부한다. 유치원, 초등학교, 중·고등학교에 이르기까지 이런 과정을 거치며 주도적으로 학습해왔기 때문에 이스라엘 학생들은 모르는 것을 질문하거나 정답을 말하지 못하는 상황을 두려워하지도, 수치스럽게 여기지도 않는다. 물론 우리나라의 교육방식과 비교해보았을 때 질문하고 토론하면서 집요하게 탐구하는 이스라엘의 학생들이 어쩌면 훨씬 적은 양의 공부를 하는지도 모른다. 그러나 창의력을 기르고 실패를 두려워하지 않는 태도를 자연스럽게 체득하는 것은 수천 년간 지속되어온 유대인 교육의 크나큰 성과다. 배우고 암기한 것은 잊어버릴 수 있어도 스스로 생각하고 의심하는 것을 표현하며, 격렬한 토론과 탐구를 통해 배우고 익힌 것들은 절대 잊히지 않기 때문이다.

정해진 길을 벗어나야만 새로운 길도 찾을 수 있다는 것을 그들은 분명하게 인지하고 있다. 이것이 바로 이스라엘의 후츠파 정신이다. 나는 이것을 총과 총알이 주어졌을 때 주저 없이 방아쇠를 당길 수 있는 힘이라고 정의하고 싶다.

## 로시카탄 문화와 로시가돌 문화

우리나라에서는 밥상머리에서 아이들이 재잘거리면 부모가 근엄한 목소리로 "입 안에 음식을 넣고 얘기하지 마라!", "밥을 먹으면서 왜 이렇게 시끄럽게 떠드니?"라며 나무라곤 한다. 그러나 저녁식사 시간을 교육의 장으로 인식하는 이스라엘 가정에서는 식사하는 중에도 부모들이 아이들에게 끊임없이 질문을 던진다. "오늘은 무엇을 배웠니?", "그것이 너에게 어떤 영향을 주었니?", "왜 그것을 배워야 한다고 생각하니?"와 같이 독립적인 사고를 요구하는 질문을 통해 아이들은 자연스럽게 하루 동안의 자기 생각을 정리하고 표현하는 훈련을 한다.

이스라엘의 부모들이 질문하고 토론하는 교육 방식을 중시하는 이유는 오랜 세월 뿌리내려온 율법서 『탈무드』의 영향이다. 랍비와 제자가 논쟁하는 형식으로 구성된 탈무드는 '랍비(스승)의 가르침에 100퍼센트 동의하지 말고 항상 반대편에서 논쟁하라'고 가르친다. 랍비가 비록 많은 경험과 지식을 가졌더라도 그 가르침에 꼭 찬성할 필요는 없으며, 예의 없고 주제넘어 보일지라도 스승과 동등하게 논쟁하라는 것이 그 핵심이다. 바로 이 '예의 없고 뻔뻔스럽지만 새로운 관점에서 답을 찾는' 정신이 우리가 주목하는 후츠파다. 이스라엘의 국민성과 문화를 설명할 때 가장 보편적으로 쓰는 '후츠파'는 한마디로 '뻔뻔함'이라 정의할 수 있다. 그 속뜻은 결국 '근성', '뻔뻔할 정도의 당돌함'으로 귀결된다는 말이다.

요즈마그룹 대표 이갈 에를리히는 교육의 중요성을 재차 강조하면서 이렇게 말했다. "날마다 중요한 변화가 일어나는 새로운 경제환경에서 경쟁하려면 혁신이 열쇠라는 것을 우리는 잘 알고 있습니다. 혁신을 위해 가장 중요한 것은 교육입니다. 교육이 세계의 미래를 결정하죠. 그 다음이 핏줄인데 그것은 민족성과 연관된 요인이기 때문에 하루아침에 이루어지는 것이 아닙니다. 윗세대에서부터 내려오는 유산과 교육의 조합으로 완성되지요. 우리의 교육 목표는 기업가적 핏줄을 형성하고 유지해 나가는 것입니다."

히브리어로 '로시카탄Roshkatan'적 사고와 '로시가돌Roshgadol'적 사고가 있다. '작은 머리'를 의미하는 로시카탄은 책임과 추가 업무를 회피하기 위해 상부에서 내려오는 지시를 최대한 좁게 해석하는 소극적인 자세를 말한다. 반면, '큰 머리'를 의미하는 로시가돌적 사고는 지시는 따르되 자신의 판단을 더하여 보다 효과적인 방법을 고안하고 실행한다는 뜻이다. 로시카탄적 사고와 로시가돌적 사고의 문제해결능력을 비교해볼 수 있는 사례가 있다.

미국에서 케네디 대통령 재임 시절의 일이다. 러시아 스푸트니크 발사 성공으로 깜짝 놀란 케네디 대통령은 1960년대가 가기 전에 인간을 달에 착륙시킬 것을 지시하고 이를 국가적 미션으로 삼아 추진하였다. 인간을 우주로 보내는 '아폴로 프로젝트'는 이러한 배경에서 가동되었다. 미 항공우주국NASA은 책임자를 선정하고 모든 권한과 책임을 위임해 1969년 7월 20일 미션을 성공적으로 수행해냈다.

이후 닉슨 대통령 정부에서는 보잉747기처럼 매번 다시 활용할 수 있는 우주왕복선을 목표로 새로운 미션을 내렸다. 이것이 바로 '컬럼비아 프로젝트'다. 이때 정부 관리는 아폴로 프로젝트의 자료를 토대로 표준지침을 만들어 모든 과정을 일일이 집중 통제했다. 결과는 우주선 폭발로 인한 실패. 발사 시점에 커다란 단열재 조각이 연료 탱크에서 분리되면서 우주선의 날개를 손상시켰고 이로 인해 가스가 내부로 유입되면서 발사 후 16일째 되던 날 폭발이라는 대참사로 이어졌던 것이다.

컬럼비아호의 사고로 이스라엘의 국가적 영웅이었던 공군 대령 일란 라몬Ilan Ramon을 잃고 나서, 이스라엘은 성공적인 아폴로 프로젝트와 컬럼비아 프로젝트의 미션 수행 과정을 집요하게 분석한 끝에 로시가돌적 사고와 로시카탄적 사고의 차이라는 교훈을 얻었다. 나사에서는 과거에도 단열재가 분리되는 사고를 수차례 보아왔기 때문에 발사 직후 문제의 장면을 포착했음에도 불구하고 대수롭지 않게 여겨 지나치고 말았다. 더구나 이 과정에서 사태의 심각성을 보고하고 경고하려던 엔지니어들의 의견은 철저하게 묵살당했다. 나사는 우주선 발사라는 초대형 프로젝트를 도중에 중단하거나, 문제의 원인이 될지 확실치 않은 이슈를 점검하고 정비하기 위해 시간을 지체하기를 원치 않았다. 지시받은 대로의 성공적인 수행, 제한된 시간과 예산을 준수하는 데 더 집착했던 것이다. 이스라엘이 경계하는 전형적인 로시카탄적 사고의 비극적 결말인 셈이다.

그래서 이스라엘의 학교에서 교사들은 학생들에게 끊임없이 로시가 돌적 사고를 강조한다. 가정은 물론이고 기업에서도 철저히 아폴로 문화, 즉 로시가돌적 사고를 따른다. 이는 지시를 따르되 자신의 판단을 신뢰하고 틀에 박힌 규율보다 즉흥적인 판단을 중시하면서 적극적으로 책임을 지는 태도를 말한다. 또한 미션을 수행하는 과정에서 이상 징후로 여겨지거나 개선의 여지가 있는 경우 토론과 창의력을 발휘하여 문제를 해결해 나가는 것을 말한다. 전쟁의 긴박한 상황에서도 그날그날의 전쟁수행 과정을 되짚어보는 이스라엘 군대의 특성도 이와 맞닿아 있다.

소설가 버나드 쇼George Bernard Shaw는 "두 사람이 각자 가지고 있는 사과 하나를 서로 교환하면 하나씩 갖게 되지만, 아이디어를 서로 하나씩 교환하면 서로 아이디어를 두 개씩 갖게 된다"고 했다. 보이는 것은 나눌수록 작아지지만, 보이지 않는 지식은 나눌수록 커져가는 진리를 일찍부터 가르치는 이스라엘 사람들의 가치관과 잘 들어맞는 말이다.

세계 과학경시대회가 열리면 한국과 싱가포르의 학생들이 언제나 이스라엘 학생들보다 우수한 성적을 거두지만, 정작 사회에 나갔을 때 진취적인 쪽은 언제나 이스라엘 젊은이들이다. 그들은 도전적으로 창업하고 앞서 나간다. 틀에 박힌 규율보다 즉흥적이고 창조적인 판단을 우선시하며, 기존의 질서에 도전하는 것을 장려하는 이스라엘 특유의 문화 때문이다. 대학에 갓 입학한 학생이 수업 중에 벌떡 일어나 교수의 말에 반박하는 것이 지극히 자연스러운 사회다.

테크니온 공대 MBA의 시오모 마이탈 교수는 이스라엘 젊은이들의 도전정신을 이렇게 설명한다. "테크니온 공대에서 33년을 재직하면서 다른 나라 출신의 똑똑한 학생들도 숱하게 가르쳐보았습니다. 그들은 하나같이 좋은 직장에서 높은 월급을 받기를 희망하죠. 그런데 이스라엘 학생들은 생각이 좀 다릅니다. 그들은 회사에 혁신적인 아이디어를 자유롭게 제안하는데, 알다시피 큰 회사들은 새로운 생각을 잘 받아들이지 않죠. 제안한 아이디어가 연구실 책임자에게까지 전달되는 경우도 별로 없고요. 그런 경우 이스라엘 젊은이들은 지체 없이 회사를 떠나 자신의 아이디어를 실현할 회사를 직접 만듭니다. 위험부담이 따르고 돈을 벌지 못할 수도 있죠. 하지만 그들의 목표는 백만장자가 되는 것이 아닙니다. 자신의 생각을 표현하고 세상을 더 나은 곳으로 만드는 게 더 중요하다고 믿기 때문입니다. 많은 이스라엘 기업가들이 성공한 뒤 열심히 일구어온 기업을 팔고 다시 원점으로 돌아가 새로운 기업체를 세우는 것도 비슷한 이유입니다. 그들은 새로운 도전을 즐기고, 그것을 끊임없이 반복합니다."

댄 세노르는 세계 시장에서의 가능성에 대해 다음과 같이 말한다. "현재 세계 경제의 흥미로운 점은 전 세계 사람들 누구에게나 글로벌 마켓에 진출할 기회가 주어진다는 점입니다. 어느 나라에 거주하든 지역 시장에 상관없이 세계 시장에 진출하고 사업을 확장시킬 수 있습니다. 이제 모든 비즈니스의 출발점을 글로벌 무대 위에서 펼쳐야 합니다. 세계의 문화와 언어, 관습 그리고 기존의 패러다임을 바꿀 큰 생각이야말로 글로벌 시장을 꿰뚫는 눈입니다."

## 간섭과 명령 vs. 토론과 소통

　　　　　　토론은 생각을 생산하고, 질문은 그 생각을 교환하는 수단이 된다. 끊임없이 질문하고 생각하며 그 답을 얻어가는 과정, 이것이 이스라엘 교육의 기본이자 중심이 되고 있다. 정해진 길을 벗어나야 새로운 길을 모색할 수 있기 때문이다.

이스라엘을 방문하던 기간 동안 예루살렘에 위치한 하임토렌 초등학교의 수업 현장을 참관한 일이 있다. 질문과 토론으로 시끌벅적한 것이 딱 테크니온 공대의 축소판이라 할 만했다. 교사가 설명하는 도중에도 호기심을 참지 못한 어린 학생들은 너나없이 질문을 하기 위해 손을 들고, 교사는 질문을 하거나 발표를 유도하며 끊임없이 토론 분위기를 조성했다. 초등교육 과정에서부터 질문하는 습관이 자연스럽게 몸에 배도록 지도하는 것이다. 다수의 의견에 휩쓸리거나 배운 것을 의심 없이 수용하기보다는, 타인과 다른 자신만의 독창적인 생각을 발전시키고 표현하는 능력을 기르기 위한 교육 방침이다. 교사들은 학생들이 자연스럽게 자신의 생각을 표현할 수 있도록 아이들의 사소한 이야기에도 주의를 기울이고 친밀해지기 위해 세심한 신경을 쓴다. 학생 한 사람 한 사람에게 관심을 표현하고, 학생들의 수준과 수업 내용에 따라 필요한 교재 및 교구들을 직접 만드는 것도 그 때문이다.

다른 나라에서는 교사들이 판매하는 교재 및 교구들을 사용하고, 교재의 내용을 암기하게 하면서 학생들의 수준과 관계 없이 동일한 내용을 반복적으로 수업하는 것이 일반적이다. 그러나 이스라엘의 교사들은 교과 수업에 쓰이는 도구라든지 교재 등을 상황에 따라 직접 만들어 사용하고, 다음에 무엇을 배워야 할지를 학생들 스스로 생각하도록 유도한다. 또 한 명의 교사가 한꺼번에 여러 아이들을 지도할 경우 효율이 떨어지는 예체능 수업의 경우에는 반을 나누어 소수 정예 수업을 한다. 그렇게 개별적이고 독창적으로 개발된 수업 내용을 따라가다 보면 학생들은 탄탄한 배움을 토대로 창의적으로 생각하는 방법을 자연스럽게 훈련받게 된다.

이스라엘의 초등교사들이 강조하는 초등교육의 핵심은 스스로 생각하는 힘에 있다. 주입식 암기 교육, 반복학습이 아니라 학생들 스스로 배워야 할 목표를 정하고 질문과 토론의 과정을 통해 개개인의 잠재력을 발견해 나감으로써, 교과 과정을 넘어 생각하는 법을 배우는 것이다.

어려서부터 독립된 주체로서 서는 법을 가르치는 교육은 가정에서부터 시작된다. 물고기를 주는 대신 물고기 잡는 법을 가르친다는 이스라엘의 가정교육은 이미 세계적으로 그 우수성을 인정받고 있다. 부모들은 자녀들이 자기 일을 최대한 스스로 처리하도록 하고, 경험 속에서 혼자 힘으로 깨우치며 세상을 헤쳐 나가는 지혜와 독립심을 기르도록 가르친다. 또 일상생활 속에서 충분한 대화를 나누면서 자신의 의견을 말하도록 격려하고, 궁금한 것을 질문하는 것이 아주 자연스러운 태도임을 일깨운다. 특히 문제에 부딪혔을 때 답이 반드시 하나일 필요가 없고, 해결방법 또한 정해진 대로 하지 않아도 된다는 자신감을 북돋아 줌으로써 열린 사고를 강조한다. 예컨대 요리를 하더라도 색다른 방식으로 만들고 싶어 하면 부모는 지켜보며 격려해주는 식이다. 이렇게 생각의 틀을 깨고 아이들이 가진 무한한 가능성을 끌어내기 위해 노력하다 보면 아이들은 스스로에 대한 자존감과 창의력을 키울 수 있다. 이렇게 자란 아이들은 이스라엘이 자랑하는 최고의 경쟁력이 된다.


## 성공하는 기업의 수평적 소통

기업현장에서도 토론문화는 예외가 없다. 이스라엘에는 한국처럼 군대문화가 뿌리내리고 있어 계급을 중요하게 여기는 나라이지만, 토론할 때만큼은 완벽한 수평 관계가 된다. 따라서 토론하는 습관이 몸에 밴 유대인들에게 동등한 눈높이에서 토론하는 것은 지극히 자연스러운 일상이다. 직위의 차이는 물론 존재하지만 어디까지나 규율과 형식일 뿐이고, 업무를 수행하는 데 있어서 간섭과 명령의 명분이 되지 않는다. 직원들은 모든 구성원이 동등한 관계라고 생각하며, 성과를 낼 만한 아이디어가 있으면 언제든 CEO를 비롯한 임원들에게 거리낌 없이 제안한다. 틈이 날 때마다 토론이 이어지고, 누구든 자신의 목소리를 낼 수 있으며, 의사전달 방식은 결코 일방통행이 아니다. 상관이 틀렸을 경우에는 잘못된 내용을 지적하고 자신이 생각하는 해결방안에 대해서도 거리낌없이 이야기하는 등 자유롭게 의견을 교환하기 때문에 지루하고 불필요한 형식적 절차로 시간을 낭비하는 일을 최소화할 수 있다.

실제로 기업현장에서 만난 이스라엘 사람들은 이러한 비공식적이고 편안한 의사소통이야말로 이스라엘다운 방식이라고 입을 모은다. 자유로운 사무실의 분위기가 새로운 아이디어를 발전시키는 데 도움이 된다는 것이다.

유대인 특유의 '미션 오리엔테이션Mission orientation' 즉, 목표 지향성을 잘 보여주는 업무 절차를 소개하자면 다음과 같다. CEO가 팀장에게 미션을 제시할 때, "언제까지 이것을 해오시오"가 아니라 "이야기 한번 해보자"며 마주앉아 토론을 벌인다. 해당 미션이 이러저러한 이유로 성공 가능성이 80퍼센트, 실패할 가능성이 20퍼센트쯤 된다고 할 때 두 사람은 각자의 의견을 주고받으며 컨센서스를 맺는다. 미션을 받은 팀장은 미션을 실현시키지 못할 경우를 염려하지 않고 과감하게 일을 추진할 수 있다. 이미 실패 가능성 20퍼센트에 대해 서로 인지를 했기 때문이다. 이렇게 해서 일단 조직에서 미션이 하달되면 추후 '이러이러해서 불가능합니다'라는 보고는 할 수 없다. 이미 실패 가능성에 대해서는 논의가 끝났기 때문에 왜 안 되는지를 보고하는 것은 시간 낭비라고 보는 것이다. 그러나 '이러이러한 조건이 되면 가능합니다'라는 보고는 얼마든지 가능하다.

이원재 요즈마그룹 한국지사장이 오래전 기업 초기 단계일 때 요즈마그룹의 투자를 받아 현재 고성장하고 있는 인터넷 기업 콘딧Conduit을 방문한 사례를 들려준 일이 있다. 콘딧의 전 임직원 회의에 동참했는데, 그 회사의 말단 사원이 모든 사람이 보는 앞에서 사장의 의견에 거듭 반대하며 자기 의견을 폈다고 한다. 어린 시절 이스라엘로 이주하여 일찍이 이스라엘 사람들의 격렬한 토론문화에 익숙해져 있던 이원재 지사장이었지만 '이렇게 해서는 회사가 망한다'는 거친 표현까지 들먹이며 자기 주장을 내세우는 사원을 지켜보면서는 '저 사람이 아무래도 회사를 그만둘 작정을 했나 보다'라고 생각하지 않을 수 없었다고 한다. 그런데 더 놀라운 것은 직원의 항의와 제안을 받아들이는 사장의 진지한 태도였다고 한다. 사장은 얼굴 표정 하나 변하지 않은 채 말단 사원의 의견을 경청하고 숙고했으며, 결국 그 회의석상에서 직원이 제안한 다섯 가지 아이디어 가운데 두 가지가 채택되었다.

"미팅이 끝난 뒤 사장에게 '불쾌하지 않았느냐'고 물어보았더니, 사장이 이렇게 답하더라고요. '물론 개인적으로는 기분이 나빴던 것이 사실이지만, 나는 이 회사의 사장이기 때문에 참을 수 있었다. 회사 직원들은 나에게 가족이다. 아들이 아버지에게 자신의 반대 의견을 서슴지 않고 이야기할 수 있는 것처럼, 직원들 역시 아이디어와 의견이 있으면 직급에 구애받지 않고 언제든 이야기할 수 있다. 아이디어가 고갈된 기업은 성공할 수 없다. 그런 의미에서 임직원들과의 수평적인 소통은 매우 중요한 요건이다'라는 게 그 사장의 답변이었습니다."

회사가 성공하기 위해서는 거침없이 아이디어를 이야기할 수 있고, 다른 의견을 폭넓게 수용하는 문화가 만들어져야 한다. 이스라엘의 학교에서나 기업에서 수평적으로 토론하는 문화가 정착될 수 있었던 것은, 그 말단 사원과 사장도 어려서부터 학교와 가정에서 일찍이 토론문화에 익숙해져 있기 때문일 것이다. 이스라엘에서 리더의 역할은 저항을 극대화시키는 데 있다. 그래야 구성원들의 의견 차이나 반대를 자연스럽게 드러낼 수 있다. 조직이 위기에 처했는데 반대 의견이 없는 것은 내부적으로 붕괴되어 있다는 증거다.

이런 소통의 문화가 언뜻 보면 질서가 없어 보일 수 있겠지만, 이스라엘 고유의 또 다른 질서인 셈이다. 그렇다면 어떻게 유독 이스라엘에서만 이런 독특한 분위기가 조성될 수 있었을까? 나스닥에 상장한 이스라엘 벤처기업으로, 주력인 미디어게이트웨이를 비롯해 IP솔루션 부문에서 미국과 유럽 등지의 시장을 선점하고 있는 오디오코드의 CSO 제프리 칸Jeffrey Kahn이 나의 의문에 해답을 들려주었다. "이스라엘은 작은 사회입니다. 같은 동네에서 살고 군대에서도 함께 복무했기 때문에 서로가 아는 사이입니다. 회사의 대표나 부사장도 모두가 같이 일하면서 긴밀한 네트워크를 유지하고 있습니다."

좁은 국토 안에서, 더구나 군대를 통해 모두가 연결되어 있는 이스라엘 사회이기에 그만큼 투명성이 높을 수밖에 없다. 상호 연결의 장점을 극대화하기 위해 형식적 절차를 배제하는 것이다.

그들이 지향하는 것은 틀을 깨는 사고다. 생각이 경쟁자들과 똑같은 수준에 머물면, 결국 가격을 낮추거나 막대한 자본을 투입한 공격적인 마케팅으로 승부할 수밖에 없다. 그러나 이스라엘 기업은 마케팅이나 영업으로 경쟁력을 추구하기보다는 창의적이고 혁신적인 아이디어를 강점으로 삼는다. 이 같은 환경을 조성하기 위해 그들은 납기 준수나 위계질서와 같은 형식적인 틀을 과감히 포기한 것이며, 그 결과 더욱 신속하게 정보를 교류하면서 오늘의 이스라엘과 같은 벤처왕국을 세울 수 있었다.

# CHAPTER 2

# 후츠파에 담긴
# **일곱 가지 처방**

　　이스라엘의 경제기적을 다룬 책 『창업국가』의 저
자 사울 싱어에게 이스라엘 창조정신의 저변에 깔려 있는 '후츠파'의 의
미를 해부해줄 것을 요청했더니 친절하게 다음과 같은 그림을 보내왔
다. 이를 토대로 후츠파의 일곱 가지 의미를 자세히 살펴보자.


## 형식의 파괴 *Informality*

　　의아하게 들리겠지만 이스라엘 사람들은 '실례'라
는 말을 모른다고 한다. 실제로 히브리어에는 'excuse me'에 해당하는
단어나 표현이 없다. 이스라엘 사람들은 거두절미하고 곧바로 질문을

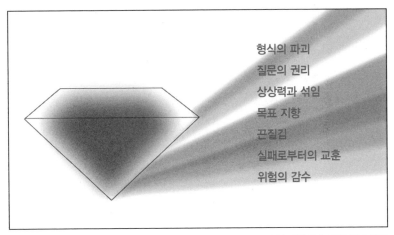

형식의 파괴

질문의 권리

상상력과 섞임

목표 지향

끈질김

실패로부터의 교훈

위험의 감수

이스라엘 후츠파의 7가지 의미

한다. 예의를 중시하는 우리 눈에는 무례하게 보이겠지만 이스라엘 사회에서는 가정, 학교, 회사 어디서든 자연스럽게 펼쳐지는 광경이다. 길을 지나는 여인에게 다짜고짜 다가가 메고 있는 핸드백의 가격과 브랜드를 물어보아도 불쾌해하지 않고, 장군이 회의에 늦어 입구에 남은 빈자리에 앉았는데 우연히 커피포트가 뒤에 있다면 회의 내내 커피 시중은 장군의 몫이 되는 나라가 이스라엘이다.

또한 히브리어에는 존칭어가 없다. 유대인들은 아이들이 부모를 부를 때조차 이름을 부르는 것이 상례다. 정부의 수반, 부대의 사령관과 같이 사회적으로 높은 직위에 있는 사람들을 부를 때는 이름 대신 별명으로 부르는 것이 보편화되어 있다. 물론 그 별명들은 당사자의 등 뒤에서가 아니라 면전에서 부르는 공개적인 호칭이다. 예컨대 키가 큰 사령관에게 면전에서 '꺽다리'라고 부르는 것이 용인되는 사회다. 이것이 바로 이스라엘을 대표하는 비형식성의 척도가 된다. 거추장스러운 형식의 타파는 초스피드로 발전해가는 지식창조경영의 환경에서 오히려 유리하게 작용했다.

이스라엘의 젊은이들은 맘에 드는 여성을 만나면 그날 해가 지기 전에 프러포즈를 하고, 사업 아이디어가 떠오르면 그 주가 지나기 전에 창업한다는 말이 있을 정도로 실행력이 뛰어나다. '내일 몇 시에 어디서 만납시다'라는 구체적인 약속이 아니라 막연히 '다음에 또 봅시다'라고 했다면 그 만남은 없는 것으로 간주된다.

학생이 교수와 이야기할 때, 직원이 상사를 대할 때, 서기가 장관을 대할 때의 뻣뻣한 태도 역시 그들의 몸에 밴 일상적인 모습이다. 그들은 학교에서나 집에서, 또는 군대에서도 자기 생각을 분명하게 주장하는 것을 올바른 가치 기준이라고 배우고, 소극적으로 뒤로 물러서다가는 낙오할 수 있다는 가능성을 염두에 두며 살아간다. 우리나라 같으면 신입사원이 숨죽이며 상사의 눈치를 살필 때, 그들은 서슴없이 "당신이 나에게 지시를 내리는 이유를 대라"고 따져 물을 만큼 당당하다. 이것은 만용이 아니라 극대화된 효율을 추구하는 그들의 문화일 뿐이다.

## 질문의 권리 Questioning Authority

이스라엘의 가정에서 어머니들은 아이가 학교에서 돌아오면 안아주면서 처음 건네는 말이 "오늘은 학교에서 무엇을 질문했니?"라고 한다. 어려서부터 끊임없는 토론과 질문으로 다져진 교육 시스템 안에서 성장하기 때문에 이스라엘에서는 위아래를 막론하고 질문이 당연한 권리로 간주된다.

자원이 없는 이스라엘에서 토론은 생각을 생산하고, 질문은 생각을 교환하는 수단으로 여겨진다. 이들에게 질문 없는 교육은 곧 상상력의 단절을 의미한다. 제조업 중심의 생산경제하에서는 손발이 부지런해야 하지만, 지식경제하에서는 머리가 번뜩여야 한다. 끊임없이 상상하고 질문하며 토론하는 문화에서 지식경제는 계속해서 확대 재생산될 수 있다. 이것이 경제규모는 세계 20위권이지만 지식자본의 규모는 세계 3위를 자랑하는 이스라엘의 저력이다.

질문이 습관화된 이스라엘 사람들의 특성이 잘 드러나는 사례가 있다. 미국의 법학전문대학은 모든 수업이 질문과 토론으로 진행된다. 그래서 학생들은 수업시간 내내 언제 자기한테 어려운 질문이 떨어질지 몰라 바짝 긴장한 나머지 정신질환에 시달릴 정도라 한다. 그러나 수업이 시작되고 교수의 첫 질문을 받은 학생이 유대인이면 나머지 학생들은 편안하게 수업에 임한다고 한다. 유대인 학생이 오히려 교수에게 끊임없이 질문 공세를 펼치기 때문에 그날 수업은 다른 학생이 끼어들 여지가 없다는 게 그 이유다.

한 가지 기억해야 할 것은, 유대인들은 똑같은 대답을 가장 싫어한다는 점이다. 100명이 모이면 100개의 다른 생각, 다른 답안이 만들어져야 한다고 믿는다. 끊임없이 상상하고 질문하고 토론하며 자신의 생각을 표현하고 거침없이 도전하는 힘이 볼품없는 작은 나라를 혁신의 땅으로 만들어가고 있다.


## 상상력과 섞임 *Mash-up*

　　'매시업'은 이스라엘 유대민족이 지닌 가장 뛰어난 경쟁력으로 손꼽힌다. 100퍼센트 전기자동차가 아무리 친환경적이고 유용하다 해도 방전된 배터리를 충전하는 데 다섯 시간이나 걸린다면 사업성이 떨어질 수밖에 없다. 전기자동차 개발업체인 베터플레이스는 이 충전시간을 획기적으로 줄이기 위해 전투기 조종사 출신의 아이디어를 채택한다. 전투기가 미사일을 다 쏘고 기지로 돌아오면 로봇이 500킬로그램이 넘는 미사일을 가져와 장착해준다. 미사일을 장착하고 다시 출격하기까지는 55초면 충분하다. '왜 충전을 하려는 거지? 이미 충전돼 있는 걸 가져다 갈아 끼우면 될 텐데….' 이런 발상으로 베터플레이스가 개발에 착수한 것이 바로 배터리 교환장치다. 방전된 차가 교환소에 들어오면 네 개의 스크류 드라이버로 배터리를 동시에 분리하고 새것을 다시 끼워준다. 이스라엘은 땅덩어리가 작기 때문에 한번 충전해놓으면 이스라엘 땅의 어디든 갈 수가 있다.

　이스라엘에서 의료기기와 생명공학 분야를 보면 매시업이 성공적으로 이루어지고 있음을 확인할 수 있다. 세계 최고의 의과대학이 모여있고, 그 숫자가 이스라엘의 30배, 학생 수로는 50배를 넘는 미국은 세계적인 의료 강국이다. 그러나 현재 가장 각광받는 분야의 하나인 바이오·헬스 분야에서 전 세계 벤처의 70퍼센트를 배출하는 나라는 미국이 아닌 이스라엘이다. 이스라엘의 의료진이 월등히 우월한 것도 아닌데 이 현상을 어떻게 이해해야 할까?

주사기를 사용하지 않고 약물패치를 피부에 갖다 대기만 하면 7초 만에 약물이 피부를 통해 흡수되고, 머리카락 몇 가닥을 소포로 보내면 유전자를 분석하여 앞으로 발생할 가능성이 있는 질병을 미리 알려주는 바이오 기술 등, IT를 뛰어넘는 거대한 융합기술의 파도가 어째서 미국이 아닌 이스라엘에서 일어나고 있는 것일까?

답은 간단하다. 그들의 뻔뻔하고 당돌한 후츠파 정신이 학문과 산업의 장벽을 헐고, 서로의 분야를 자유롭게 간섭하고 토론하도록 만들었기 때문이다. 이 같은 아이디어들은 풍동실*에 들른 유체역학자인 친구와 햄버거를 먹으며 이야기를 나누던 의사가 점심시간에 고안해낸 것이었고, 유전학자와 결혼한 클라우드 컴퓨팅 엔지니어가 신혼여행지에서 만들어낸 것이다. 사막에서 기른 향어의 어종 개발도 지질학자와 생물학자가 서로 만남으로써 가능한 상상이었다.

최근 이스라엘이 설립한 신경과학학교 '사골Sagol School of Neuroscience'에서는 복잡한 뇌의 매커니즘을 연구하기 위해 바이오·물리학·수학 분야의 학자들이 함께 참여하고 있다. 최선의 해답을 위해 다양한 분야의 통합적 접근을 고려함으로써 혁신을 꾀하는 창의적 접근 방식은 교육 현장에서도 예외 없이 적용된다.

---

* 초음속 전투기의 공기역학을 실내에서 간단히 실험하는 실험실

상상은 생각의 모서리나 틈새에서 싹튼다. 생각이 맞닿아 서로 간섭할 수 있는 모서리를 만들지 못하면 창조의 싹이 돋아날 공간이 확보되기 어렵다. 소위 틈새영역에서 얼굴이 벌개지도록 토론하며 결론에 도달하고, 그 후 아무 일 없었다는 듯 웃는 얼굴로 헤어지는 것이 유대인의 창조정신 후츠파다.

이스라엘의 기업컨설턴트 조 하워드는 매시업이야말로 후츠파 정신의 가장 매력적인 단면이라고 자신한다. 목표를 달성하기 위해 전진하고, 그 외의 정해진 규칙들은 무시하는 것이 후츠파의 정신이라는 것이다. 특정한 목표를 추구하는 이스라엘 사람들에게는 전진 외에 다른 규칙이 없다. 매시업은 서로 다른 원칙과 배경들을 하나로 합치는 융통성이기도 하다. 이로써 새로운 도전과 경제의 선순환이 지속적으로 유지되는 것이다.

오늘날의 이스라엘은 가족과 이웃들, 직장 동료들이 제각각 다른 나라에서 모였기 때문에 학문적·문화적으로 서로 다른 배경을 지니고 있다. 하지만 바로 그러한 이유로 이들의 조화는 더 큰 힘을 발휘한다. 기술적인 문제를 해결하기 위해 열 명의 엔지니어가 모였다면, 한 명에게 열 가지의 질문을 던지는 나라, 그곳이 바로 이스라엘이다.

## 실패로부터의 교훈 Learning from Failure

창업국가라는 고무적인 타이틀에도 불구하고 이

스라엘의 젊은이들이 매사에 100퍼센트 성공적이라고 단언할 수는 없다. 그들도 어려움을 겪고 실패를 한다. 중요한 것은 그 실수와 잘못으로부터 무엇을 배웠는지를 분명히 보여주는 것이다. 그래서 실패로부터 교훈을 얻은 자는 더욱 인정받는다. 다만 실패할 경우 구구절절 변명하는 것은 용납되지 않는다. 이스라엘 사회에서는 스스로에 대해 방어적인 사람은 아무런 발전이 없다고 보기 때문이다.

이스라엘 벤처 영웅으로 불리는 도브 모란Dov Moran 역시 오늘날의 영광이 있기까지 숱한 실패를 경험한 인물이다. 그는 1989년 USB 개발로 주목받았던 엠시스템즈를 창업했다. 이스라엘 벤처창업 시스템의 근간이라 할 수 있는 요즈마펀드가 생기기 전이며, 25년에 걸친 벤처 인생에 첫발을 내딛은 순간이었다.

창업 당시를 회상할 때마다 모란은 "지금의 이스라엘에서는 열네 살의 학생도 어떻게 회사를 차리는지 알고 있지만 그때만 해도 아무것도 없었고 어떻게 창업을 해야 하는지 몰랐다"고 이야기한다. 그는 해군 복무를 마친 뒤 수많은 기업들의 스카우트 제의를 뒤로한 채 자신만의 아이디어를 믿고 창업 전선에 뛰어들었다. 사업은 승승장구하였고 2006년에는 샌디스크에 16억 달러라는 천문학적인 가격으로 회사를 매각했다. 성공적인 M&A의 핵심은 USB메모리를 최초로 개발한 업적에서 비롯되었다.

획기적인 제품이었던 휴대용 USB메모리는 모란의 단순한 경험에서 비롯됐다. 뉴욕의 한 컨퍼런스에 맞추어 열심히 준비했던 발표 자료를 노트북 고장으로 공개할 수 없었던 것이다. 이후 그는 컴퓨터와 별도로 상관없이 휴대 가능한 메모리를 구상하였고, 마침내 그 상상을 현실화하였다.

모란의 비즈니스 인생에도 몇 차례의 좌절은 있었다. 엠시스템즈 매각 이후 코미고Comigo를 포함해 창업만 총 10차례. 그가 얼마나 실패에 익숙해져 있는지 짐작할 수 있다. 특히 2007년부터 2010년까지 이끌었던 '모두Modu'의 경우 기대한 만큼의 성과를 거두지 못했다. 나스닥 상장을 시도했으나 실패로 돌아간 것이다.

그러나 모란은 그 실패가 값진 경험이라고 말하는 데 주저하지 않는다. 그는 실패를 통해 오히려 두려움을 이겨낼 수 있었다고 말한다. "처음 실패하기 전까지는 실패가 두려웠다. 그러나 한 번 실패를 하고 나니 경험이 되었기 때문에 더 이상 두려움이 생기지 않았다. 실패를 하면 어떻게 돈이 낭비되는지, 어떻게 재기해야 하고 무엇을 바로잡아야 하는지 그 과정을 배울 수 있기 때문에 이 같은 실패 경험은 창업하는 데 유익한 수업이 되었다."

그는 앞으로 또 창업할 계획이 있느냐는 질문에 망설임 없이 "예스Yes"라고 답한다. "나에게 좋은 아이디어가 있으면 언제든지 회사를 차릴 것이고, 좋은 아이디어를 가진 사람을 만나면 망설임 없이 투자할 것이다."

실패에 대한 이스라엘 기업가들의 개방적인 태도에 깊은 인상을 받은 나는 이스라엘을 방문했을 당시 각 분야의 전문가들을 만나 '실패로부터 배운다'는 말에 대해 어떻게 생각하는지 물었다. 대답은 한결같았다. 경험이 아예 없는 사람보다 실패를 경험해본 사람이 낫다는 것이었다. 단, 실패의 원인이 무엇인지 안다는 조건에서라면 말이다. 기업 컨설팅업체의 CEO 조 하워드는 이스라엘의 기업인들이 다른 나라 기업인들과 두드러지는 차별점이 바로 여기에 있다고 분석한다.

"이스라엘 사업가들은 실패를 했을 때 '어떻게 해야 합니까?'라고 묻는 대신 '무엇을 잘못했습니까?'라고 묻습니다. 이스라엘 사람들은 실패를 하더라도 수치스러워하지 않아요. 오히려 '나 망쳤어' 하는 식으로 스스럼없이 이야기합니다. 이스라엘 사람들에게 실패는 창피한 경험이 아니라, 부족한 것을 배우고 다음 단계로 나아가는 디딤돌과 같아요. 그런 점에서 실패는 혁신을 이루고 앞으로 나아가는 데 있어 결정적인 요소가 됩니다."

'건설적인 실패' 또는 '도전적 실패'를 용인하는 문화는 도전의식과 실패를 두려워하지 않는 용기를 함양해준다. 히브리어로 '진취적인 행동주의자', '실용주의자'를 의미하는 '비추이스트Bitzu'ist' 정신은 위험을 무릅쓰고 살던 곳을 등진 사람들, 사막에 숲을 조성하고 늪지대를 말려버린 불굴의 정착민들, 그리고 희박한 가능성에도 불구하고 끊임없이 도전하는 기업가들의 내면에 면면히 흐르는 강력한 정신적 유산이다. 따라서 이스라엘에서 누군가가 '비추이스트'라는 별칭을 얻는다면 그 사람은 목표한 것을 반드시 이루고야 마는 사람이라는 뜻으로, 상당히 높은 평가를 받고 있다는 의미가 된다.

미국의 창업 지원 벤처인 유누들의 샌프란시스코 사무실에는 '실패하라'라는 문구가 크게 붙어 있다. 레베카 황Rebeca Hwang 유누들 대표는 "일찍 실패를 경험한 뒤 재도전하는 타이밍이 중요하다"라고 강조했다.

누구에게나 실패는 두렵다. 우리나라 중소기업진흥공단에서 청년창업사관학교를 거쳐 창업한 사람들을 대상으로 창업 실패에 대한 두려움이 있느냐고 물었더니 73퍼센트가 그렇다고 답했다. 같은 질문을 텔아비브의 창업자들에게 던졌더니 44퍼센트가 두렵다고 했다.

두 나라의 창업자들 사이에서 수치상의 차이를 넘어 더욱 관심을 가져야 할 부분은 '실패에 대한 생각'이 근본적으로 다르다는 사실이었다. 한국의 창업자들은 '사업을 하다 실패해 빚을 지게 되는 것'을 실패라고 보는 반면, 이스라엘 창업자들은 '창업 아이디어를 제안했는데 투자를 유치하지 못한 것'을 실패라고 생각했다. 어째서 이러한 차이가 발생했을까?

주이스라엘 대사관의 김영태 산업관은 "이스라엘은 투자자를 찾기 쉬운 창업 환경이다. 특히 창업가에게 담보나 필요 이상의 책임을 요구하지 않는 창업 생태계가 이스라엘을 창업국가로 만든 원동력이다"라고 분석하였다. 다시 말해 '창조를 위한 실패'를 용인하는 사회 분위기가 조성되어 있기 때문에 도전에 대한 두려움이 없는 것이다.

2006년 하버드대학 연구팀은 과거에 실패한 창업자가 그 다음에 성공할 확률은 다섯 명 중 한 명꼴이라고 발표한 바 있다. 그 확률은 처음 창업을 한 사람보다는 높고, 과거에 성공한 창업자와 비교해서 그다지 낮지 않다.

이스라엘은 실패로부터 얻는 교훈의 가치를 믿기 때문에 전 회사가 파산한 경험이 있는 사람이 다시 회사를 만들고 투자를 유치하는 것이 그 어느 나라보다도 쉬운 나라다.

## 목표 지향 *Purpose Driven*

서기 70년, 성경에 쓰인 대로 로마가 예루살렘 성을 짓밟고, 유대인들은 2,000년에 걸친 혹독한 방랑과 시련의 세월을 거쳐 마침내 1948년, 독립국가를 건설하였다. 오랜 세월 수많은 박해와 위협, 학살 등으로 점철된 고난을 거치는 동안 그들은 단 한 번도 굴하지 않고 선민의식과 유대교라는 유일신 종교와 고유의 문화를 지켜왔다. 칠흑 같은 어둠 속에서도 나아가야 할 방향을 감지하는 뛰어난 감각을 가졌다고 말할 수 있겠다.

비록 의지할 곳 없이 떠도는 신세였으나 그들의 선민의식은 타 종교와 타협할 수 없었으며, 청교도적 삶을 추구하는 기독교인들이 비천하게 여기던 돈 관리(고리채, 부동산, 다이아몬드 등)를 업으로 삼아온 처절한 생존의 몸부림은 유전자가 되어 그들의 핏줄에 아로새겨졌다. 따라서 이들의 방향감각은 동물적이랄 수밖에 없다. 미리 가서 기다리고 먼저 점하는 선견선점先見先占이 그것이다.

이스라엘 산업통상노동부의 수석과학관실에서 트렌드에 맞추어 10년 단위로 예상되는 핵심 기술을 육성하고, 보란 듯이 블루오션을 독점하는 것을 보면 알 수 있다. 해수의 담수화 특허, 원자력 안전기술, 인터넷 보안기술이 좋은 사례다.

지금 그들은 수명 100세 시대를 여는 예방의학을 선도하면서, 길어진 노년기를 대상으로 한 웰빙산업과 전 세계 바이오헬스 융합시장의 70퍼센트를 장악하고 있다. 히브리대학이 1년간 벌어들이는 특허 수익

10억 달러의 절반이 의약품에서 나오는 로열티라는 사실에서 이러한 흐름을 읽어낼 수 있다.

이처럼 예민한 방향감각과 생존본능이 더해지면서 유대인의 도전정신 후츠파가 탄생한 것이다. 현재 세계 100대 하이테크 기업의 75퍼센트가 이스라엘에 연구소나 생산기지를 두고 있다. 이스라엘은 21세기 첫 10년 동안 레바논과의 두 차례 전쟁을 치른 격전지다. 세계 언론이 경쟁적으로 전쟁 관련 보도기사를 쏟아내는 동안에도 이스라엘 기업은 한 치의 흔들림이 없었다. 하루 여덟 시간 일하던 것을 자발적으로 열여덟 시간으로 늘렸고 품질을 더욱 엄격하게 관리했으며 납기를 오히려 당기기도 했다. 전쟁은 이스라엘 기업의 고객에게 어떤 장애도 되지 못했다.

사방이 적들로 둘러싸인 환경에서 살아가는 이스라엘 사람들은 자연스럽게 국경과 거리, 운송비가 무의미한 인터넷과 소프트웨어, 컴퓨터, 텔레커뮤니케이션 산업에 집중한다. 이들은 하이테크 정보통신 산업을 통해 패쇄된 환경적 조건을 이겨내고 국가적인 성취를 이루어냈다.

세계적인 의료혁신을 주도하는 스테디메드의 홍보 매니저는 문제에 봉착했을 때 대응하는 방법에 두 가지가 있다고 말한다.

"하나는 어떻게 하면 문제를 축소하고 최소화할까 고민하는 것입니다. 이것은 퇴보적인 생각이죠. 전혀 다른 관점에서 문제를 접근해야 해요. 문제를 어떻게 좋은 방향으로 전환시킬까를 생각하는 것입니다. 모든 문제에는 답이 있다고 생각하는 것, 이것이 바로 혁신적인 생각의 시작입니다."

## 끈질김 Tenacity

에후드 올메르트 전 이스라엘 수상은 이스라엘의 성공은 '자원이 없는 것이 오히려 축복'일 수 있음을 보여준다고 역설하였다. 이스라엘이라는 나라는 워낙 작아서 자동차로 기껏 두 시간 달리면 국토의 끝에 다다른다. 전투기 조종사는 잠시도 한눈을 팔 겨를이 없을 정도로 짧은 5분 이내의 반경에서 작전을 펼쳐야 한다. 대부분의 국민이 태어나 군 복무를 마칠 때까지 좁은 땅에 얽매어 있다 보니 국토의 한계를 뛰어넘을 수 있는 인터넷 세상에 매료된 것은 당연한 결과였다. 이들이 인터넷 세상의 안전을 책임지는 보안 알고리즘을 장악하고, 인터넷 세상의 주요 항구에 해당하는 포털 서비스를 장악하게 된 것 역시 자연스런 일이다. 작은 나라이기 때문에 꿈을 크게 꾼다는 포부와 도전의식은 위태한 가운데에도 성공의 길을 걸어온 이스라엘만의 비결이었다. 절박하기 때문에 도전과 혁신은 그들에게 불가피한 선택이었다. 다만 끈질김의 인자는 종교의 영향이 크다고 생각한다.

그들은 사막 위에 세계 최고의 농업국가를 세웠고, 주변 지역을 통틀어 유일하게 석유가 나지 않는 나라이기 때문에 전략적으로 세계 최고의 원자력 기술을 연구하였다. 섬나라는 아니지만 적들에게 둘러싸인 사실상의 고립국가였기에 국방기술을 기반으로 민간산업을 육성하였고, 물리적 영토가 협소했기에 인터넷 등의 사이버 세상을 넓히는 데 주력했으며, 시오니즘으로 인해 밀려드는 이민을 바탕으로 인력Brain Power 기반의 지식재산을 넓힐 수 있었다. 그들에게 부족함은 축복이었다. 이스라엘이야말로 '결핍이 창조를 낳는다'던 조셉 캠벨Joseph Campbell 의 말을 실현한 나라다.


## 위험의 감수 *Risk taking*

이스라엘 젊은이들에게 있어서 '기억memory'의 반대말은 '망각'이 아닌 '상상Imagination'이다. 기억은 낯익은 과거로의 여행이고, 상상은 낯선 미래로의 탐험이기 때문이다. 공교롭게도 그들의 언어인 '히브리Hebrew'의 의미 자체가 '반대편에 선다'는 의미를 담고 있는 것은 절묘한 우연이 아닐 수 없다.

군대에서의 구호는 항상 "나를 따르라!"인데, 그 의미는 다른 나라 군대에서의 쓰임과는 사뭇 다르다. 이스라엘 군에서는 지휘자가 최소한의 지침만 내려주고 지휘를 받는 자에게 권한을 일임하는 것이 일반적이다. 지침을 수행하는 데 필요하다면 어떤 리스크를 무릅쓰거나 감수하더라도 믿고 맡기는 것이다. 이스라엘은 청소년 티를 벗지 못한 젊은이들이 전쟁에 버금가는 상황에서 2~3년 동안 스스로 결정하고 도전하는 혹독한 리스크 테이킹 기간을 거치는 세계 유일의 나라다.

이스라엘은 '이민자의 나라'로도 불린다. 현재 유대계 이스라엘 국민 열 명 중 아홉 명은 이민자이거나 이민 2세대다. 1930년대부터 나치의 유대인 대학살이 끝날 때까지, 가까스로 탈출한 유대인들은 팔레스타인으로 달아나거나 유럽 전역에 뿔뿔이 흩어져야 했다. 유럽에 남은 유대인들의 사정은 말할 수 없이 비참했다. 유럽 여러 나라가 유대인의 입국을 불허했고 많은 유대인들이 살고 있던 곳에서 내몰렸다. 갈 곳 없는 그들은 발각될 위험을 무릅쓰고 기약 없는 나날을 숨어 지내야 했다. 시간이 흘렀지만 상황은 더욱 나빠져서 팔레스타인을 식민 지배하고 있던 영국은 1939년부터 돌연 엄격한 이민 정책을 적용하여 피난 오는 유대인들을 거부하기 시작했다.

따라서 이스라엘이 건국 이후 추진한 적극적인 이민 정책은 이러한 뼈아픈 과거에 대한 보상과도 같았다. 새 이민자들은 언제나 이스라엘 경제 활력의 중요한 요소가 되어왔다. 건국을 촉발한 시오니즘 운동 당시 전 세계 70개국에서 물밀 듯 밀어닥치는 이민자들로 인해 실업 등의 극심한 사회 혼란을 겪기도 했지만 결국 이를 극복하고 부족한 일손과 지식자산을 쌓는 계기로 삼았다.

특히 1950년에 제정한 '귀환법Law of Return'은 이스라엘의 문턱을 더욱 낮추는 계기가 되었다. 귀환법이란 다시 말해 '모든 유대인들은 이스라엘로 돌아올 권리를 가진다'는 법적 선언이다. 이를 위해 이스라엘 정부는 이민 절차를 최소화하였고, 유대인이기만 하면 공항에 도착하는 즉시 시민권을 제공했다.

이러한 개방적인 분위기 속에서 유대인을 정의하는 개념이 보다 확장되었다. 유대인 어머니에게서 태어난 사람 또는 유대교를 신앙으로 하는 사람, 유대인의 배우자는 물론이고 유대인의 직계 자손 또는 손자 손녀와 그들의 배우자에게도 이스라엘 시민권이 차별 없이 부여되었다. 시민권을 얻고자 하는 사람은 어떤 언어와 문화적 배경을 가지고 있든 상관없으며 시험을 거칠 필요도 없다.

이주해온 사람들이 새로운 터전에 정착하면서 겪을 어려움을 최소화하기 위해 이스라엘 정부는 히브리어 교육은 물론, 전문기술 교육과 사회 적응 프로그램을 운영하는 등 이주자 동질화 이민정책에 적극적인 지원을 아끼지 않았다.

그렇게 해서 지난 60년에 걸쳐 이스라엘 인구의 70퍼센트가 이민자로 채워지는 동안 수많은 작전들이 있어왔다. 36대의 비행기를 동원해 에티오피아의 유대인 1만 5,000명을 하룻밤에 공수해온 '솔로몬 작전'과 4만 9,000명의 예멘인을 3주에 걸쳐 이동시킨 '마법의 양탄자 작전' 등이 대표적이다. 심지어 루마니아 유대인 4만 명을 데려오는 대가로 독재자 차우셰스쿠Nicolae Ceausescu에게 11억 2,500만 달러를 지불하기도 했다. 1인당 비용으로 환산한다면 2,700달러가 넘는 금액이다. 그만큼 이민자들은 이스라엘에게 나라의 자원이자 미래의 경쟁력으로 인식되었다.

이스라엘에서는 연말에 그해의 이민자 수가 줄었다는 뉴스가 나오면 마치 강수량이 모자란다는 뉴스만큼이나 걱정스러운 소식으로 받아들인다. 이스라엘 사회에서 이민자들이란 다시 시작하기 위해 위험을 무릅쓰는 사람들이다.

역사적으로 가장 거대한 이민의 물결은 이스라엘로 떠나온 구소련, 러시아 유대인들의 이민 행렬이었다. 그들은 무려 100만 명을 헤아렸는데, 전 세계 어느 나라도 100만 명이나 되는 많은 이민자를 수용하고 정착하도록 지원한 예가 없다. 이스라엘 정부는 100만여 명의 구소련 유대인 이민자들을 수용할 방법을 놓고 고심했다. 이들을 흡수하기 위해서는 적어도 50만 개의 일자리가 필요한데, 그들의 3분의 1이 과학자, 엔지니어, 기술자인 것을 감안할 때 해결책은 하이테크 분야에 있었다. 그러나 기존의 연구소와 대학들은 이 엄청난 인력을 감당할 수 없었다. 결론은 창업이었다.

1991년 이스라엘 정부는 24개의 기술 인큐베이터를 만들었고, 의학 및 수학 분야 연구자들에게 최고의 예우를 제공하였다. 이들은 이스라엘 사회에 성공적으로 자리 잡으면서 세계 소프트웨어 및 인터넷 보안 기술을 석권하였다. 오늘날 인터넷 보안기술, 의료 및 바이오 융합기술 등 이스라엘의 하이테크 산업이 세계를 선도하기까지는 구소련 이민자들의 공이 절대적으로 컸다. 인텔, 구글, 델컴퓨터Dell, 오라클, 시스코, 컴팩Compaq 등 수많은 기업의 현 CEO들이 이민자 출신들이다. 이들의 성공스토리가 널리 알려지자 이스라엘 젊은이들은 부모가 선망해 온 의사, 변호사의 꿈을 벗어던지고 너도나도 세상에 없는 비즈니스의 가능성을 찾아 나섰다. 이로 인해 이스라엘은 세계에서 공과대학 경쟁률이 가장 높은 나라로 자리매김하게 되었다. 이들에게 창업이란 남들이 일구어놓은 안정된 업계에 뛰어드는 것이 아니라 오직 자신만의 아이디어와 상상력으로 일구어내는 블루오션이다.

워런 버핏은 이스카그룹에 투자할 당시, 자신은 일개 회사에 투자하는 것이 아니라 이스라엘의 정신에 투자하는 것이라고 말한 바 있다. 많은 나라가 유대인의 가정 및 학교 교육 방식에 주목하고 벤치마킹하려 애쓰고 있다. 그러나 정작 유대인들은 자신들이 이루어낸 많은 혁신과 성공 사례들이 10년, 20년간의 교육 성과라는 단순한 생각은 하지 않는다. 그들이 생각하는 진정한 유대인의 저력은, 핏줄을 타고 전해져 오는 후츠파 정신이다. 순순히 "예스"라고 말하지 않고, 언제나 "왜?"라고 묻는 민족정신이야말로 그들을 강하게 만들어온 원동력이었다. 외부의 요인에 얽매이지 않고 꿈을 현실로 만들어가는 이스라엘의 가장 큰 경쟁력은 언제나 사람이었다. 지금, 세계는 지칠 줄 모르고 도전하고 비상하는 이스라엘을 주시하고 있다.

# CHAPTER 3

# 후츠파를
# 실현하는 사람들

 

세계 대다수의 사람들은 이스라엘에 관한 몇 가지 선입견에 사로잡혀 정작 중요한 요인을 간과하고 지나가는 경향이 있다. 전 세계 유대인 인구를 합쳐도 세계 인구의 0.2퍼센트에 불과한데도 이들이 차지한 노벨상의 수가 전체의 22퍼센트를 차지하고 있고, 유럽 전체가 만들어내는 것과 같은 규모의 창업을 매년 일구어내고 있다는 외면만을 보고 '유대인들은 태생적으로 영리한 민족이다', 또는 '가정에서 극성스런 부모들이 아이들을 혹사시키며 학업 성취를 다그칠 것이다', '2,000년간 떠돌면서도 유일신을 지켜낸 종교적 힘일 것이다'라고들 막연히 생각한다.

물론 이 같은 요인들이 이스라엘 국민들의 성공적인 창업경제에 중요한 역할을 하였다는 점은 부정할 수 없다. 그러나 이스라엘 사회를 탐구하면 탐구할수록 이러한 요인들이 필요조건은 될지언정 충분조건은 아님을 발견할 수 있었다. 그들의 세계에서만 은밀히 통용되어온 유대인의 캐릭터(국민성)이자 비밀스런 단어 '후츠파'가 드디어 발굴되었기 때문이다. 이 단어의 의미를 직접 유대인에게 물어본다면, 마치 외국인이 우리에게 다가와 "빨리빨리가 뭐에요?"라고 질문하는 것처럼 당황스럽고 겸연쩍어 할 것이다. 군이 한마디로 표현하자면 '뻔뻔스러움', '당돌함' 정도로 정의할 수 있겠지만 이 단어가 유대인들 사이에서 함축하고 있는 의미는 훨씬 넓고도 깊다.

이번에는 창업국가 이스라엘을 기획하고 연출한 성공신화의 주인공들과 그들의 활동무대인 대학, 기업현장을 찾아나서는 여행의 기록이 될 것이다. 필자는 21세기 이스라엘의 경제기적을 다룬 도서 『창업국가』에 소개된 다양한 분야의 전문가들과 대학교, 학생은 물론이고 정부의 정책 입안자들과 창업하여 비즈니스를 일구어가고 있는 주역들을 직접 만나보았다. 그들의 목소리로 직접 유대인의 창조정신 후츠파에 대한 이야기를 들어보자.

## 한계를 두려워하지 않는다
### 조 하워드-ENOS컨설팅 이스라엘 대표

세상 사람들은 유대인들이 으레 타고난 머리가 비상하다거나, 어려서부터 탈무드의 철학으로 확립된 훌륭한 양육체계 아래 컸다거나, 수

기업컨설팅업체의 대표인 조 하워드가 기획한 후츠파MBA는 유대인 특유의 창조정신을 MBA 과정에 적용한 첫 번째 사례로, 비즈니스 분야뿐 아니라 정부, 군대와 공공기관 및 조직과도 관련된다.

천 년간 이어져온 유대교의 영향으로 천재적인 과학자를 배출하고 세계 경제를 장악하였다고들 말합니다.

물론 이들 요인이 유대인들의 창의적 성향에 직접적으로 기여한 바가 있겠지만 그것만으로는 충분한 설명이 될 수 없습니다. 창의적인 도전과 지칠 줄 모르는 토론의 원동력이 되는 후츠파 정신이야말로 유대인들이 지닌 고유한 창조정신의 출발선입니다.

후츠파의 진짜 의미는 한계를 거부하는 겁니다. 후츠파 정신의 일곱 가지 요소는 누가 일부러 만들어내거나 꿰맞춘 것이 아닙니다. 유대인들의 핏속에 흐르고 있는 정신적 유산입니다. 그 첫 번째 특징은 형식을 거부하는 것입니다. 이스라엘에서는 수상부터 평범한 시민에 이르기까지 누구나 사회의 일원으로서 동등한 자격을 갖습니다. 누구든 생각하는 것은 무엇이든 말할 수 있고 나눌 수 있습니다. '인포멀리티 informality'는 사람들이 아이디어를 제안하고 생각을 교환하는 데 아주 중요한 요소입니다. 사회적으로 억압당하면 자유롭게 창의적인 생각을 낼 수 없기 때문입니다.

두 번째 특징은 권위에 대하여 질문하는 것입니다. 이것은 부하직원이 상사의 잘못을 단순히 비판하는 것과는 다릅니다. 상대가 지닌 추정이나 가정assumption에 질문을 던진다는 의미입니다.

세 번째인 매시업은 서로 다른 배경과 원리들을 합치는 겁니다. 단순한 원칙론자들에게는 힘든 과정이겠지요. '서로 규칙이 다르니 이 모델과 저 모델은 합칠 수 없어'라고 생각하기 쉬우니까요. 예컨대 원칙론자들은 배터플레이스의 사례에서 볼 수 있는 핸드폰 약정 프로그램과 자동차 산업의 만남을 상상할 수 없겠죠. '인포멀'하면서 '권위에 질문'하고, 서로 다른 것끼리 자연스럽게 섞이도록 매시업할 수 있어야 다양한 분야에서의 혁신이 가능해집니다. 마치 이종교배를 통해 종의 진화가 일어나듯이 말이죠.

이스라엘식 매시업의 특징은 그 안에 다양한 분야의 요소들이 이미 조화를 이루고 있다는 점입니다. 그들은 다양한 나라에서 왔고 학문적으로 서로 다른 배경을 갖고 있습니다. 이것이 발휘하는 시너지는 어마어마합니다. 엔지니어적인 문제를 해결하기 위해 열 명의 엔지니어가 있다면 엔지니어 한 사람마다 열 가지의 질문을 던집니다. 가능한 많은 질문을 하고 많은 궁리를 하는 겁니다.

또 다른 요소는 후츠파 뒤에 자리 잡고 있는 에너지입니다. '우리의 미션은 무엇인가', '우리가 이루어야 할 목표는 무엇인가?' 이것이 매시업할 목표입니다. '인포멀'하다면 다양한 분야에서 아이디어를 얻을 수 있습니다. 이때 궤도에서 벗어나지 않으면서 재미와 혁신을 추구하기 위해서는 분명한 방향성과 미션을 가져야 합니다.

## 아이스크림을 먹고 싶은 아이들처럼

목표에 완벽하게 집중하고, 매시업을 통해 다양한 실험을 하고, 권위에 굴복하지 않으면서 상사에게 질문을 던지기 위해서는 실수를 받아들여야 합니다. 실수와 실패는 목표를 이루는 과정의 일부이기 때문입니다. 사람들은 누구나 자신의 사회적 지위를 잃는 것을 두려워합니다. 대중 앞에서 실수를 하면 도망치거나 숨으려 하는 것이 당연합니다. 그러나 인포멀한 문화에서는 상사가 무엇을 원하는지가 중요하지 않습니다. 내가 추구하는 목표와 상사가 추구하는 방향이 일치하지 않아도 상관없습니다.

실패를 마주하는 가장 슬기로운 방법은 '그래, 내가 하나 배웠다'라고 생각하는 겁니다. 이스라엘 사람들은 사회적 실패든 학업에서의 실패든 어떤 것도 창피해하지 않습니다. 실패야말로 귀중한 배움의 기회라고 생각하기 때문입니다.

이스라엘 사업가들 사이에 가장 보편적인 대화는 '비즈니스를 어떻게 해야 합니까'가 아니라 '제가 뭘 잘못했나요?'라고 질문하고 확인하는 겁니다. '이것 봐, 나 망쳤지 뭐야' 하면서 툭툭 털고 일어나 새로운 것을 배우고 다음 단계로 나아갑니다. 실수를 받아들이지 않는다면 모든 것은 거기에서 멈추고 맙니다. 그대로 주저앉고 마는 것이죠. 위기에 봉착했을 때 사람들은 흔히 '이건 너무 어려워. 포기하고 더 쉬운 걸 할래'라고 생각합니다. 그러나 이럴 때에도 이스라엘 사람들은 절대 포기하지 않습니다. 아이들의 예를 들어볼까요?

아이에게 아이스크림을 주고 '먹으면 안 된다'고 말하면 어떻게 반응할까요? 아이들은 망설임 없이 결정권자에게 갑니다. 엄마죠. 엄마한테 아이스크림을 먹으려면 어떻게 해야 하는지 물어봅니다. 아이들은 원하는 게 있으면 절대 멈추지 않습니다. 이스라엘 사람들은 어른이 되지 않는다는 말도 있는데요, 그만큼 아이 같은 순수함이 있다는 겁니다. 혹은 뼈다귀를 물고 있는 강아지에 비유할 수도 있겠죠. 거절당해도 절대 놓치지 않는 겁니다. 이스라엘 사람들은 '그래? 안 된다고?' 하면서 다른 방법을 찾습니다. 아이스크림을 먹고 싶은 아이처럼 필사적으로 방법을 찾습니다.

한편 후츠파는 어떤 면에서 충동적이고 즉흥적입니다. 즉흥적인 사람은 번번이 새로운 문제에 맞닥뜨리게 됩니다. 벤처기업을 경영할 때도 문제가 생길 수 있겠지요. 이때 각각의 문제들을 근원적으로 해결하려면 리스크를 제대로 인식해야 합니다. 유럽이나 미국 기업가들은 리스크에 알레르기 반응을 보입니다. 리스크에 부딪치면 허둥지둥 도망가기 바쁩니다. 반면 이스라엘은 처음부터 리스크에 토대를 둔 나라이기 때문에, 정신적인 리스크에 크게 불안을 느끼지 않습니다. 경미한 수준의 리스크에 대해서는 아예 문제라고 생각하지 않는 경우도 많지요. 경우에 따라 재앙 수준의 리스크도 있을 수 있지만, 이스라엘 사람들은 대형 리스크에 대해서도 크게 흔들리지 않습니다. 놀라고 겁을 먹는다고 해서 어떻게 할 방법이 없기 때문입니다. 또 일상적으로 일어날 법한 수준의 리스크에 대해서는 역시 문제가 아니라고 생각합니다. 그건 해결해야 할 과제일 뿐이기 때문입니다.

모든 아이디어에는 리스크 요소가 따릅니다. 우리 삶에서 마주하게 되는 모든 가능성에는 리스크가 있기 마련이죠. 큰 조직에 속한 사람들은 자신의 지위에 대해 불안해하고 명성을 잃을까 봐 걱정합니다. 그것은 리스크가 자신들이 가진 능력보다 더 크다고 생각하기 때문입니다. 이스라엘 사람들은 그런 류의 두려움을 느끼지 않습니다.

## 한국의 방식 vs 이스라엘 방식

한국, 대만, 중국, 싱가포르의 기업들과 컨퍼런스를 마치고 함께 바비큐 파티를 한 일이 있습니다. 그런데 친목의 자리에서 한국 사람들은 한국 사람들끼리, 중국 사람들은 중국 사람들끼리 이야기를 하더군요.

그 다음 날에는 문화외교 강의가 있었는데 역시 문화적으로 받아들이는 방식이 달랐습니다. 한국 사람들은 사회적 규칙을 중시합니다. 역사적으로 한국이라는 나라를 지탱하기 위해서는 강력한 사회적 규칙이 필요했지요. 한국인 고유의 정서에서 나온 특징인데, 한국인들은 규칙을 뒤흔드는 요인이 있으면 그냥 제거해버립니다. 팔을 잘라내는 식이죠. 한국 문화는 훌륭하지만, 예외를 인정하지 않는 불관용이 문제라고 생각합니다.

이스라엘 사람들은 논쟁을 기분 나빠하지 않습니다. 다투기보다는 해답과 진실을 찾으려고 합니다. 이스라엘 사람들은 한국 사람들과 반대로 사회적 규칙들이 자신들을 '제한'한다고 생각하기 때문에 처음부터 규칙들을 무시해버립니다. 절차나 예의에도 무관심하지요. 밖에 있는 흡연구역에서 담배를 피운다고 가정해봅시다. 누군가 다가와 담배를 빌려달라고 할 수 있는데요, 이스라엘에서는 절대 부탁하는 법이 없어요. '담배 내놔요'라고 합니다. 특별히 그 사람이 무례해서 그런 건 아닙니다. 저는 영국 출신이기 때문에 이스라엘 방식을 어이없고 무례하다고 생각하는 외부인들의 시각을 잘 알고 있지요.

하지만 그들을 이해하기 위해 꼭 유대인처럼 행동해야 할 필요는 없습니다. 중요한 것은 우리가 속한 사회, 경제를 더 나은 것으로 바꾸기 위해서 회사나 상사, 부모님이 아니라 스스로의 판단을 믿어야 한다는 겁니다. 자기 자신을 믿고 거기에서부터 동기가 나와야 합니다. 스스로를 믿지 못하면 리스크에 집착하게 되고, '포멀'하게 되며 권위를 받아들이게 됩니다. 후츠파가 요구하는 것들을 놓치게 되는 거죠.

# 테크놀로지 자이언트가 되라
## 에후드 올메르트-이스라엘 제12대 수상

산업통상노동부의 부총리를 역임하던 수년 전부터, 이미 저는 한국을 이스라엘의 중요한 파트너로 인식하고 있었습니다. 당시 저는 이스라엘의 하이테크 산업을 발전시키기 위해 한국을 몇 번 방문하였고, 총리가 되었을 때도 양국 간 협력관계를 다지는 차원에서 몇 차례 오간 일이 있습니다. 이스라엘과 한국은 서로 궁합이 잘 맞는 나라입니다.

올메르트 전 수상은 30년간의 의회 활동과 두 차례의 예루살렘 시장, 산업무역통상노동부 장관 등 활발한 정치인생을 살아온 인물로, 2006년부터 2008년까지 수상직을 역임하였다. 은퇴한 뒤에는 60개의 계열사를 보유한 이스라엘 대기업의 지주회사 회장이자 별도의 컨설팅회사를 운영하고 있다.

한국의 사회기반 시설은 정말 감탄사가 나올 정도로 훌륭합니다. 세계에서 유례를 찾기 힘든 신속한 산업화를 구현한 나라이기 때문에 우리가 배울 만한 요소가 많이 있어요. 또한 한국은 세계인을 대상으로 한 최고의 실험실 환경을 구축한 하이테크의 온실이라고 생각합니다.


## 인재가 가능성이다

이스라엘이 수년간 시도해왔고 특히 중요시 여기는 것은 바로 '인재육성'입니다. 이스라엘은 국토가 좁고 인구가 적으며 자원도 없습니다. 대신 고급 인재들이 주축이 되어 기술적인 산업에 두각을 나타내고 있습니다. 이스라엘은 하이테크 분야의 다양한 사업을 육성하고자 적극적인 정책을 펼치고 있어요. 특히 사이버 기술은 이스라엘에 사이버테러 등 잠재적으로 위협을 가하는 단체들을 견제하기 위해서도 중요합니다. 또한 우리는 나노기술의 육성에도 힘을 기울이고 있습니다. 나노기술 연구소를 다수 건립하였고 생명기술 분야에 있어서도 마찬가지입니다. 이러한 분야는 전적으로 고급 인재자원에 의존하지요. 따라서 인재들이 자신들의 능력을 최대한 펼칠 수 있도록 다양한 펀드 재원을 유치하여 수요자에게 연결해주는 것이 정부의 역할입니다.

젊은이에게 무엇을 하라고 일방적으로 요구할 수는 없어요. 하지만 그들이 혁신을 일으킬 수 있도록 동기부여가 되는 환경을 제공할 수는 있습니다. 이스라엘은 그러한 동기부여의 공간을 창조하는 데 많은 노력을 기울이고 있습니다. 20세의 젊은이들이 군에 입대하면 그곳에서 다양한 특수부대에 근무하게 됩니다. 복무 기간 동안 그들에게는 국가 가 직면한 각종 문제와 위기를 이해하고 해결할 수 있는 기회가 주어 지지요. 그리고 이런 과정에서 나온 많은 아이디어들이 민간시장에서 도 활용되고 있어요. 군대만이 아닙니다. 우리가 진행하고 있는 사업 중 하나를 소개해드리겠습니다. 산업통상노동부에는 이 나라 최고 과 학자들이 소속된 수석과학관실에서 세계 여러 국가와 다국적 펀드를 운용하고 있어요. 예를 들어 미국과는 30년간 BIRD기금을 운영해왔습 니다. 수천만 달러를 미국의 여러 기업에 신중하게 투자해왔지요. 투 자 받은 많은 회사들이 망했지만 살아남은 기업들은 지금 세계적인 대 기업으로 성장했어요. 예를 들어 스물여섯 살짜리 청년 세 명이 설립 한 체크포인트는 현재 미국 주식시장에서 시가총액 1,200억 달러에 거 래되고 있어요. 우리가 하고자 하는 일은 좋은 아이디어를 가지고 있는 스타트업 회사를 초기에 발굴하고 정부 보조금을 투입하여 그들을 육 성하는 겁니다. 전문가들의 평가에 따라 잠재력이 있다고 판단되는 회 사들에 10만 달러 내외의 금액을 제공하는 방식으로 운영하고 있지요.

이러한 초기 자본의 수혈을 통해 스타트업 회사가 자체적으로 영업 을 진행할 수 있는 수준으로 성장하면, 정부 측에서 매출의 일부분을 로열티로 환수 받습니다. 초기 투자금은 다시 환입되고, 돌려받은 자금 을 다시 새로운 스타트업 회사에 재투자하는 식으로 돌고 도는 겁니다.

첨단기술을 발전시키기 위해서는 엔지니어들이 많이 필요한데요, 과 거에는 대졸 엔지니어의 숫자가 절대적으로 부족했지만 정부가 적극적으로 이공계 인재들을 육성하고 있어요. 이스라엘 출신 엔지니어 한 명이 한 해 평균 50만~60만 달러의 가치를 창출하고 있으며, 우리는 그러한 사실에 자부심을 느낍니다. 여기에 매년 5,000명 정도의 엔지니어가 추가된다면 그에 따른 가치 성장은 연간 몇 십억 달러에 달하겠지요.

이러한 성공은 어떤 아이디어가 해당 산업분야에서 효과적으로 적용될 수 있는 상품으로 발전할 수 있는지에 대한 일류 전문가들의 심층적인 연구와 가용자금의 상호작용을 통해 만들어낸 합작품입니다. 핸드폰과 스마트폰을 예로 들어볼까요? 세계의 스마트폰들은 제조사가 삼성이든, 노키아Nokia든, 모토로라Motorola든 혹은 애플이든 어느 제품이나 이스라엘에서 만든 부품을 사용합니다.

우리는 어떠한 산업분야가 대중의 선택을 받을 것인지, 그 산업의 확장을 위해 어떻게 사전준비를 할 수 있는지 꾸준히 연구합니다. IT뿐 아니라 컴퓨터와 백신 소프트웨어를 포함해서 말이죠. 이제 다음 10년간 인터넷은 사람과 사람이 이용하는 기존의 틀에서 한 걸음 더 나아가 사람과 기계 그리고 기계와 기계로 영역이 확장될 것입니다. 즉, 트렌드를 읽어내고 투자자와 사업자가 힘을 합하여 발 빠르게 대비해야 합니다.


## 젊은이들의 가능성과 아이디어에 주목한다

이스라엘은 한국, 미국, 러시아, 중국, 일본 어디에 비교해도 작은 나라입니다. 하지만 후츠파 정신에서 중요한 한 가지는, 작다는 것을 인정하는 것이 큰 국가와 경쟁할 수 없다는 것을 의미하지는 않는다는 점입니다.

　나스닥에 상장된 이스라엘 기업은 절대적 수치로 비교해볼 때 미국을 제외한 세계 어느 국가보다 압도적입니다. 이스라엘의 벤처투자 육성정책은 작은 사이즈에서 비롯되는 열세를 극복하기 위한 최선의 선택이었습니다. 우리는 전쟁 상황으로 인한 각종 위협과 어려움을 극복하기 위해 스스로의 역량을 최대한 끌어올려야 한다는 신념을 가지고 있습니다. 이스라엘은 불과 70년 전만 해도 지구상에 존재하지 않던 나라입니다. 지금 수준으로 성장할 수 있었던 건 당면한 어려움과 과제에 당당히 맞선 국민들의 강렬한 의지에서 비롯된 것입니다.

　세상에 없던 새로운 비즈니스를 창출하려는 노력은 곧 창의적인 교육의 중요성으로 연결되는데요, 창의적인 교육은 대학교가 아니라 세 살 때부터 시작해야 합니다. 물론 어린 시절의 교육적 밑바탕이 좋은 대학과 대학원으로 연결되겠지요. 제가 총리를 역임하던 때부터 이스라엘은 세 살 이하 연령의 아이들을 대상으로 한 교육에 집중투자를 하기 시작했습니다. 개별적인 아이들의 능력을 포착하고 각각의 능력과 관심사에 대응하는 맞춤형 교육을 시작한 거지요.

　역사적으로 살펴보면 대부분의 기술적 혁신은 20세~30세 사이의 사람들에게서 탄생했다는 걸 확인할 수 있습니다. 빌 게이츠Bill Gates, 스티브 잡스Steve Jobs, 이스라엘의 샤이 아가시 등의 인물들은 20대에 세계를 놀라게 하는 업적을 이룩했어요. 페이스북을 설립할 때의 마크 주커버그도 서른 살이 안 되었습니다. 어린 나이에 잠재력을 포착하고 그 능력을 자극할 수 있는 환경을 제공해야 합니다. 지능은 타고나는 것이죠. 하지만 특정한 지능을 포착할 줄 안다면, 예를 들어 역사공부에 재능을 가진 아이들은 역사 연구가가 될 수 있다는 희망을 주고, 기술 분야에 두각을 나타내는 아이가 있다면 첨단기술을 개발할 수 있는 기회를 제공할 수 있습니다.

현재 세계 여러 나라들이 로봇기술을 놓고 치열하게 경쟁하는데, 이스라엘은 이 분야에서 매년 상위 5위 안에 들어갑니다. 교육 관련 기관과 정부가 힘을 모아 학생들의 재능을 중점적으로 지원하고 육성하며, 기업체들은 이러한 인재들을 적극 채용함으로써 국가적 발전에 기여하는 것이지요.

숨 가쁘게 발달하는 통신기술과 IT기술 덕분에 국가 간 관계가 재편되고, 고립되었던 이스라엘이 국제사회의 어엿한 일원으로 성장할 수 있었습니다. 이스라엘 기업이 일본, 한국, 유럽의 대기업에 수억, 혹은 수십억 달러에 매각되었다는 소식이 거의 하루도 빠짐없이 들려옵니다. 이렇게 유입된 자금은 다시 새로운 가치를 창조하는 데 사용되고 있지요. 글로벌 경제에서는 혁신적 사고방식을 보유한 작은 기업들이 많은 이익을 얻을 수 있습니다.

이스라엘은 농업도 철저하게 과학적으로 접근하고 있습니다. 지식경제는 물론이고 재래식 산업도 과학기술의 옷을 입히면 무한한 부가가치를 만들어낼 수 있습니다. 이러한 확신과 적용이야말로 자원 없는 나라의 경쟁력입니다.

하이테크 벤처에 대한 이스라엘의 투자자금은 국내외에서 활발하게 유입됩니다. 또한 이공계와 의학, 약학이 긴밀하게 협력하고 있지요. 테크니온 공대도 45년 전부터 의과대학을 추가하여 양자간 협력을 꾀하고 있습니다. 의학대학이 공업대학과 크로스오버를 하는 것은 이스라엘에서 아주 자연스러운 현상입니다. 이스라엘 주요 연구기관이자 세계적 리서치센터인 바이츠만과학연구소는 매년 수억 달러의 수익을 창출하는데, 모두 혁신적인 아이디어를 판매함으로써 거두어들이는 로열티입니다. 아이디어는 바이츠만연구소가 직접 보유한 회사들이 판매하고 있지요. 히브리대학이나 텔아비브대학, 테크니온대학도 마찬가지예요.

## 전쟁도 혁신을 멈출 수는 없다

이스라엘도 몇 차례의 경제위기를 맞았고 특히 2000년도에는 큰 위기가 있었습니다. 마이너스 성장이 지속되고 실업률도 치솟았지요. 그러나 2003년을 기점으로 이스라엘은 수출이 수입을 뛰어넘고, 수십억 달러의 흑자를 기록하였으며, 2008년 금융위기 때는 금융기관에 정부 보조금이 한 푼도 쓰이지 않을 만큼 안정되었습니다. 같은 시기 미국에서는 수조 달러의 정부 보조금을 은행을 살리는 데 쏟아부었지만 이스라엘은 한 푼도 쓰지 않았던 겁니다.

그러한 배경에는 엄격하고 보수적인 금융정책과 지속적인 무역흑자가 뒷받침되고 있었습니다. 물론 최근의 유럽발 금융위기의 여파에서 이스라엘도 적지 않은 타격을 받았습니다. 유럽 국가에 대한 수출량이 현저히 감소될 것이고 미국에 대해서도 마찬가지일 테니까요. 하지만 우리는 이러한 문제들을 극복하고 변화하는 환경에 적응하여 지속적으로 수출을 확장해 나갈 장기적인 목표를 세우고 있습니다. 이스라엘은 작은 나라이기 때문에 국내 거래량이 한정되어 있지만, 외부로 대량 수출할 물건들을 만들어낼 수는 있습니다.

20세기 초, 이스라엘에 큰 전쟁이 있었습니다. 레바논과의 전쟁이었죠. 미사일과 폭탄이 떨어지는 급박한 상황에서도 이스라엘 경제는 꾸준히 성장했습니다. 정확하게 말하면, 심각한 분쟁에도 불구하고 일상생활에 크게 지장을 받지 않았지요. 세계는 변함없이 이스라엘의 혁신 기술을 필요로 했고, 우리는 그 수요에 맞춰 지속적으로 제조하고 기술력을 수출했지요.

스탠포드, 하버드, 프린스턴 같은 세계적인 대학마다 수십 명의 이스라엘 출신 교수가 재직하고 있습니다. 실리콘밸리에도 거대한 규모의 이스라엘 커뮤니티가 존재하고, 중국과 일본에도 수많은 이스라엘 기업이 활동하고 있습니다.

이스라엘 국민은 다른 사람들이 생각지 못한 기회를 포착하는 데 능합니다. 설령 5분이라는 짧은 시간 차이라도 큰 차이가 될 수 있다는 걸 아는 거죠. 그 작은 차이가 타인을 앞설 수 있는 경쟁력이며 동시에 전쟁의 위협 속에서도 이스라엘이라는 국가를 존재하게 하는 필수적인 조건이 됩니다.

후츠파 정신에 대한 설명에 몇 가지 정의를 추가하자면 '정체를 용납하지 않는 용기'와 '항상 변화하려는 욕구'라고 말씀드리고 싶습니다.

## 책과 규칙에서 벗어나라

한국의 젊은이들은 세계적으로 경쟁력 있는 몇 안 되는 민족의 자원입니다. 유교적 전통과 장유유서長幼有序의 사회 분위기에 갇히지 말고, 적극적으로 의지를 드러내고 스스로의 강점을 찾는 것이 중요합니다. 자신이 가장 즐겨 하고 잘할 수 있는 것을 찾을 때, 인생은 더 행복해질 수 있고 창의적이 됩니다.

한국에는 이스라엘이 가지지 못한 것이 있다는 걸 말씀드리고 싶군요. 한국에는 이스라엘과 달리 거대한 인구가 살고 있습니다. 5,000만 명 정도인가요? 한국은 그만큼 큰 시장과 풍부한 잠재력을 보유하고 있습니다. 또한 이스라엘은 적대 국가에 둘러싸여 있기 때문에 그들을 견제하기 위해 거액의 국방예산을 사용하고 있지만 한국은 북한의 위협수준이 우리와 비교할 때 상대적으로 낮은 수준입니다.

한국의 젊은이들에게 들려주고 싶은 조언이 있다면, 다른 사람들을 따라 하지 말라는 것입니다. 미국이나 러시아, 영국, 이스라엘에서 나온 아이디어가 자신들의 것보다 앞선다고 생각하지 말고, 자신이 갖고 있는 자원을 믿고 그것을 바탕으로 새로운 것을 창조하라는 이야기예요.

인생에 접근하는 색다른 방식을 추천할까요? 책과 규칙에서 벗어나

다른 생각을 하세요. 이미 존재하는 것을 발전시키기보다는 아직 창조되지 않은 것들, 다른 사람들이 생각하지 못한 것을 시도하는 겁니다.

미국의 일류대학에서 한국 학생들이 두각을 나타내고 있다는 이야기는 익히 듣고 있습니다. 굳이 미국에 갈 필요 없이 한국에서도 공부해도 좋지만 그보다 이스라엘에 와서 젊은 이스라엘 학생의 후츠파 정신을 접한다면 어떨까요? 이스라엘의 젊은이들은 일자리를 찾기 위해 힘들게 노력하기보다는 스스로 일자리를 만들어내려는 의지가 강합니다. 여러분의 가능성을 믿고 전 세계를 품을 수 있을 만큼 큰 가슴을 열기 바랍니다.

## 상상을 실현할 기술을 개발한다
### 아비 핫손 – OCS 수석과학관

OCS에서 육성한 대부분의 지식 자산은 1970년대 후반부터 쌓이기 시작해 80년 이후 이스라엘 경제가 비약적으로 성장하는 토대가 되었습니다. 그 후 많은 프로그램들이 만들어졌는데요. 지금도 운용되고 있는 기술 인큐베이팅 제도나 대학을 중심으로 한 기술지주회사 등이 모두 그 당시에 만들어진 것입니다.

OCS의 가장 큰 특징은 모든 기술 분야를 다룬다는 겁니다. 통신기술, 생명과학, 클린테크, 인터넷 등의 첨단기술은 물론이고 전통적인 기술인 플라스틱까지, 모든 기술이 OCS 산하에 있습니다.

이스라엘 OCS의 수석과학관이자 10주년을 맞은 한-이 재단의 이스라엘 측 회장으로, 이스라엘 기업과 한국 기업의 합작 사업을 지원하고 있다.

두 번째 특징은 철저한 라이프사이클 테크놀로지 관리입니다. OCS는 기술을 개발하는 것에 그치지 않고 치밀하게 이후 산업화 전략을 구상합니다. 대학에서 연구하는 기초기술을 산업기술로 전환시키고 다양한 산업 영역으로 응용하는 것이 저희의 역할입니다.

기업 경영의 경험이 없는 청년 사업가들을 육성하고 특화된 연구개발을 장려하는 것, 중소기업을 큰 규모의 연구개발 업체로 만드는 것 또한 수석과학관실의 역할입니다.

세 번째로, 우리는 정책을 만드는 동시에 지식경제 분야에 있어서 정부의 조력자로서 기술 에코시스템(생태계)도 담당합니다. 정부가 정책적으로 어떤 사업을 장려해야 하는지를 결정하는 것이죠. 또한 연구개발 펀드 에이전시로서 매년 3,000건의 프로젝트를 지원하고 있지요.

기초과학 연구는 교육부와 과학기술부 두 기구에서 담당하고 있는데, 서로 밀접하게 연계되어 있습니다. 제가 수석과학관으로서 담당하는 연구개발 및 과학기술 업무는 부가가치가 높은 서비스나 물건을 시장에 공급하고 경제효과를 일으키는 것이죠. 이것은 단순한 과학이 아닙니다. 고용을 창출하고 경제성장을 이루며 국가 번영을 위한 것입니다.


## 기업가 정신에 이스라엘의 미래가 있다

이번에는 이스라엘의 경제에 대해 이야기해볼까요? 우리는 하이테크 산업과 지식산업을 다른 어떤 산업보다 중요하게 생각합니다. 이스라엘에서는 하이테크 산업이 수출의 절반을 차지합니다. 그만큼 하이테크 산업에 크게 의지하고 있다는 의미가 되겠죠.

이스라엘 경제의 또 다른 독특한 점은 해외무역의 비중이 높다는 점인데요, 그건 내수 시장 자체가 작기 때문입니다. 그래서 우리는 늘 세계 경제를 예의 주시하며 분석하고 있습니다. 어떤 경제적 이슈에 지원해야 무역 상품을 다양화할 수 있는지 연구하고, 유럽이나 미국은 물론 개발도상국에 대해서도 분석을 게을리하지 않습니다. 우리의 장점은 유지하되 세계 시장이 원하는 기술을 선도하기 위해서 말이죠.

이스라엘의 성공은 '유대인 어머니'들이 만들어냈다고도 하는데요, 교육은 무엇보다 중요한 요소입니다. 이스라엘 가정에서 자녀들을 교육할 때 가장 중시하는 것은 목표를 향해 진취적으로 나아가도록 격려하는 것입니다. 흥미로운 것은 오늘날의 이스라엘 사람들은 의사나 변호사보다도 기업가가 되기를 더 선호한다는 사실입니다. 실제로 이스라엘의 성공 사례를 보면 하나같이 기업가들이라는 사실을 알 수 있습니다. 물론 테크놀로지와 관련된 기업가가 아니더라도 기업가 정신은 어디에나 있습니다.

이스라엘 젊은이들이 창의적으로 성장하기까지에는 여러 요인이 복합적으로 작용합니다. 기업가 정신이 얼마나 강하고, 아이디어가 얼마나 특출한가 하는 것은 사실 중요하지 않습니다. 그 아이디어를 통해 새로운 것을 현실로 이뤄내는 것이 중요합니다. 첫 번째 시도로 만족할 수 없다면 두 번, 세 번 끊임없이 시도하여 결국 바꾸어버리는 것. 그게 바로 후츠파입니다. 이스라엘 사람들이 물려받은 DNA 속에는 이러한 후츠파 정신이 각인되어 있습니다. 이스라엘은 그 자체가 창업국가입니다. 아무것도 없는 황무지에서 나라를 세워야 했기 때문에 기업가 정신이 절실히 필요했던 거죠.

최근 한국, 일본, 독일 심지어 미국에서도 젊은 세대들이 과학기술 분야를 기피하는 경향이 있습니다. 이스라엘 역시 유사한 사회문제에 직면하고 있습니다. 그러나 하이테크의 중요성과 필요에 공감하는 사회 분위기 속에서 젊은이들은 미디어나 뉴스에서 나름의 역할모델을 발견합니다.

## 변화하는 시대의 적응력

이스라엘은 끊임없이 변화하고 있습니다. 이스라엘 지식산업은 강하며, 지금까지의 이스라엘 산업들도 여전히 굳건하게 유지되고 있습니다. 농업기술에 있어서도 단연 선두를 지키고 있어요. 땅덩어리가 작고 물이 거의 없다는 치명적인 단점이 필연적으로 혁신을 불러왔죠. 물 관련 기술은 이스라엘이 세계 최강국입니다. 생명과학이나 바이오 기술도 마찬가지입니다. 이스라엘에는 이 분야에 80개가 넘는 기업이 있으며, 의료 특허 분야에서는 세계 1위입니다. 나노기술도 활발히 연구 중에 있습니다.

미래의 산업은 '융합'입니다. 바이오 분야와 정보 분야, 나노 분야가 유기적으로 조화를 이루어야 합니다. 이것이 이스라엘 기업가들의 강점입니다. 대표적인 예로 필캠PillCam은 보안장치인 미사일 기술이 의료장비에 적용된 케이스입니다.

아이디어 자체도 많은 상상력을 요구합니다만 그것을 실현하는 기술력은 더욱 많은 조건을 만족시켜야 합니다.

지식자원의 중요성이라는 관점에서 봤을 때 20대의 청년기는 매우 중요한 시기입니다. 이스라엘 젊은이들은 고등학교를 졸업하고 군대에 가기 때문에 전략적 차원에서 엘리트 부대를 창설하게 된 것이지요. 엘리트 부대의 전형방법은 아주 정교하고 구체적인데요, 예컨대 8200정보부대는 수학 성적이 최고인 학생들을 선발합니다. 이렇게 선발된 우수한 생도들을 강도 높은 훈련시스템에 투입하고, 짧은 시간 안에 군대와 관련된 학문을 공부시킨 다음 군대에서 핵심 역할을 맡깁니다.

제대하고 나서 대학에 진학하기 때문에 이스라엘 대학생들은 다른 나라 학생들보다 나이가 많습니다. 엘리트 부대는 경우에 따라 정규 군 복무 기간이 훨씬 긴데, 탈피오트부대의 경우 세 배나 긴 9년간 복무해야 합니다. 그 기간 안에 대학에서 다루는 모든 학문을 동시에 교육하도록 국가가 지원해주고, 일반 기업에 준하는 보수도 지급합니다. 선발된 그룹은 아주 어린 나이에도 막중한 책임을 져야 하고 다양한 도전에 직면합니다. 저도 엘리트 부대의 하나인 탈피오트에 있었는데요, 스무 살 때 군대 인력과 재정 기술시스템을 책임지는 일을 했습니다. 42세인 현재 제가 맡은 수석과학관의 업무와 비슷하죠.

장교가 아닌 일반 병사들도 마찬가지로 많은 문제를 독립적으로 판단하고 해결합니다. 그러한 과정에서 문제해결능력이 자연스럽게 몸에 배기 때문에 이스라엘의 군대가 효과적인 겁니다. 이스라엘 사회의 특징인 형식의 파괴는 군대에서도 예외가 아닙니다. 장교라고 해서 일반 병사보다 우선하지 않습니다. 회의를 할 때는 장군이나 사병이나 똑같이 의견을 냅니다. 오히려 계급이 낮은 병사의 말은 더 주의 깊게 듣습니다. 실제 군대 내에서 어떤 일이 벌어지는지를 가장 잘 파악하고 있기 때문입니다.

이러한 이스라엘의 문화적 특성은 유치원과 학교, 집에서도 확인할 수 있습니다. 저도 아이가 셋 있는데, 집에서 저의 위치는 한마디로 인포멀리티입니다. 부모가 자녀들의 삶을 설계해주지는 않지만, 항상 도전하도록 합니다. 아이들은 자기 의견을 이야기하고 도전하면서 이전의 것들에 얽매이지 않고 창의적인 삶을 찾아가죠.

저는 지금 정부를 위해 일하고 있지만, 정부 정책에 비판적인 의견을 가진 사람들을 주변에서도 흔히 보곤 합니다. 이스라엘 사람들이 정부에 대한 불만을 토로하는 것은 지극히 자연스러운 일입니다. 사람들은 자신의 문제뿐 아니라 이 나라에서 어떤 일이 벌어지고 있는지에 대해 폭넓은 관심을 갖습니다. 내가 살고 있는 사회를 더 좋은 곳으로 만들고 싶다는 관심의 표현이겠지요.


## 지식이 경쟁력이다

세계 혁신지도에서 한국은 큰 힘을 갖고 있습니다. 지속적으로 주요한 산업을 이끌고 있고 세계적인 경제 리더도 많이 배출했지요. 학문적 성취도 높은 수준입니다. 물론 정부의 지원도 있었죠. 그 결과가 곧 나타날 겁니다. 그런 점에서 한국은 주목할 만한 나라입니다. 또한 연구개발 분야에서 이스라엘의 좋은 파트너이기도 하지요.

여러분이 지금 하고 있는 것을 계속하십시오. 여러분의 지식이 나라의 경쟁력을 좌우할 겁니다. 한국은 과학기술 강국입니다. 과학기술을 개발하고 기술자산을 산업화하는 데 투자를 아끼지 말아야 합니다. 그리고 더 창의적이며 과감해져야 합니다. 두려워 말고 실천해서 만들어 내십시오. 개개인의 성과가 모여 사회 전체의 성과로 이어집니다.

# 실패는 배움이지 재앙이 아니다
## 요셉 클라프터-텔아비브대학 총장

　이스라엘의 최근 추세를 보면 젊은 세대들 사이에 스타트업을 하려
는 의지가 강하게 공유되고 있습니다. 심지어 우리가 호흡하는 공기에
서도 학생들의 창업정신과 혁신정신을 느낄 수 있을 정도예요. 텔아비
브대학 내 '스타트업Start-up'이라는 그룹이 대표적인데, 학생들의 아이
디어를 현실화하기 위해 학생들이 스스로 설립한 동아리입니다. 학교
와 학생회에서도 그룹 활동을 서포트하고 있지요.

요셉 클라프터 총장이 운영하고 있는 텔아비브대학은 비즈니스와 문화의 요충지인 텔아비브에 위
치하고 있으며, 재학생이 2만 9,000여 명으로 이스라엘에서 가장 큰 종합대학이다.

우리 대학교에서는 학생들이 학위를 취득하는 것 못지않게 학생들의 창조성을 지원하는 것을 중요하게 여깁니다. 이스라엘 학생들은 '스타트업 국가'라는 개념에 자부심을 느끼며, 창조적인 내부 에너지가 충만합니다. 지속적으로 기업가 정신과 혁신에 관한 수업을 확대하면서 '스타트업' 같은 동아리를 운영함으로써 혁신을 육성 및 장려하는 것이 우리 대학의 목표입니다.

또한 학문 간의 장벽을 낮추고 공조체제를 형성하여 가치를 창출하는 것도 주요한 목표 중 하나입니다. 얼마 전 이스라엘 최초로 신경과학대학을 설립했는데, 이곳 사골신경과학대에 대한 기대가 큽니다. 아홉 명의 교수 중 일곱 명은 다른 학과에서 자발적으로 참여해주었습니다. 심리학은 뇌의 거시적인 부분을 다루고, 의료장비 및 기타 공학적인 방식으로 뇌를 다루는 뇌 공학도 있고요, 그 외 분자학, 물리학, 수학 등의 다양한 접근방법이 있습니다. 이 모든 방식을 조합할 때 궁극적인 다분야 학문이 탄생합니다.

다양한 학문을 보다 많이 융합시킬수록 기존에 해답을 찾지 못했던 문제들을 해결할 수 있으며, 비로소 혁신이 가능해집니다. 텔아비브대학은 브레인이미징 분야에 강하고 알츠하이머 등 각종 질병에 대한 의약을 개발하는 데 강점을 갖고 있어요. 대학 내에 17개의 전문 병원을 갖추고 화학, 생물학, 약학 등의 강력한 학문 공조체제를 갖추었지요. 그뿐 아니라 대학과 병원이 모두 캠퍼스 내의 의사와 과학자들 간의 공조를 장려할 수 있는 펀드에 자금을 투자하고 있습니다. 의료문제가 발생할 경우 과학 리서처들의 도움을 받아 해결하기도 합니다.

텔아비브대학에는 '커머셜 암즈'라는 자회사가 있는데요, 우리 대학의 연구 아이디어를 실용화하여 실제로 상업적으로 판매하도록 연결해줍니다. 우리 대학 연구원들의 아이디어를 선별하고 투자하며, 특허 출원부터 산업화에 이르기까지 모든 과정을 총괄하고 있지요.

텔아비브대학은 이스라엘에서도 가장 우수한 학생들이 모여 있는 일류 대학입니다. 동시에 고등학교에 과학과 기술연구의 중요성을 알리기 위해 영재과학 프로그램을 운영하는 등 많은 노력을 기울이고 있어요. 예컨대 '우수 고등학생을 위한 프로그램'을 운영하고 있는데, 이 프로그램에 선발된 학생들이 매일 오후 실험과 연구를 하고 교직원들을 만나고 있습니다. 또한 1년간 화학과 생명공학 수업에도 참여할 수 있도록 열어놓았습니다. 이런 과정을 고등학교의 학업 포인트로 간주하고 대학에 갈 때 취득 학점으로 인정하고 있습니다. 우리는 이런 과정을 머지않은 시기에 정식 교육 체계에 통합시킬 계획입니다.

## 생각의 크기가 국경을 넘는다

국토의 크기가 작고 천연자원이 없는 이스라엘에서 유일한 자원은 인적 자본이기 때문에 세계 시장과 트렌드를 끊임없이 관찰하여야 합니다. 이스라엘 밖에 있는 시장을 생각하는 것이죠. 나라의 크기가 작기 때문에 경제를 성장시켜줄 수 있는 아이디어를 만들어내야 합니다. 유대인 인구는 세계에서 0.2퍼센트밖에 안 되지만 노벨상을 수상한 유대인이 20~22퍼센트에 달하는 것은, 타고난 창의성뿐 아니라 학습에 대한 열정이 있기 때문입니다. 이것이 이스라엘의 전통입니다. 현재 위축되어 있는 세계 시장에서 살아남기 위해서는 새로운 개념의 지식기반 경제를 구상하고 새로운 비즈니스 모델을 창조해야 합니다.

시장의 변화는 대학에서 학과별 수요에 긴밀한 영향을 미칩니다. 시장과 교육이 나아가는 방향은 인위적으로 통제할 수 없습니다. 현재 텔아비브대학은 자연스러운 수요 변화에 따라 컴퓨터공학과 같이 첨단기술 학과를 선택하는 신입생들이 증가하는 추세입니다. 그러나 생명공학, 컴퓨터공학, 엔지니어링을 전공하는 학생들도 언제든지 적성에 맞지 않다고 판단하면 다른 분야를 찾아갈 수 있도록 학제가 무한히 열려 있습니다. 누구나 자기가 가장 재미있게 탐구할 수 있는 영역에 있어야 창의력도 제대로 발휘할 수 있으니까요. 그러기 위해서는 자기 스스로를 잘 알아야 합니다. 열정은 바로 거기에서 시작되는 것 아닐까요?


## 도전하고 질문하는 개척정신

저는 후츠파의 여러 개념들 중에서 '형식의 파괴'와 '질문할 권리'야말로 교육에 필수적인 요소라고 생각합니다. 혁신과 창업정신의 개발에도 필수적이죠. 제가 총장으로 취임하기 전에 이 대학에서 강의를 할때는, 학생들이 어떤 질문을 하고 어떻게 비판하는가를 지켜보는 것이 큰 즐거움이었어요. 학생들의 순수한 질문과 비판을 긍정적으로 수용하는 것이 중요합니다. 토론을 통해 배움이 활기를 띠게 되고 학생들로 하여금 각자 독립적으로 생각할 수 있도록 유도할 수 있기 때문이죠. 이것은 유대인의 전형적인 태도이고, 그러한 자산이 있기에 지금의 이스라엘이 있다고 생각해요.

또한 우리는 실패를 죽느냐 사느냐의 문제로 보지 않아요. 도전을 하는 데 있어서 중요한 인센티브로 이해하죠. 도전을 하면서 위험을 수용하고, 첫 번째 시도에 안 되면 두 번째 시도에는 될 것이라는 확신을 갖는 것입니다. 여기에다 격식에 얽매이지 않는 문화가 뒷받침되면서 조직 구성원들이 스스럼없이 협력하고 지지할 수 있도록 해줍니다. 이것은 아이디어를 실행하는 과정에서 매우 중요한 조건입니다.


## 창조에 전념할 뿐, 출구전략은 없다
**쉬무엘 레비-세콰이어 캐피탈 이스라엘 대표**


현재 벤처캐피털 사업은 세계적으로 불안정하고 어려운 시기를 맞이하고 있습니다. 더구나 투자 대비 막대한 이윤을 남기는 벤처캐피털은 극소수에 불과합니다. 모든 투자가 성공적일 수는 없으니까요. 올바른 스타트업에 투자하면서 그들이 성공할 수 있도록 독려하고 육성하는 게 중요합니다. 같은 맥락에서 기업가 관점에서는 벤처캐피털을 알아볼 때 사업파트너를 구한다는 자세로 접근해야 합니다. 단순히 자금을 확보하는 차원을 넘어 회사를 발전시킬 파트너의 관점에서 생각하

1974년도에 미국 실리콘밸리에서 창업된 세콰이어 캐피탈은 세계 최초의 벤처캐피털 중 하나다. 애플, 오라클, 시스코, 아타리 등의 회사에 성공적인 투자를 하였고 구글, 야후 등 하이테크 분야에 있어 리딩 벤처캐피털리스트로 잘 알려져 있다.

는 것이 중요해요.

지난 10년을 돌아보면 변화가 점차 가속되어가고 있음을 실감합니다. 기술발전 사이클도 빨라졌지요. 게다가 소비자들이 기술을 주도하는 현상이 두드러지게 나타나고 있습니다. 그런 배경에서 보면 클라우드, 가상공간, 태블릿 등 신기술이 계속해서 등장할 것이고, 이러한 변화의 바람은 스타트업에 긍정적인 효과를 가져올 것입니다. 스타트업은 대기업보다 변화에 빨리 적응하기 때문이지요.

세콰이어 캐피탈Sequoia Capital은 벤처기업의 사이즈보다 성과에 주목합니다. 투자 파트너는 주로 미국 사립대학들이며 그들은 기부금을 의학 분야 등 생산적이면서도 의미 있는 목적에 사용하고자 합니다. '세쿼이어sequoia'라는 사명은 '오래가다'라는 뜻으로, 회사가 오랫동안 지속될 수 있도록 성공적인 투자를 해 나가자는 회사의 설립 이념을 말해줍니다.

우리가 주목하고 적극적인 투자를 준비하고 있는 분야는 의료장비 기술입니다. IT와 의료기기의 협력 사업은 매우 흥미로운 투자처이고 우리는 향후 10년간 이 분야에 집중할 계획입니다. 우리 회사의 투자 결정은 다음 세 가지 요소에서 결정됩니다. 첫째는 인재이고 둘째는 기술입니다. 그리고 가장 중요한 세 번째는 그 기술이 시장의 니즈를 충족할 수 있느냐이지요.


## 출구전략은 없다

저희는 출구전략을 믿지 않습니다. 오직 회사를 세우는 데 모든 역량을 집중하지요. 시장에서의 가치가 오래 지속되고 기업공개까지 할 수 있는 회사를 육성하는 것이 우리의 목표입니다. 처음부터 회사를 매각할 목적으로 회사를 성장시킨다면 매각 가치도 떨어질 겁니다. 회사가 스스로 성장할 수 있을 때까지 육성한다면 M&A시장에서도 당연히 주목받게 됩니다. 처음부터 출구전략을 생각한다면 매우 불안한 출구만이 기다릴 것입니다.

세쾨이어는 항상 새로운 아이디어를 모색하고 있으며, 대다수 투자자들의 실제 창업 경험에 근거하여 투자처의 향방을 파악합니다. 투자할 때는 항상 현실적인 관점에서 포트폴리오를 구성하지요. 그래서 우리의 투자 성공률은 평균 업계 성공률을 상회하는 50퍼센트 수준입니다.

이스라엘은 작은 나라입니다. 인구수가 770만 명에 불과해요. 상품의 타깃 시장으로써 부적합하다는 얘깁니다. 그렇기 때문에 글로벌 시장에 진출해야만 해요.

따라서 문화나 시차, 거리를 극복해야 하고, 목표로 하는 지역 시장에 이미 자리 잡은 다른 업체들과의 경쟁에서도 살아남아야만 합니다. 그 때문에 더 큰 혁신이나 노력, 그리고 틀을 벗어난 창조적 사고가 요구됩니다. 따라서 이스라엘이 처한 열악한 자연조건과 세계 시장에의 진출을 가로막는 갖가지 제약들이 결합해 혁신을 요구한다고 볼 수 있어요. 결국 우리는 이러한 여러 한계와 장애물들을 이겨내기 위해 경쟁 분야에서 좀 더 월등해질 필요가 있었던 거죠. 그 결과 많은 이스라엘 회사들이 국제 회계기준에 따라 나스닥에 먼저 상장하고 그다음에 이스라엘 주식시장에 상장합니다. 국제적으로 인정받는 나스닥에 상장하면 고객들도 그만큼 신뢰하고 회사의 가치를 높게 평가하는 경향이 있습니다.

이스라엘은 노키아나 삼성처럼 거대 기업을 건설하지 않습니다. 그것은 거대 선박과 작은 선박과의 차이와 같습니다. 큰 선박은 무거워서 쉽게 움직이지 못하지만, 작은 선박은 그때그때 필요에 따라 대응할 수 있지요. 스타트업 회사가 많은 작은 국가는 새로운 기술, 새로운 사업모델, 새로운 세계 흐름, 새로운 시장에 적응하기가 용이합니다. 그런 이유로 이스라엘이 비교적 빨리 성공한 것이고 과거 금융위기 때도 비교적 안정적으로 생존할 수 있었던 것입니다.

투자자의 관점으로 볼 때 이스라엘은 훌륭한 기업가 정신과 아이디어가 살아 숨 쉬는 안정적인 환경입니다. 어려운 세계 경제 여건 속에서도 신속히 움직이고, 끊임없는 기술과 사업모델의 혁신이 이루어지고 있지요.

젊은이들에게 창업을 장려하는 환경은 문화, 금전적 지원, 군 복무 등 모든 요소가 복합적으로 작용한 결과입니다. 또 성공하려는 사람들의 의지도 한몫하지요. 물론 사업가로서 성공하기란 쉽지 않습니다. 벤처를 한다는 것은 말 그대로 위험을 감수한다는 얘기입니다. 관대함의 문제가 아니라 피할 수 없는 현실이지요. 혁신 의지가 강하다 해도 실패를 할 수 있음을 인정하고 다시 도전할 수 있어야 합니다.

다행히 이스라엘의 창업은 해마다 지속적으로 성장했습니다. 심지어 2008년 미국 맨해튼에 위치한 리먼브라더스가 파산하고 세계경제 버블이 터진 뒤에도 수많은 아이디어가 쏟아졌고 그 트렌드가 지금까지 사그라지지지 않고 있어요. 경기가 아무리 나쁜 해에도 아이디어는 꾸준히 들어옵니다. 이스라엘 사람들은 경제에 사이클이 있다는 것을 인식하고 있고, 경기가 안 좋을 때일수록 새로운 아이디어가 쉽게 수용된다는 사실도 알고 있어요. 또한 창업 시기에 경기가 좀 안 좋다고 해도 제품을 출시할 때쯤이면 상황이 나아져 있을 것이란 사실을 이해하고 있지요.

기술 사이클이 불안한 시기에 굳이 위험을 무릅쓰고 새로운 기술을 받아들여야 하느냐고 생각할 수도 있어요. 하지만 기존 기술에 문제가 있고 새로운 기술에 대한 요구가 있다면 바로 그 시점이 스타트업을 하기에 최적의 기회입니다. 기존의 사업을 지속하려는 대기업에게는 암중모색의 시기이겠지만 새로운 솔루션, 새로운 사업모델, 혁신적 사고를 가진 사람에게는 기존 기술에서 탈피하여야 하는 상황이 스타트업을 성공적으로 탄생시키는 데 좋은 기회가 되기 때문이죠.

## 세상을 더 나은 곳으로 만든다
**샤이 아가시-베터플레이스 대표**

'베터플레이스'라는 회사 명칭에 얽힌 일화를 말씀드리죠. 언젠가 세계경제포럼에 참석했을 때 청년 글로벌 리더들한테 이런 질문을 받았어요. '2020년까지 어떻게 세상을 더 좋은 곳(Better Place)으로 만들겠는가?' 세상을 어떻게 더 좋은 곳으로 만들겠느냐는 그 질문은 저에게 생각의 전환점을 가져다주었어요. 석유 의존도를 낮추고 배출가스를 줄여 더 살기 좋은 세상을 만들겠다는 새로운 목표를 갖게 되었거든요. 전기자동차의 인프라를 구축하겠다는 목표는 그렇게 해서 생겨났죠.

오늘날 석유의 고갈은 세계 경제 성장에 큰 영향을 미칩니다. 석유는 세계 GDP의 5퍼센트를 차지하고 있어요. 그 비율이 1퍼센트 대였던 과거를 생각해볼 때 지금의 수치는 현재 지구상의 절대 다수 국가가 그만큼 석유에 의존하고 있다는 사실을 알려줍니다.

## 겁을 모르는 도전과 열정

　제 인생을 돌이켜보면 저는 항상 모든 것을 남들보다 빨리 시작했습니다. 열여덟 살에 대학을 졸업했고, 이미 학생 때 다른 사람이 주도한 스타트업 회사의 초기멤버가 되었지요. 그 후에는 대기업에서 일하시던 아버지를 설득해 함께 네 개의 회사를 창업했습니다. 사업을 하다 거의 파산 직전까지 가보기도 했습니다. 하지만 18개월 뒤에 첫 번째 회사를 1억1000만 달러에 매각하였고 3년 후에는 두 번째 회사를 4억 달러에 매각하였습니다. 저에게는 실패와 성공 사이의 공백이 매우 짧았지요.

　마지막 회사 인수 건 이후로는 세계 최대 소프트웨어 회사 중 하나인 SAP에서 6년간 근무했습니다. 그러나 기업가적 성향을 가진 사람들은 대기업의 근무환경이 적성에 맞지 않아요. 상향식 절차나 부서 간 장벽 등에 적응하는 과정에 어려움을 겪곤 하지요. CEO 직을 제안 받았지만 거절한 것도 그 때문입니다. 그리고 단지 아이디어에 불과했던 지금의 회사를 창업했습니다. 성공을 확신하지는 못했지만 세상에 도움이 되는 아이디어를 실현해보겠다는 큰 목표가 있었지요. 그러한 결정이 제 인생과 제 아이들의 인생에 더 큰 의미가 될 것이라 믿었습니다.

　베터플레이스의 비즈니스 모델은 단순합니다. 전기자동차가 가솔린

샤이 아가시 대표는 24세에 세운 벤처 '탑 티어 소프트웨어'를 4억 달러에 매각하면서 벤처신화의 주인공으로 떠올랐다. 이후 베터플레이스의 설립으로 또 한번 세계인의 이목을 집중시켰으나 최근에는 파산보호 신청 상태에 있다.

자동차를 대신하려면 그만큼 편리하고 저렴해야 한다는 겁니다. 유지비가 걱정되어 장거리를 마음껏 누빌 수 없다면 누가 전기자동차를 사려 하겠습니까? 문제는 배터리의 지속력과 가격이었습니다. 그래서 저희들이 내놓은 해결책은 자동차와 배터리의 소유권을 분리시키는 것이었습니다. 고객들이 배터리의 비싼 가격을 지불하지 않고도 자동차를 구입할 수 있도록 한 것이지요. 베터플레이스는 배터리의 소유권을 회사가 보유하면서 주유소에 해당하는 교체소의 숫자를 확대시키는 쪽을 택했습니다. 배터리 충전을 지루하게 기다리는 대신 간단히 교체하도록 한 것이지요. 고속충전이라 해도 완충하기까지 최소 30분이 걸리는데, 비오는 날이나 도로 한복판에서 그 시간을 기다려야 한다고 생각해보세요. 고객 입장에서는 30분이 결코 짧은 시간이 아닙니다. 그래서 우리는 전력공급의 한계를 우회하여 배터리 자체를 교체하기로 합의한 겁니다.

지금 건설 중인 교체소를 포함하여 스물다섯 군데의 교체소가 있고, 덴마크에는 교체소가 스무 군데 있습니다. 호주가 저희 세 번째 진출국이 될 텐데요, 전체 교체소의 설치비용은 해당 국가의 일주일 기름 사용료보다 저렴합니다. 특히 유가가 계속 상승하는 지금의 추세에서 배터리 교체식 전기자동차는 매우 매력적이고 수익성 높은 비즈니스 모델입니다.

## 산을 움직이는 이매지니어

사업에 대한 우리의 자신감과 확신에도 불구하고 세상 사람들의 회의적인 시선은 우리의 사기를 떨어뜨리는 요인이죠. 더구나 세상이 나아질 것이라는 희망과 믿음을 거부하는 사람들이 있다는 것은 마음 아픈 일입니다.

우리는 우리 스스로를 '이매지니어'라고 칭합니다. 즉 '상상력을 가진 엔지니어'라는 뜻이지요. 가장 중요한 것은 어떤 것을 상상하든 실현 가능하다는 믿음을 갖는 거예요. 일단 상상을 한 다음에는 엔지니어로서의 역량이 필요하죠. 상상력을 현실화하는 실질적인 기술력 말입니다. 그저 막연히 상상만 하고 그걸 만들어줄 기술이 마법처럼 알아서 나오겠지 하는 안일한 생각은 버려야 해요.

저는 한 번 충전하는 것만으로 400킬로미터를 주행할 수 있고, 2분이내에 충전 가능한 배터리가 나올 때까지 기다리겠다는 사람들을 많이 봤어요. 하지만 그런 기술이 가능할지 여부는 현재의 기술적인 측면을 볼 때 아직 미지수입니다. 현재 적용 가능한 기술에 바탕을 둔 상상력을 펼치는 게 중요합니다.

우리의 또 다른 강점은 실패를 두려워하지 않는다는 겁니다. 우리 회사뿐 아니라 이스라엘 사회 곳곳에서 발견할 수 있는 전반적인 특성인데, 실패는 불명예가 아니라 그만큼 모험에 뛰어들 용기가 있고 위험을 감수할 수 있다는 증거예요. 번번이 똑같은 방식으로 실패하거나 실패를 숨기려고 하지 않는 이상 말이지요. 실패를 통해 배우려는 의지가 있다면 실패는 더 크게 발전하기 위한 포석일 뿐입니다. 베터플레이스의 직원들은 때로 목표를 높게 잡아서 실패를 할 때도 있지만, 그래도 대체로 기대에 부응하는 성과를 거두어왔습니다. 우리는 산을 움직이는 사람들이지, 모래를 움직이는 사람들이 아니예요. 산을 움직이는 게 비록 쉬운 일은 아니지만요.*

---

* 2013년 여름. 베터플레이스는 운영자금 부족으로 법원에 파산보호 신청 상태에 놓여 있다. 그러나 샤이 아가시는 불굴의 도전과 새로운 변신으로 후츠파 정신을 실현하며 다시금 재기할 것이다. 이 책이 발간된 이후에도, 위기를 극복하고 실패로부터 새로운 강점을 찾아낼 그의 다음 행보를 계속해서 주시하고 싶다.

이스라엘이 벤처왕국이 된 것도 우리가 스스로에게 실패를 허용했기 때문이라고 생각합니다. 이스라엘 사회에서는 대기업을 선호하지 않아요. 우리에겐 한국의 LG나 삼성 같은 대기업이 없습니다. 또한 사회에 첫걸음을 내딛는 젊은이들에게는 안정적인 직장이라는 개념 자체가 없습니다.

어차피 안정적인 직장이 목표가 아니라면, 차라리 리스크를 무릅쓰고 도전해서 최고의 보상을 받겠다는 식이죠. 그러한 과정에서 실패를 하더라도 실패 요인을 배우면 결코 그 시간과 노력은 낭비가 아니예요. 그러한 경험을 바탕으로 다시 시도할 수 있다는 용기와 자부심을 가질 수 있어요. 자기 자신에게 실패를 허용할 때 비로소 성공의 꽃도 피울 수 있습니다.

이스라엘 부모들도 자녀들이 스스로의 역량을 최대한 펼치길 바랍니다. 물론 어느 나라나 마찬가지겠지만, 문화적인 차이를 말하자면 이스라엘 부모들은 자녀들이 리스크 테이킹을 하는 데 있어 관용적이라고 할 수 있어요. 자녀들이 대학을 졸업하자마자 안정적인 직장을 잡거나 뭔가를 시작해서 곧바로 대박을 터뜨리길 바라는 기대심리 같은 게 없어요. 젊은이들이 리스크 테이킹을 거듭하다가 성공한 케이스를 많이 봐왔기 때문이겠죠. 그래서 실패할 가능성이 있음에도 불구하고 리스크를 관대하게 수용하는 편입니다.

창의적이고 뛰어난 재능을 가진 젊은이들이 이름 있는 회사에서 취직해 그 회사의 룰에 적응하기를 바라는 건 그들의 날개를 잘라버리는 것이나 마찬가지라고 생각합니다. 땅에 떨어지는 한이 있더라도 스스로 날개를 펼칠 수 있게 해주는 게 순서 아닐까요?

## 한국의 젊은이들에게

패러다임은 시계추처럼 항상 왔다 갔다 합니다. 경제 패러다임이 지식기반 사회로 바뀌었다지만 100퍼센트 지식 기반으로만 돌아갈 수는 없으니까요. 제조 없이 서비스만 있을 수는 없죠. 제조가 없는 사회에서 혁신은 보호받지 못해요. 미국 맨해튼의 메디슨에비뉴는 원래 고수익 광고서비스 회사들로 가득한 거리였지만 구글이 등장하자마자 싹 교체되었지요. 고마진 저자본 사업모델에만 몰두하면 안 됩니다. 적절히 균형을 잡는 감각이 필요합니다.

# '거대한' 회사가 아니라 '새로운' 회사를 지향한다
**조하르 지샤펠-라드그룹 회장**

지난 20년간 라드그룹은 정보통신을 중심으로 다양한 사업을 성공적으로 추진해왔습니다. 향후 10년 동안에도 통신산업은 여전히 성장 가능성이 높다고 생각합니다. 최근 대중화된 스마트폰, 태블릿PC 등의 덕택이죠. 또한 전자기술의 사용에 관한 한 세계의 기준이 단일화될 것으로 예상하며 아시아, 라틴아메리카, 아프리카 지역의 개발도상국들에도 급속도로 기술이 확산될 것입니다.

라드그룹의 지샤펠 회장. 엔지니어 출신인 지샤펠 회장은 외부기술을 사들이기보다는 직접 제품 개발을 하는 데 비중을 둔다. 아이디어만 좋다면 사비를 털어서라도 창업을 지원하는 것이 지샤펠 회장의 원칙이다.

라드그룹은 20여 개의 업체를 보유하고 있지만, 한국의 대기업 체제와는 전혀 다른 시스템으로 운영됩니다. 우리의 목표는 기업 그룹을 형성하는 것이 아닙니다. 따라서 우리가 키우는 스타트업 회사들은 독립적인 회사들로서 특정 기업의 자회사나 계열사가 아닙니다. 우리는 다양한 분야에 걸쳐 회사를 설립하며, 모든 회사가 한 명 혹은 소수의 창업자들로부터 시작됩니다. 거의 대부분 우리가 고안해낸 아이디어로 비즈니스를 시작하지만, 가끔은 창업자들이 직접 아이디어를 제시하기도 합니다. 초반에 우리는 그들 사업의 초기 자본금을 지원하고, 특히 이사진과 사장들을 지원합니다. 또 그들에게 우리가 과거에 겪었던 실패 사례를 공유하여 똑같은 실수를 하지 않도록 교육하지요. 향후 그들이 성장을 하면 더 적극적으로 투자를 하는데, 이때는 외부 투자자들을 확보하여 사외 이사진을 조직합니다. 지금껏 나스닥에 총 여덟 개의 회사를 상장시켰는데, 그중 두 개 회사는 타 회사에 성공적으로 인수되었습니다.

이스라엘 스타트업 회사의 직원들은 대부분 창의력이 뛰어납니다. 회사의 규모가 작기 때문에 협조가 잘되고 직원들이 큰 조직의 부품처럼 일하는 게 아니라 작은 조직의 핵심 구성원으로서 역할을 수행합니다. 또 모든 직원들이 서로를 잘 알고 지내며, 관료주의나 행정적 절차에 얽매이지 않기 때문에 의사결정이 신속하게 이루어집니다. 이러한 작은 조직의 장점들이 창의성을 증진시키면서 최적화된 회사 분위기를 만들어줍니다.

회사 규모가 커질수록 구성원들의 창의성을 유지시키기 어려워지기 때문에 우리는 회사가 커지더라도 작은 회사의 문화를 유지하도록 노력합니다. 물론 쉬운 일은 아닙니다. 회사 규모가 커질수록 행정 및 소통 과정에서 능률과 소통을 저해하는 갖가지 이슈가 불가피하게 발생하지요. 기업의 효율성을 높이기 위해서는 이런 문제들을 원활하게 해결해야만 합니다.

직원들에게 창의성을 높이기 위해 어떤 전략을 활용하느냐는 질문을 많이 받는데요, 우리는 인위적으로 교육을 실시하거나 하지는 않습니다. 억압시키지만 않으면 돼요. 기억해야 할 것은 창의력을 향상시킬 묘안은 없지만 떨어뜨리는 방법은 다양하다는 겁니다. 행정적 절차, 관료주의, 복잡한 결제라인 등이 창의력을 떨어뜨리는 장애물들이지요. 누군가 새로운 아이디어가 생겨서 시도하려는데 결제 등의 절차로 시간이 지연되고, 시스템과 부딪히고, 형식적인 문제로 이리 치이고 저리 치인다면 다음에 새로운 아이디어가 생긴다 해도 시도하지 않겠지요.

우리는 통신사업을 계속 해 나가는 한편, 의료사업에도 관심을 가지고 있습니다. 우리는 러시아에서 온 이민자들을 대상으로 창업 인큐베이터 사업을 했었습니다. 그들은 공산주의 국가에서 왔기 때문에 자본은 없지만 뛰어난 아이디어를 많이 가지고 있었고, 그들을 위해 시작한 인큐베이팅 사업은 큰 성공을 거두었습니다. 이제는 그 사업의 방향을 바꾸어 헬스케어 분야에서 창업하는 사람들에게 투자하려고 합니다. 건강·의학 분야는 계속 성장하고 있는 산업입니다. 아무래도 건강이 휴대폰보다 중요하니까요.

이 모든 활동을 하는 과정에서 우리는 기업의 외형을 늘이기보다는 주력 사업인 정보통신을 중심으로 끊임없이 새로운 아이디어를 실현하기 위해 기업을 만들고 육성하는 데 집중하고 있습니다.


## 후츠파는 자신감이다

'후츠파'는 무엇이든지 할 수 있다는 자신감입니다. 잘 알려져 있다시피 이스라엘은 창업국가입니다. 모든 국민들이 기업가적 성향을 가지고 있어요. 왜 이스라엘에 유독 사업가가 많을까요? 우리는 서로가 서로를 아는 문화이기 때문입니다. 같은 대학을 나오고 같은 군대 출신이고 심지어 유치원도 같이 다닌 까닭에 누군가 성공하면 '저 친구가 할 수 있는데 나는 왜 못하겠어' 하고 생각하는 거예요. 이스라엘 사람들은 용기가 있어요. 모르는 분야에 겁 없이 뛰어들고, 해낼 수 있다는 자신감이 있습니다. 하이테크도 하고 통신도 하는데 의학은 왜 못하겠느냐 생각해요. 의학자와 소통을 하면서 무엇이 어려운지 파악하면 되고, 문제를 알면 해결할 수 있다고 생각하는 거죠.

물론 실패를 할 수도 있어요. 하지만 실패를 통해 배울 수만 있다면, 그리고 똑같은 잘못을 되풀이하지만 않는다면, 실패를 경험해본 사람이 사업 경험이 없는 사람보다는 낫습니다. 저는 면접을 볼 때 그들이 과거에 어떤 일을 했는지 반드시 물어봅니다. 무엇을 했고, 성공을 했는지 아니면 실패했는지, 그리고 실패했다는 사람들에게는 실패한 까닭을 물어보죠. 거기서 어떠한 역할을 했는지 물어보기도 하고요. 만약 구직자가 그 경험을 통해 올바른 결론을 내린 것 같다는 확신이 들면 주저 없이 그 사람을 채용합니다.

한국과 이스라엘은 비슷한 점이 많습니다. 작은 나라이고 자원은 부족한 데다 건국 시기도 같죠. 외부인인 저희가 볼 때 한국의 삼성이나 LG 같은 기업들은 존경스러운 점이 많습니다. 한국은 그러한 회사를 두었다는 점에 자랑스러워야 해요.

물론 이스라엘과 한국은 생각하고 일하는 방식이 서로 다릅니다. 하지만 저는 가끔 그렇게 세계 전역으로 다양한 제품을 수출하는 한국 대

기업의 저력이 부러워요. 저희도 한국의 대기업과 업무협조를 하는데, 그들은 저희가 할 수 없는 많은 일들을 해내더군요. 가끔 저희가 기대하는 만큼 신속하게 일이 처리되지 않을 때도 있지만, 한번 방향을 잡으면 매우 조직적으로 나아가는 점은 인상적입니다. 이스라엘은 한국처럼 큰 기업을 성장시키는 법을 배워야 하고, 한국은 우리 같은 건강한 중소기업을 육성하는 토양을 배우면 좋을 것 같네요.

지금 대기업에 구직 중인 젊은이들에게는 직접 창업하는 것을 추천하고 싶습니다. 미래에는 시대의 흐름에 빠르게 적응하고 새로운 혁신제품을 선보이는 중소기업이 보다 요구될 전망입니다.


## 도전하라, 보답 받을 것이다
### 모셰 샤론 - 대구텍 사장


1998년, 그러니까 한국의 IMF 위기 바로 직후 IMC그룹에서 이스카그룹을 인수하고 '대구텍*'으로 이름을 바꾸었습니다. 한국의 대구텍을 인수한 이유는, 대구텍이 이미 아시아 최대의 절삭공구 회사로 인지도를 쌓아온 탄탄한 회사였기 때문입니다. 이 점이 우리에게 한국 시장에

---

* 전 국영기업 대한중석(大韓重石)을 모체로 약 100년의 역사를 지닌 대구텍은 세계적인 초경 절삭공구 및 관련 산업제품 생산기업으로 2013년 5월, 워런 버핏이 지분 100퍼센트를 인수하면서 국내 유일의 워런 버핏 자회사가 되었다. 모기업은 이스라엘 IMC그룹이며 세계 절삭공구 시장에서 시장 점유율 2위(28퍼센트) 규모다.

진출하는 데 큰 장점이 될 것이라고 생각했습니다. 절삭공구를 사용하는 하이테크 시장이나 자동차 시장에서 말이죠. 1998년 이전에 이스카 그룹은 이미 절삭공구를 제조·판매하고는 있었습니다만 대구텍과 비교하면 판매량과 점유율에서 많이 차이가 났습니다. 대구텍은 훨씬 더 큰 회사였고 인지도가 있었으니까요. 게다가 대구텍이 갖고 있는 한국 시장에 대한 노하우와 절삭기술, 특히 우수한 제품군이 대구텍을 인수하게 된 배경이 되었습니다.

2006년, 워런 버핏이 IMC그룹을 인수했을 때 투자 동기가 무엇인지를 궁금해하는 사람들이 많았습니다. 버핏이 투자한 첫 해외 기업인 데다 중동의 분쟁 지역 한가운데 위치하고 있었기 때문이죠. 하지만 투자 결정에 기업의 발전 가능성과 비전 말고 다른 동기가 있을까요? 요즘 같은 하이테크 시대에는 회사가 분쟁 지역에 위치하는 것은 크게 영향을 미치지 않습니다.

미사일 공격이 있어도 이스라엘 사람들은 업무적으로 흐트러지지 않습니다. 가족을 돌보고 아이들을 가르치며, 모든 일상적 활동에 지장을 받지 않고 계속해 나갈 수 있습니다. 대피소가 있기 때문에 폭탄이 터지면 지하로 내려가 신변을 보호받을 수 있기 때문입니다. 물론 미사일 공격이 끝나면 직원들은 계속 일을 합니다.

이스라엘이 이웃 나라와 숱한 분쟁을 겪는 환경에서도 이스카는 성공을 거두었습니다. 미래를 위한 기업의 이념이 확실하다면 하이테크 경제에서는 의도한 대로 가능성을 실현할 수 있습니다. 마찬가지로 한국도 현재 북한과 대치하고 있지만 우리에게는 매력적인 시장입니다.

높은 수준의 자동차 산업과 선박 산업 등 모든 산업이 활성화되어 있어 우리의 절삭공구를 판매하기에 더없이 좋은 시장이었죠. 전망성 있는 시장이 확보되어 있고 기술력이 있는 회사라면 투자할 이유는 충분합니다.

한국 기업 인수의 위험 부담에 대해 묻는다면… 글쎄요, 저는 핵문제를 비롯한 군사적인 문제나 정치적인 문제는 잘 모릅니다. 하지만 한국이라는 나라는 전망이 밝은 나라입니다. 한국은 아주 훌륭한 역사를 갖고 있습니다. 17세기에 문예부흥의 경험도 있고요. 이러한 저력이 앞으로도 계속될 것이라 기대합니다. 물론 정치적인 문제를 생각하면 이스라엘이나 한국은 모두 위험을 계산해야 하고 나름의 비전을 제시해야 하는 책임이 있습니다 현재의 좋은 상황들이 하루아침에 바뀔 수도 있고요. 하지만 지금까지 한국에서 이룬 것들은 성공적이었습니다. 높은 수준의 기술 노하우를 보여주었고 투자 가치를 증명해보였습니다. 그러면 투자는 계속되는 겁니다.

## 남들이 보지 못하는 기회를 본다

'후츠파'에 대해서는 설명하기가 간단하지 않습니다. 만일 어린아이가 후츠파 행동을 했다면 그건 부정적인 뜻인데요. 후츠파는 보통 건방진 걸 뜻하기 때문에 자기 주관이 서 있지 않은 아이들과 후츠파가 연결되는 것은 그다지 좋은 사례가 아닙니다.

의미를 찾는다면 어른들의 경우를 생각해야겠죠. 후츠파는 이스라엘이라는 나라에서 비즈니스를 할 때나, 군대에 있을 때, 정치를 할 때 그리고 일상생활 전반에 걸쳐 삶의 가장 큰 부분을 차지하는 정신적 자산인데요. 쉽게 말하면 당돌하게 어떤 일을 하는 겁니다. 이런 태도는 때로 위험해 보이고, 무모하게 여겨질 수도 있습니다.

사람들은 보통 '아무도 한 적이 없는 일이니까 나도 할 수 없을 거야'라고 생각합니다. '다른 사람들이 실패했으니까 나도 실패하겠지', 혹은 '다른 사람들이 다 가본 곳이면 나도 한번 가봐야지'라고 생각하는 게 보통이에요. 하지만 후츠파는 이와 달리 남들이 보지 못하는 기회를 보는 것입니다. 위험을 감수해야만 성공도 할 수 있죠. 여기서 말하는 위험은 카지노에서 도박을 할 때의 위험 부담과는 다릅니다.

도전은 삶에서 늘 직면하는 것이죠. 당신이 어떤 도전에 맞닥뜨렸다고 가정해봅시다. 지금껏 누구도 도전하지 않은 분야이고, 아무도 가지 않은 곳입니다. 이때 후츠파 정신이 있다면 도전에 대한 보답을 받을 기회를 잡겠다고 결심하는 겁니다. 위험을 감수하고 그 분야의 선구자가 되기를 택한다는 뜻이니까요.

만약 실패한다 해도 후회하지 않습니다. 기회라고 생각하고 밀어붙이고 당돌하게 행동하는 겁니다. 하지만 후츠파처럼 행동한다고 해서 반드시 성공하고 이득을 얻는 건 아닙니다. 현실에는 후츠파의 가치와 상관없이 성공과 실패가 공존합니다. 다만 후츠파는 다른 사람들이 택하지 않은 블루오션을 붙잡을 기회와 용기입니다. 새로운 길을 찾을 수 있게 해주는 거죠. 새로운 기회, 새로운 가능성, 새로운 비즈니스와 새로운 제품…. 물론 후츠파에 대해서 이와는 다른 해석이 있을 수도 있습니다.

많은 이스라엘 사람들이 비즈니스를 하고 정치를 하면서 후츠파, 즉 당돌함으로 인해 성공했습니다. 그게 유치원과 학교, 군대를 거치면서 체득해온 생활태도이기 때문입니다. 이스라엘 사람들은 일단 결정을 하면 망설이지 않고 돌진합니다. 병사들에게 '나를 따르라'라고 말하지 '나보다 앞서라'라고 말하지 않습니다. 이스라엘 사람들은 역사적으로 수많은 위협 속에서 신속하게 결정하고 당돌해야만 살아남을 수 있었던 민족입니다.

하지만 저는 후츠파가 비단 이스라엘만의 정신이라고 생각하지 않습니다. 이스라엘 사람들이 당돌하게 행동하고 위험을 감수하는 성향이 강하지만 다른 나라에도 그런 사람들은 얼마든지 있습니다. 위험을 무릅쓰는 회사들도 많습니다. 페이스북을 한번 생각해보세요. 그 짧은 시간 안에 세계를 재패하는 큰 회사가 될 수 있었던 배경에는 당돌함이 있었기 때문입니다. 그들도 남들이 보지 못하는 기회를 발견한 겁니다. 자신에 대한 믿음과 용기가 있다면 후츠파를 발휘할 수 있습니다.

## 혁신국가, 혁신 인재의 조건
**마이어 브랜드_구글 이스라엘 CEO**

구글 이스라엘 지사는 2005년에 설립되었습니다. 세계적인 기업 구

구글 이스라엘의 CEO, 마이어 브랜드

글이 인구 770만 명, GDP 200억 달러의 작은 나라에 지사를 설립한 이
유를 많은 사람들이 궁금하게 여깁니다. 구글이 이스라엘을 선택한 데
에는 두 가지 이유가 있어요.

첫째는 혁신성이 높은 나라라는 점이죠. 이곳 경제는 혁신에 기초합
니다. 금이나 석유, 물, 어류 등 다른 나라들이 경제활동에 활용하는 자
연자원이 없는 대신, 모든 경제활동이 철저하게 인재를 통해 이루어지
죠. 구글은 일찍부터 세계의 정보를 체계화하겠다는 장기적인 목표를
세웠고, 이를 달성하기 위해 세계 전역에 걸쳐 유능한 인재들을 찾는
데 총력을 기울였습니다. 인재들이 찾아오기를 기다리지 않고 직접 인

재를 찾으러 갔던 거죠. 이때 그들이 주목한 나라가 바로 이스라엘이었습니다. 이스라엘이야말로 구글이 찾는 인재들이 모여 있는 나라였습니다.

이스라엘의 젊은이들은 타고난 기업가적 성향을 지녔고, 틀에서 벗어난 사고가 몸에 배어 있죠. 이스라엘은 실험적인 아이디어를 개발하기에 더없이 좋은 환경을 갖춘 나라입니다.

두 번째 이유는 이스라엘이 수출 위주의 경제구조를 가졌다는 점입니다. 이스라엘에서 수출은 GDP의 50퍼센트를 차지합니다. 주된 수출상품인 첨단기술은 바로 지식과 혁신에 기초하지요. 그러한 수출품들은 인터넷이라는 환경과 매우 잘 호환됩니다. 인터넷은 이스라엘의 혁신상품들을 세상에 배포하기에 최적의 채널이죠. 그런 이유로 이스라엘의 사업 잠재력은 내수 시장에서 보이는 양상보다 훨씬 흥미롭고 거대합니다.

이스라엘의 R&D는 국경을 넘어 세계의 혁신을 목표로 합니다. 현재 구글에서 제공하는 기능들 가운데 많은 것이 이스라엘에서 개발되었습니다. 대표적인 예가 이스라엘에서 개발한 구글 서제스트, 즉 추천검색어 기능인데요, 전 세계에서 사용되고 있지요. 그 밖에도 오늘날 국가경쟁력의 핵심이 되는 검색엔진 기술에 이스라엘이 개발한 혁신 기술이 다수 활용되고 있습니다.

구글이 설립되던 14년 전에는 이미 야후를 비롯한 몇몇 유력한 검색엔진들이 패권다툼을 하고 있었습니다. 당시 사람들은 검색엔진에 더 이상의 발전은 없을 거라고 생각했지요. 하지만 구글의 등장으로 판도가 바뀌었고, 검색엔진의 발전은 계속되고 있습니다.

구글 회장 래리 페이지Larry Page가 추구하는 완벽한 검색엔진은 사용자가 문제에 대해 생각하는 즉시 첫 검색결과에 그 문제의 정답이 뜨는 상태입니다. 구글 검색창에 'NY' 알파벳 두 자만 치면 즉시 뉴욕타임즈, 뉴욕양키스, 뉴욕라이브러리 등이 나타나죠. 이것은 이용자가 검색하려는 대상에 가장 근접한 단어를 예측하여 제시해주는 새로운 도구입니다. 물론 지금의 기술력으로는 이용자가 원하는 정답을 바로 찾아서 보여주는 완벽한 단계는 아직 이루어내지 못했습니다. 하지만 앞서소개한 추천검색어 기능이나 그 밖의 다른 기능들이 선행되면서 차차최종목표를 달성할 수 있으리라 낙관하고 있지요.

오늘날 이스라엘은 구글의 소小우주라고 볼 수 있습니다. 사업본부, 영업, 마케팅, 연구개발 센터 등 구글이 제공할 수 있는 모든 것이 위치하고 있습니다. 한쪽에서는 연구개발 센터가 급속도로 성장하면서 구글이 추진하는 글로벌 혁신의 기폭제 역할을 담당하고, 나머지 한 축은 수출 위주의 이스라엘 경제 구조에서 큰 역할을 수행하는 사업부입니다.

또 한 가지 흥미로운 현상은 이스라엘이 점진적으로 지역 본부화 되어가고 있다는 사실입니다. 다시 말해 이스라엘 지점에 근무하는 직원들이 다른 국가에 위치한 지사도 관리하는 거죠. 저의 경우에도 이스라엘, 남아프리카공화국, 그리스를 포함하는 클러스터를 총괄하고 있어요. 다른 경영팀 멤버들도 몇몇 개발도상국이나 동유럽 국가 등을 각각담당하고 있습니다.

## 혁신국가, 혁신 인재의 조건

이스라엘을 혁신적인 국가로 평가하는 것은 우리 구글만의 관점은 아닙니다. IBM, 야후, 마이크로소프트, 인텔 등 많은 다국적 회사들이 이곳에 연구소를 설립했습니다. 이 나라 인구수에 비하면 매우 큰 규모라고 할 수 있지요.

이스라엘이 혁신 부문에서 두각을 나타내는 사회적 배경을 이해해야 합니다. 첫째는 오래된 역사와 전통을 가진 민족이라는 자부심입니다. 성경에 유대인들은 책의 민족이라고 쓰여 있습니다. 그 말은 즉, 유대인들의 문화가 교육에 기초하고 있다는 뜻이지요. 최근 역사에 비추어 봤을 때 이스라엘은 개국 역시도 창업 프로젝트와 상당히 유사합니다. 세계 각지에 흩어져 살던 유대인들이 황무지에 국가를 세우겠다는 일념으로 이곳에 모였고, 크나큰 위험을 감수하고 나라를 세웠습니다. 오늘날 이스라엘의 사업가적 문화와 일맥상통하는 부분이죠.

또 다른 요소는 이스라엘 군대에서 찾을 수 있습니다. 우리는 이 현상을 '넘침 효과'라고 부릅니다. 넘침 효과란 군 생활을 하면서 매우 정교한 기술을 익힌 사람이 전역을 하여 민간사회에 복귀했을 때, 군에서 배운 기술을 민간 기업에 적용시키는 것을 가리킵니다. 좋은 예가 세계 최대 소프트웨어 보안업체 체크포인트의 창업자 길 슈에드Gil Shwed입니다. 길은 군 복무 시절, 이스라엘군 최초로 방화벽을 개발한 인물입니다. 그가 제대를 했을 무렵에는 민간 세상에 인터넷이 처음으로 공개된 시점이었지요. 길은 인터넷에도 마찬가지로 방화벽이 필요할 것이라고 생각했고, 여기에서 큰 성공을 거둡니다. 우리가 '넘침 효과'라고 일컫는 바로 그 성공을 말이죠.

말콤 글래드웰Malcolm Gladwell의 『아웃라이어Outlier』에서 말하는 것처럼, 특정 기술에 장기간 노출된 사람은 해당 기술 분야의 전문가가 됩니다. 이스라엘 국민들은 젊은 시절에 군에 입대하여 리더십, 최첨단 기술을 배우며 고도의 기술을 다루는 업무에 오랜 시간 노출됩니다. 저 역시 정보부대에서 복무했고, 전역할 때쯤에는 기술과 풍부한 경험을 가지고 사회로 나올 수 있었죠.

사람들은 대부분 군 복무를 부담스럽게 여깁니다. 군대에 가고 싶어서 가는 사람이 몇이나 되겠습니까? 하지만 우리가 사는 이스라엘 사회에서는 피할 수 없는 의무죠. 어차피 해야 할 일이라면 최대한 많이 얻고 배우고 공부하여 전문가가 되어야 합니다. 목표는 인생의 모든 과정을 거치면서 최대한 많은 것을 얻는 겁니다.

이스라엘은 상대가 누구건 솔직하고 직설적으로 얘기하기로 유명합니다. 이러한 문화에 익숙하지 않은 사람들은 흔히 '유대인들은 무례하다'고 말합니다. 하지만 이스라엘 사람들의 의도는 어디까지나 솔직한 피드백을 전달하는 데 있습니다. 이곳 구글 사무실을 비롯해 많은 기업 현장을 보면, 이스라엘 사람들은 빙빙 돌려 말하거나 듣기 좋은 말로 꾸미지 않고, 생각하고 느끼는 대로 피드백을 합니다. 예컨대 비서가 CEO에게 '당신의 방식은 틀렸다'고 지적하고 다시 한 번 생각해보라고 충고하는 것도 충분히 있을 수 있는 일입니다. 우리는 그것이 효율적이고 좋은 문화라고 생각하지요. 과오를 바로잡고 올바른 일을 하도록 자극을 주는 것이니까요.

외국인들이 우리 사무실에 들어가보면 아마 당황할 겁니다. 이곳 직장문화에 익숙지 않은 눈으로 보기에는 동료나 상사에게 따지거나 소리를 지르는 것처럼 보일 테니까요. 하지만 그들은 말다툼을 하는 게 아니라 열띤 대화를 나누는 것입니다.

또한 이스라엘 사람들은 의문을 제기하는 데에도 아무런 거리낌이 없습니다. 더 많은 의문을 가질수록 더 나은 세상을 만들 수 있다고 믿기 때문입니다.

이런 이스라엘의 문화는 기업가 정신에 최적화되어 있어요. 실패 경험도 미래의 성공을 예비하는 중요한 밑바탕이 된다고 생각하죠. 그러한 환경은 기업가들을 육성하기에 좋은 환경이 되어줍니다. 다른 문화에서는 창업에 실패할 경우, 실패했다는 낙인이 찍히기 때문에 창업에 기초한 경제를 구축하기 어려워요. 그러한 환경에서는 사람들이 위험을 무릅쓰고 도전하기를 겁내기 때문에 성공의 가능성이 희박하지요. 따라서 실패를 용인하고 리스크 테이킹을 장려하는 문화는 매우 중요합니다.


## 안 된다면 어째서?

'후츠파'는 '안 된다'라는 부정적인 피드백이나 상황에 굴복하지 않는 것을 의미합니다. 이스라엘 기업가들은 투자자에게 아이디어를 제안했을 때 투자자가 흥미를 보이지 않거나 거절할 경우 '아, 이 아이디어는 안 되는구나' 하고 맥없이 집에 돌아가지 않습니다. 또 다른 투자자들을 찾아다니며 왜 그 아이디어가 나쁜지 물어보고 어떤 점을 바꾸어야 그 아이디어가 실현될 수 있을지 방법을 찾습니다.

앞에서 강조한 바와 같이 유대인들은 질문을 잘하는 민족입니다. 단호하게 거절을 당하더라도 주눅이 들지 않고 "왜?" 하고 질문을 합니다. 처음에 '노no'라는 대답을 받더라도 어떻게 하면 긍정적인 답을 얻어낼 수 있는지 궁리하지요.

오늘날 세계 경제가 어렵다는 것은 누구나 다 아는 사실입니다. 유럽의 경제침체 문제도 있고 미국도 아직 회복하지 못하고 있지요. 제가 하고 싶은 말은 스타트업의 진입 장벽이 오늘날 사상 최저점에 있다는 사실입니다.

기술이 발전하고 온 세상이 인터넷이 연결되면서 창업 여건이 좋아졌습니다. 더 이상 막대한 자본을 들여 값비싼 하드웨어를 구입할 필요가 없어졌어요. 모든 것이 클라우드 공간에서 진행되므로 의지만 있다면 얼마든지 글로벌 무대에 진출할 수 있습니다. 기존보다 적은 자본으로 창업이 가능하고 고정비용이 낮기 때문에 비즈니스 세계에 진입하기에 더없이 좋은 기회입니다. 어플리케이션 개발, 웹상에서 거래되는 제품 및 서비스 등 인터넷 안에는 무한한 기회가 존재합니다.

특히 인프라가 잘 구축되어 있는 한국은 다른 나라에 비해 기회가 더 많습니다. 하지만 바깥세상으로 눈을 돌려보면, 오늘날에도 인터넷 연결이 원활치 않거나 아예 인프라가 갖춰져 있지 않은 나라도 있어요.

세계 인구 65억 명 중 20억 명은 아직도 인터넷에 접속할 수 없는 환경에 있습니다. 아직 개선의 여지가 많이 남아 있지요. 오늘날의 인터넷은 원자재와 같은 존재가 되어버렸습니다. 세계 모든 시장에 동등한 기회를 주기 위해서는 지식과 정보에 대한 접촉을 열어주어야 합니다. 그러기 위해서는 모든 사람들이 인터넷에 접속할 수 있는 환경을 구축해야겠지요. 한국은 그러한 지식기반 세상을 이끌어가는 선두 국가이며, 기술개발 분야에서도 비교우위를 점하고 있습니다. 그러한 여건은 한국의 기업가들에게 매우 유리한 환경이며, 한국은 이 분야에서 리더가 될 수 있습니다.

**4**장

한국인의 핏줄에 잠든

/

# 후츠파를 일깨워라

**01** 우리가 직시해야 할 위기와 기회 | **02** 어제와 오늘 그리고 내일
**03** 위기로 근육을 키워라 | **04** 한국인의 피에 흐르는 후츠파의 유전자
**05** 창조경제로 가는 길

지난 40년간 우리나라가 눈부신 경제성장을 이룰 수 있었던 확실한 원동력 가운데 하나는 부족함에서 나오는 '헝그리 정신'이었다. 협소한 국토, 전무한 자원, 불안한 안보, 의무병역 등 여러 조건에 걸쳐 우리나라는 전 세계에서 이스라엘과 가장 닮은꼴의 나라임에 틀림없다. 오직 사람을 귀중한 자원으로 여기고 나라 발전과 교육에 매진했던 점도 공통분모다.

chutzpah

CHAPTER **1**

# 우리가 직시해야 할
# 위기와 기회

인류의 역사는 인구 6억 이전의 역사와 60억 이전의 역사 그리고 60억 이후의 역사로 분리해 볼 수 있다. 6억 이전의 오프라인 세상, 60억 이전의 온·오프라인 세상, 60억 이후의 사이버 세상이 바로 그것이다. 우연의 일치일까? 인구의 성장 가속도와 과학기술의 발전 가속성은 절묘하게 일치하면서 인간은 그때마다 돌파구를 찾아내고 다양한 해법을 제시해왔다.

25만 년 전, 지구상에 지능을 갖춘 인간 호모사피엔스가 등장한 이래 6억 이하의 느슨한 세계 인구는 동서양간 실크로드나 편서풍을 통한 무역만으로도 충분히 먹고살 수 있었다. 그러다 독일 화학자 프리츠 하버Fritz Haber가 발명한 질소비료가 농작물의 생산성을 획기적으로 늘리면서 인구가 급격히 증가하고, 이에 더해 의료기술이 발전하면서 인구는 단기간에 60억에 육박한다. 더불어 교통과 통신혁명으로 물리적 거리가 단축되고 시간의 개념 또한 바뀌었다.

그리고 1999년, 인구가 60억을 돌파하던 바로 그해에 공교롭게도 또 하나의 지구가 탄생한다. 인터넷이 등장하면서 사이버 세상이 열린 것이다. 이렇게 해서 인터넷상의 보이지 않는 세계와 어디에서나 연결되는 온라인 경제가 가능해졌다. 만약 우리나라의 현 인터넷 경제를 오프라인으로 대체한다면 은행 점포가 지금보다 100배 정도는 더 필요할 것이다. 그렇게 되면 전 국민의 10퍼센트가 은행원으로 근무를 해야 한다. 이렇게 인터넷 거래로 이루어지는 경제의 규모는 불과 10여 년 만에 무려 1경 원에 이르렀고, 이미 오프라인으로 대체한다는 것이 불가능한 수준에 이르렀다. 필자는 인터넷이 실현시킨 또 하나의 지구가 없었다면 60억 명 이상의 지구 경제가 도저히 발전하지도, 유지될 수도 없었을 것이라고 본다.

지금까지 인터넷을 이용하여 어마어마한 규모의 경제를 만들어냈다면, 앞으로 10년간 인터넷 세상에는 또 어떤 변화가 일어날까? 이제 인간이 인터넷을 이용하는 것은 물론이고 일상적인 모든 물건들, 예컨대 구두, 신발, 모자, 셔츠, 자동차 등 모든 것이 인터넷과 연결되는 M2MMachine to Machine 시대가 올 것이다. 모든 물건이 인터넷과 연결되기 시작하면 지난 10년 동안 인터넷이 일군 경제보다 몇 배나 큰 경제가 자리 잡게 된다. 제품은 서비스로, 서비스는 솔루션으로 바꿔야 한다. 여기에 성장의 모멘텀이 있다.

서비스와 솔루션으로의 진화를 거부하고 제품의 영역에만 머물다 실패한 사례가 바로 미국의 AT&T와 월드컴World Com이다. 세계적인 통신 사업자로서 독점적 지위를 누리던 그들은 인터넷이라는 새로운 트렌드를 간과하고 오로지 초당 전송률 대역폭이라는 통신 전송로 사업에만 집중하다 결국 신흥 인터넷 사업자의 세력에 밀려 파산하거나 흡수 합병되고 말았다.

## 일상화된 위기와 패러다임의 변화

21세기 벽두에 들어서면서부터 세계 경제는 지금까지와는 또 다른 보이지 않는 변화의 조짐을 보이고 있다. 과거 손발에 의해 움직이던 산업경제가 이제는 머리로 움직이는 지식경제로 점차 변화해가면서 그간 경험하지 못했던 일들이 일어나고 있다.

현재 미국의 통신사 AT&T는 더 이상 알렉산더 그레이엄 벨Graham Bell이 만든 AT&T가 아니다. 본래 AT&T는 전화기를 발명한 그레이엄 벨이 특허를 취득하면서 미국 정부로부터 통신사업의 독점권을 받아내 세운 기업이다. 벨은 그 넓은 땅덩어리에서 독점적으로 전화기를 생산하고 통신사업을 하면서 천문학적인 액수의 돈을 벌었고 자신의 이름을 딴 연구소도 설립하였다. 이렇게 설립된 벨연구소는 노벨상 수상자를, 그것도 물리학에서만 열세 명이나 배출한 전 세계 유일한 회사다. 바로 이곳에서 트랜지스터, IC칩, 해저 광통신, 위성통신이 나왔고, 심지어 우주팽창 이론도 여기서 나왔다.

AT&T는 거대한 미 대륙 땅 밑에 있는 광케이블, 하늘에 떠 있는 위성, 태평양을 건너는 바다에 깔린 광케이블을 소유했기 때문에 미국에서 이 회사에 의존하지 않고서는 누구도 통신사업을 할 수가 없었다. 또한 지금의 인터넷을 만드는 데 결정적으로 기여를 한 기업이기도 하다. 그러나 AT&T는 아이러니하게도 이미 구축해놓은 어마어마한 인프라만 믿고 있다가 자신들이 개발한 인터넷 때문에 제 발등을 찍고 침몰하고 만다. 2006년 SBC라는 조그마한 지역 전화회사에 M&A를 당한 것이다. 우리나라로 따지면 전라남도를 관장하는 조그마한 케이블 회사가 KT를 흡수한 격이다. 지금은 단지 'AT&T'라는 브랜드파워가 있기 때문에 그 이름을 유지하고 있을 뿐이다.

그렇게 거대 기업 AT&T는 역사 속으로 사라졌다. 21세기 경제는 노벨상을 열세 개나 배출한 기업이라고 해서 지속적 성장을 담보해주지 않는다. 소니Sony, 코닥Kodak을 비롯하여 한때 세계적인 점유율을 자랑했던 유력한 회사들이 지금은 벼랑 끝에서 간신히 명맥을 유지하고 있는 사례는 얼마든지 있다. 회사의 규모와 인프라가 경쟁력을 담보해주던 시대는 지났다. 더 이상 안전지대는 없다. 게임의 법칙이 바뀌고 있는 것이다.

비록 경제가 꾸준히 성장하고 있다고는 하나 아주 미미한 수준이고, 실업률은 오히려 늘고 있다. 급기야 자본주의가 이대로 지속 가능한가를 걱정하지 않을 수 없는 상황에까지 내몰리고 있다. 청년 실업률은 최고조에 달했고, 경제에 낀 거품이 언제 터질지 모르는 위기감에 여전히 휩싸여 있는 실정이다. 어느 한곳에서 터지기만 하면 버블은 연쇄적으로 폭발할 것이기에 유럽에서 촉발된 재정 적자로부터 예상되는 모라토리움 선언은 전 세계를 긴장시키고 있다. 자본이 창조적 가치창출을 통해 부가가치가 샘물처럼 솟아야 하는데, 가치창출과는 상관없는 투기를 통해 제자리에서 맴돌며 자기복제와 근친교배만 반복하다 보니 세탁기 돌아가듯 거품만 쌓이게 된 것이다. 그 사이 수많은 은행이 문을 닫았고 급기야 2008년, 리먼브라더스의 파산으로 세계의 금융자산이 폭락하였으며 그 충격파가 전 세계를 뒤흔들었다. 리먼브라더스 사태 이후 기업 가운데 상승세를 타는 곳은 극히 드물다. 소셜 네트워크, 바이오·에너지와 같은 테크놀로지 계통의 산업이 아니고는 대부분 하향세를 면치 못하고 있는 게 오늘날 세계 경제가 처한 현실이다.

이러한 상황에서는 상승은 고사하고 현상 유지만 해도 건강한 기업이라 할 수 있다. 이러한 현실은 젊은이들에게 희망보다는 절망을 느끼게 하고 성취의 기회도 허락하지 않는 상황으로 내몰고 있다. 그런데 이러한 상황에서도 기존의 질서를 따르기보다 스스로 체질을 개선함으로써 승승장구하는 회사도 있다. 핸드릭스Hendriks는 네덜란드에 있는 가축사료 회사다. 유럽에 있는 소 열 마리 중에 네 마리가 핸드릭스의 사료를 먹고 자랄 정도로 사료시장의 높은 점유율을 자랑하는 핸드릭스는 그만큼 어마어마한 매출을 자랑한다. 사료를 만들어 공급하는 비즈니스만으로도 충분히 먹고살 수 있던 핸드릭스는 기존의 사업모델에 만족하지 않고 가축의 질병을 진단하는 회사로 과감한 변신을 시도했다. 리트머스 종이를 활용해 질병을 간단하게 알아볼 수 있는 키트를 연구한 것이다. 키트에 소의 혈액이나 타액, 소변을 적시면 그 변화 양상에 따라 소의 건강 상태를 쉽게 파악할 수 있다. 핸드릭스는 여기에서 한발 더 나아가 치료 및 예방의 필요성에 주목하고 백신 회사로 거듭나기로 결정한다.

핸드릭스사는 여전히 사료 제품군에서 많은 수익을 거두고 있지만 시간이 갈수록 질병 진단 '서비스'와 치료 및 예방이라는 '솔루션'으로 진화하는 전형적인 모범 사례로 꼽히고 있다. 핸드릭스사의 변신은 다른 기업에 적지 않은 교훈을 던져준다. 사료가 제품Product이었다면 진단은 서비스Service, 예방 백신은 솔루션Solution이라 볼 수 있다. 캐나다의 다이너마이트 회사인 ICI 역시 미 대륙 시장의 약 33퍼센트를 차지하고 있는 성공한 기업이다. ICI는 땅속에 다이너마이트를 삼각형, 사각형, 마름모꼴 등 다양한 형태로 묻어놓았다가 동시 폭발을 시키고, 반사판을 입체적으로 분석하는 과정을 수천, 수만 번씩 되풀이하는 작업과정에서 땅속을 크리스털 들여다보듯 투명하게 들여다보는 고도의 노하우를 축적하게 되었다. 다이너마이트를 폭파하여 지진파를 분석하면 지질 정보를 확보할 수 있는데, 지질탐사를 할 때 구멍을 잘못 뚫을 경우 막대한 비용이 날아간다. 따라서 실패 확률이 낮은, 세계 최고의 분석력과 기술력을 확보한 ICI의 가치가 높아질 수밖에 없다. 그래서 이 회사는 지금도 다이너마이트라는 기존 제품을 생산하고 있지만 주력사업 분야는 지질탐사로 바뀌었다. 제품 영역을 서비스와 솔루션으로 바꿈으로써 지속적인 성장의 원동력을 갖게 된 것이다.

이제 시장은 손으로 만질 수 있는 제품을 넘어, 만질 수는 없지만 가치를 갖는 무형의 서비스로, 그다음은 최종 솔루션으로 진화하면서 끊임없이 부가가치를 창조해야만 지속 가능한 성장을 기대할 수 있게 되었다.

세계 경제는 단순한 굴곡이 아니라 근본적인 패러다임의 변화에 처해 있다. 지금의 경제는 최고의 기술과 이론으로 무장한 기업이라 하더라도 상상의 자유지대를 넘나들지 않으면 우위를 점할 수 없다. 산업사회의 효율성만으로는 더 이상 경쟁할 수 없는 지식본위의 새로운 경제질서가 확립된 것이다. 승자독식의 지식경제는 더 이상 피할 수 없다.

## 개업이 아니라 창업

댄 세노르는 세계 각국에 번역되어 소개된 자신의 저서 『창업국가』에 얽힌 흥미로운 이야기를 들려주었다. 전 세계를 돌아다니며 강연을 하고, 책을 읽은 사람들의 피드백을 접한 결과, 나라마다 책의 내용을 받아들이는 방식이 제각각 달랐다는 것이다. 이는 각 나라마다 혁신에 대한 목마름이 다르기 때문이었다. 한국처럼 자원이 없는 지식경제 국가는 스피드를 중요시 여겨 기업인을 중심으로 즉각 이스라엘로 달려간다면, 인도와 브라질 같은 거대 자원국가는 리더들을 중심으로 서서히 담론을 형성한다. 실업률이 악화되고 경기부양책이 시급한 미국은 신속하게 이스라엘 방식을 차용한 '스타트업 아메리카Start-up America'를 선언하고 다섯 가지 정책을 마련했다. 그 골자는 투자의 개방Unlocking Access to Capital, 멘토의 연결Connecting Mentors, 제도적 장벽의 완화Reducing Barriers, 혁신의 가속Accelerating Innovation, 시장의 개방 Unleashing Market Opportunity이다.

영국의 역사문명학자 아놀드 토인비Arnold J. Toynbee는 모든 역사와 문명은 도전이 닥쳤을 때 잘 응전함으로써 발전한다고 했다. 물론 이스라엘의 젊은이들이라고 해서 하나같이 도전에 잘 응전하는 것은 아니다. 다만 이스라엘의 젊은이들은 '도전의 인식'을 중요하게 생각하며, 그렇게 교육을 받아왔다. 눈에 보이지 않는 다양한 도전과 기회를 예리하게 포착해야만 비로소 응전할 수 있기 때문이며 그 중요성은 이스라엘의 역사가 고스란히 보여주고 있다.

도전의 때를 적절히 포착한다는 것은 소위 레드오션을 재빨리 탈피하여 끊임없이 블루오션으로 진화하는 창업경제의 속성과 맞닿아 있다. 창업경제의 의미를 좀 더 실감나게 이해하기 위해 영어로 표현하면 그 뜻이 명확해진다. 'Economy of Business Creations', 즉 옆집에 잘되는 음식점을 모방하여 '개업Business Opening'하는 것이 아니라 세상에 없는 일거리를 만들어내는 '창업Business Creation'을 의미한다. 이렇게 함으로써 한정된 파이를 나누는 것이 아니라 파이를 늘리는 것을 지향해야 한다.

손발에 의존하는 산업사회의 파고를 넘어 두뇌집약적인 지식경제에 접어든 선진국형 경제는 새로운 복병을 만났다. 지금까지와 달리 경제의 파이가 노력한 만큼 늘어나지 않는 것이다. 설령 조금씩 파이가 성장한다 해도 문제는 일자리가 비례하여 동반성장하지 않는다는 점이다. 창조적인 소수가 절대적인 부가가치를 만들어내기 때문이다. 끊임없는 창업을 통해 사회에 일거리가 지속적으로 제공되지 못하면 악순환의 고리에 빠질 수밖에 없는 것이 21세기 지식경제의 속성이다. 전 세계의 성장이 주춤하고 있는 오늘날, 경제의 파이를 늘리는 것이야말로 그 어떤 것보다도 시급한 시대적 과제다. 과거의 산업경제는 경제가 커가는 만큼 고용이 함께 커가지만, 지식경제는 경제성장과 고용성장이 비례하지 않는다. 산업경제가 1만 명이 모여서 1만이라는 가치를 만들고 그것을 서로 비슷하게 나누던 경제였다면, 두뇌에 의존하는 과학기술 창조경제는 100명이 모여서 1만이라는 가치를 만들고 거기에 참여한 100명이 100씩 나누어 갖는 경제다. 상대적으로 9,900명에게는 참여의 기회도, 분배의 기회도 주어지지 않는다. 이 같은 새로운 경제질서에 따르면 시간이 갈수록 빈부의 격차는 벌어지고, 이로 인해 고용 없는 성장의 경제구조가 고착화될 수밖에 없다. 부의 편중을 가속화하는 이런 변화로 인해 미래를 빼앗긴 젊은이들은 분노와 무력감을 느끼고 있으며, 이는 전 세계를 술렁이게 한 월스트리트 시위의 단초가 되기도 하였다.

미국의 실업률이 10퍼센트라고 하지만 「뉴욕타임즈The New York Times」는 2012년 5월 사설에서 실질 실업률이 20퍼센트를 상회하고 있다고 지적하였다. 이와 관련하여 우리가 기억해두어야 할 흥미로운 사실이 하나 있다. 미국 인구조사통계국Census Bureau의 보고에 따르면 지난 1980년부터 2000년까지 20년 동안 미국의 일자리는 5년이 채 안 된 기업들이 주로 만들어냈다고 한다. 역으로 해석하면 기업이 창업한 지 5년 이상이 되면 오히려 일자리를 줄이는 단계로 접어든다는 얘기다. 적극적인 창업이 없다면 고용 성장률은 마이너스로 곤두박질칠 수밖에 없다.

　그간 미국 상위 10퍼센트를 차지하는 소득자의 수익은 하위 10퍼센트 극빈자의 10배 수준을 유지해왔다. 그러나 2011년 5월, 미국 「월스트리트저널The Wall Street Journal」은 2008년 세계경제 위기 이후 그 격차가 열두 배까지 벌어졌다고 보고하였다. 세계에서 가장 경제 활력이 강한 이스라엘은 그 차이가 15 대 1의 수준이다. 이러한 격차는 사회적으로 보았을 때 우려스러운 현상이지만 경제적으로는 지식형 구조로 자연스럽게 진화되어가는 징후로 여겨진다. 창조적 소수가 경제적 부가가치를 획기적으로 넓히고 거기에 상응하는 수익을 차지하기 때문이다. 물론 하위층이 피폐해지는 결과를 낳고 그것을 국가가 방치한다면 심각한 문제가 아닐 수 없다. 따라서 선진형 지식경제하에서 한 가지 분명한 것은 목장에 새로운 송아지가 태어나듯 끊임없이 창업이 이루어지는 창업경제로의 진화가 이루어져야 한다는 점이다.

　이제 수백 킬로그램 나가던 늙은 소는 차츰 젖이 말라가고 있다. 미래의 우유 생산을 보장받기 위해서는 목장에 끊임없이 젊은 송아지가 태어나야만 한다. 지속적으로 새로운 송아지가 태어나고 자라면서 우유를 생산해야만 안정적인 생산이 가능하다는 얘기다. 오바마 대통령이 2012년의 국정연설에서 '일자리'를 42번이나 언급하며 "일자리 창출을 위해 필요하다면 지구 끝이라도 기꺼이 달려가겠다"고 강조한 것도 그런 맥락이다. 마찬가지로 우리 경제의 성패 역시 젊은이들의 상상력과 창의력에 뿌리를 둔 창업경제에 달려 있다. 세계 경제위기의 먹구름 아래 단 한 개의 은행도 문 닫지 않은 이스라엘의 비결, 끊임없이 일자리를 창출하는 창업국가의 저력을 우리는 주목해야 한다.

경제의 파이를 늘리는 동시에 일자리 창출이라는 두 마리 토끼를 잡기 위해서 우리가 지향해야 하는 바는 명확하다. 창업을 주축으로 한 창조경제가 국가경영의 중심에 우뚝 서야 한다. 더구나 우리나라처럼 자원이 없는 나라에서는 더욱 그렇다.

## 창조경제의 승부는 하이테크에서

창조경제는 곧 과학기술이라 해도 과언이 아니다. 정부는 창조경제를 지향하는 21세기형 국가경영을 통해 창의국가를 지향하고 경제위기의 해법을 찾아야 한다. 이것만이 자원 없는 나라가 택해야 할 효율적인 국가경영의 로드맵이다. 소위 신흥개도국으로 불리는 브라질, 러시아, 인도, 중국을 살펴보면 이미 빠른 속도로 세계 산업의 기지화가 되어가고 있는 추세다. 세계인의 의식주에 필요한 모든 공산품의 생산기지가 이들 신흥개도국으로 몰리고 있고, 이들의 손발로 움직이는 경제가 지구상에서 이루어지는 생산경제의 대부분을 차지하고 있다. 이들 나라에서는 값싼 노동력이 경제의 핵심이며, 이러한 산업경제에서는 많이 움직이는 만큼 생산이 증대되고 효율성이 높아진다.

반면에 두뇌로 움직이는 지식산업 사회에서는 근면, 자조, 협동과 같은 요소가 반드시 창조적 효율성에 기여하는 조건이 될 수 있는 것은 아니다. 지식산업 사회에서 창조성의 결과는 세상에 없는 것을 만들어 내는 데서 나온다. 즉, 성장과 직결되는 키워드는 바로 창조성이다. 따라서 우리는 기존에 없던 비즈니스 모델을 끊임없이 만들어내는 창조 경제 체제를 지향해야 한다. 고속도로를 전속력으로 달리는 범인을 쫓을 때 범인과 같은 차선으로 달려서는 절대 잡을 수 없다. 다른 차선이 막힐지 몰라도 차선을 바꾸어가며 범인보다 앞서 나가야 한다.

지금까지 우리보다 훨씬 열악한 나라, 그러나 특유의 후츠파 정신을 바탕으로 21세기 창업국가의 경제기적을 일군 이스라엘의 이모저모를 탐색한 것은 이러한 시대적 과제를 이해하고 선례를 학습하기 위해서였다. 우리와 같은 1948년에 독립하여 남한의 5분의 1에 불과한 사막 땅에서 세계 인구의 0.1퍼센트에 불과한 그들이 유럽 전체보다 많은 창업을 하고 있다는 사실을 이미 여러 차례 강조하였다. 우리나라의 기업은 고작 3개가 상장된 미국 나스닥 시장에서 미국을 제외한 전 세계 상장기업의 40퍼센트를 점령한 바 있다. 또한 국가 전체가 첨단기술의 거점이며 근로자 1만 명당 엔지니어 수가 140명으로, 미국에 두 배이며 세계 1위 수준이다. 에후드 올메르트 전 수상의 말에 따르면 "이스라엘 엔지니어 한 명이 창출하는 수익이 한 해 50만~60만 달러"라고 한다. 게다가 벤처의 연구개발이 완료되면 그 결과물을 지구 반대편에까지 팔아 수익을 창출하고 있다.

그뿐 아니라 이 나라 최고 기초과학연구소인 바이츠만연구소의 특허를 이용하여 사업하는 전 세계 기업들은 한 해에만 자그마치 170억 달러의 매출액을 기록하고 있다. 이를 우리 돈으로 환산하면 20조 원에 해당한다.

거품과는 무관한 창업경제를 바탕으로 2008년 세계경제 위기 이후 단 한 개의 은행도 문 닫지 않은 유일한 나라 이스라엘이야말로 우리의 새로운 모델이 될 수 있다. 정부가 하나부터 열까지 직접 개입하는 것이 아니라 투자에 대한 인식의 전환이 이루어져야 창업 생태계가 자생할 수 있는 기반이 조성된다는 사실을 이스라엘은 잘 보여준다. 이스라엘의 벤처캐피털리스트들은 리스크를 두려워하지 않는다. 지속적인 이윤을 창출하고 성공하기 위해 모험과 도전이 필요하다는 걸 잘 이해하고 있기 때문이다. 실패를 두려워할 것이 아니라, 실패할 아이템을 선택하는 것을 두려워해야 한다.

우리나라에도 1990년대에 벤처 붐이 불었지만, 지금까지 유지되고 있는 성공사례는 극소수에 불과하다. 워낙 많은 사람들이 실패를 했기 때문에 지금도 벤처를 한다고 하면 혹시 사기는 아닌가 하고 곱지 않은 시선으로 경계하기도 하고, 과연 저게 잘될까 하는 의심을 앞세우기도 한다. 많은 투자가들이 한층 신중을 기하게 되었고 위축되었으며, 성공 가능성이 희박한 기업이나 프로젝트에는 좀처럼 투자를 결정하지 못하고 있다.

특히 우리나라의 금융제도는 진정한 투자 개념이라기보다는 담보를 걸고 자본을 빌려주는 금융제도이기 때문에 도전했다가 잘되지 않으면 신용불량자로 전락하거나 전 재산을 고스란히 날리는 사례가 많았다. 실패의 대가가 지나치게 가혹한 나머지 두려움 때문에 도전하지 못하는 사람들도 많다. 2013년 8월, 9급 공무원 채용 시험에 응시자 수가 사상 최대치를 기록했다는 뉴스는 젊은이들이 도전을 두려워하는 우리나라의 침체된 분위기를 여실히 보여준다.

이스라엘 젊은이들이라고 해서 처음부터 승승장구하며 잘나갔던 것은 아니다. 일찍이 우수한 인력들이 벤처붐을 일으켰지만 성공하는 사례는 그리 많지 않았다. 이갈 에를리히 요즈마그룹 회장이 그 원인을 분석해보니, 자본이 부족하고 해외 네트워크가 갖추어지지 않았던 것이 가장 큰 원인인 것으로 나타났다. 그래서 벤처 창업을 활성화하기 위해 조성된 요즈마펀드는 외국 투자자들을 유치하는 한편 파격적으로 정부가 투자금액을 담보해준다는 조건을 내걸었다. 투자 조건도 파격적인 데다 이스라엘 젊은이들의 창의성을 주목한 외국 투자자들이 하나둘 모이기 시작하면서 지금과 같은 성공을 거두게 된 것이다. 투자하는 기업에 더 신경을 쓰고 적극적으로 지원하다 보니 해외 각 분야의 네트워크 역시 자연스럽게 형성되었고, 이러한 선순환을 통해 나스닥 상장신화까지 오게 된 것이다.

또한 투자 금액을 정부가 보장해주기 때문에 초기 단계에서의 투자도 활발하게 유치할 수 있었다. 벤처가 성공하고, 벤처캐피털 또는 투자가가 투자에 대한 이득을 극대화하기 위해서는 초기 투자가 무엇보다 중요한데, 우리나라는 이미 특정 기업이 자리를 잡고 나서 성공이 어느 정도 내다보이는 안정적인 궤도에 올랐을 때에야 뒤늦게 투자하는 식의 소극적인 투자가 주를 이룬다.

이러한 이유로 우리의 젊은이들이 넘어야 할 문화적·환경적 장애물은 이스라엘이 처한 위기와 도전과는 그 양상이 다소 다르다. 하버드대학 심리학과의 하워드 가드너Howard Gardner 교수에 의하면 "혁신적인 아이디어는 불규칙하고 비일상적인 패턴에서 비롯된다"고 하였다. 풍부한 창조력의 서식지를 연구하는 슈람Schramm 박사가 21세기 지식창조 경영을 위해 "사회는 젊은이들에게 '혼돈의 모서리'로 안내하라"고 주문하고 있는 것도 같은 맥락이다. 그는 이 혼돈의 모서리를 "질서와 혼돈이 서로 만나서 새로운 적응력과 창조성을 만들어내는 경계, 즉 강과 바다가 만나서 플랑크톤이 풍부한 지대와 같은 곳"이라고 정의하고 있다.

# CHAPTER 2

# 어제와 오늘 **그리고 내일**

600년 전, 조선 왕조의 네 번째 임금인 세종대왕은 태양의 위치를 추적하여 시간을 알아내는 해시계를 발명하였고, 해가 떨어진 밤에는 물시계를 통해 세계 최초로 시간의 위치를 알아내는 데 성공하였다. 이로써 우리나라는 세계 어느 나라보다도 먼저 시간을 관리할 수 있게 되었다. 온 세상이 잠든 밤에도 시간을 통제하고 관리할 수 있게 됨에 따라 온전한 하루, 낮과 밤을 활용할 수 있게 된 것이다. 역사는 밤에 이루어진다는 속담이 있듯이, 우리 조상들은 탁월한 시간 관념을 바탕으로 오래전부터 어두운 밤을 무한한 가능성의 시간으로 탈바꿈시킬 수 있었다.

이러한 시간의 측정을 비롯하여 한글 창제, 과학적 발명, 역법과 천문학 발전, 번역사업, 아악 정리 등의 수많은 치적을 이룬 세종대왕이지만, 그가 결코 평화롭고 유유자적한 시대를 통치하면서 한가로이 연구에만 몰두했던 것은 아니었다. 세종이 즉위한 때는 1418년, 조선 개국 26년째였다. 그 무렵의 조선은 아직 나라의 기틀이 잡혀 있지 않았고 가뭄이 심하게 들어 기아문제도 심각했다. 반역세력은 호시탐탐 정권을 노렸고 왜구는 걸핏하면 틈을 엿보아 해안을 침략하고 초토화시켰다. 그뿐 아니라 중국은 걸핏하면 터무니없는 조공을 요구했고, 세종 자신도 건강이 좋지 않았다. 이러한 상황에서 세종이 새로운 프로젝트를 가동하려 할 때마다 관리들의 반발도 거셌지만, 백성들의 무지와 저항도 어려운 장애물이 되곤 했다.

그럴수록 세종대왕은 백성들의 어려운 생활에 공감하고 가난과 무지를 타개하기 위해 더욱 실용에 힘썼다. 특히 수만 자에 이르는 중국의 한자를 이용하던 당시 그 많은 상형문자를 일반 백성이 배우고 익히기 어려운 현실적 여건을 세종은 그냥 보아 넘기지 않았다. 세종대왕은 하늘(원)과 땅(수평선) 그리고 서 있는 사람의 모양(수직선)의 세 가지 소재를 전후좌우로 배열하여 스물여섯 자의 한글 알파벳을 만들어낸다. 세계 최초로 언어학자들을 동원하여 6년에 걸쳐 자연 발생적인 문자가 아닌 과학적이고 인위적인 문자를 만들어낸 것이다.

게다가 우리 선조가 일찍이 문자를 영구히 보존하기 위해 세계 최초로 발명해낸 금속활자는 수만 자에 달하는 중국 한자보다 한글을 인쇄하는 데 더욱 적합하였다. 한순간의 정보는 인간이 기억할 수 있는 범위까지만 존재하고, 그 범위를 벗어나면 영원히 자취를 감추고 만다. 그러나 활자를 통하여 시간의 플랫폼에 담아놓는 기술을 개발하였으니, 정보화 시대의 진정한 첫걸음을 내딛은 셈이다. 이후 정보는 점차 가치를 높여가게 되었고 문화를 형성하며 하나의 산업으로 자리 잡게 되었다.

우리는 민족 고유의 문자를 일찌감치 개발하고 활용함으로써 과거, 현재, 미래가 병존하는 정보 처리 환경을 갖추게 되었다. 이는 곧 병렬 처리 컴퓨터에 비유할 수 있다. 그러나 우리와 달리 고유의 문자가 없는 민족들은 정보의 그릇이 없으므로 정보를 만들지도, 저장하지도 못한 채 오랜 세월을 살아야 했다. 그릇에 담기지 못한 정보는 일정 시간이 지나면 기억 속에서 휘발되어 사라지고 만다. 그래서 마치 입력이 되면 바로 출력되고 마는, 항상 현재 시점만이 존재하는 초기의 단일 모드 컴퓨터와 같다.

그릇이 크면 클수록 많은 정보를 담을 수 있고 정보의 양도 체계적으로 축적될 수 있다. 이때 정보의 양이 많아지면 많아질수록 정보를 처리하고 가공하는 기술이 필요해진다. 잘 정제된 정보는 개인과 가정, 기업은 물론이고 국가경영에도 없어서는 안 되는 주요한 자산이 된다.

게다가 오늘날에 이르러 다양한 발음을 소리 나는 대로 가장 정확하게 표현할 수 있는 문자로 한글이 꼽히면서 그 과학적 우수성이 새삼스럽게 주목받고 있다. 또 모바일 단말기를 통해 문자를 입력하는 속도가 세계에서 가장 빠른 언어 역시도 우리나라의 한글이다. 이로써 시간을 관리하고, 읽고 쓰기 편한 과학적인 글자를 개발하고, 정보를 활자화하여 보관하기까지, 21세기 정보화시대의 경쟁력은 이미 600여 년 전부터 갖춰지고 있었다.

## 미래 경쟁력의 지속적 개발

이스라엘이 유대인 어머니의 자녀교육으로 유명하다면, 유교에 바탕을 둔 한국의 전통교육도 그 역사가 결코 짧지 않다. 지금의 암기식, 주입식 교육은 일제강점기와 미국의 영향을 받으면서 그 뿌리를 잠시 잃어버린 것일 뿐, 본래 우리 선조들은 자연에서의 배움을 중시하고, 토론에 기반을 두는 교육방식을 고수해왔다. 이렇게 훌륭한 전통 교육의 뿌리를 잃어버린 채, 우리나라의 교육계는 말도 많고 탈도 많은 가운데 표류하고 있는 실정이다. 현재 연간 20조 원이 넘는 어마어마한 돈이 대학 입시를 위한 사교육 시장에 모여들고 있으며, 이렇게 어렵게 대학에 들어간 학생들의 절반 이상이 대학 재학 중에 혹은 졸업 후에 또다시 취업 학원의 문을 두드리고 있다. 또는 전문대학에 다시 입학하거나, 단지 학생 신분을 연장하기 위한 목적으로 대학원에 진학하는 사례도 꾸준히 늘고 있다.

오늘날과 같이 기술의 발전이 급격하게 이루어지고 학문의 목표가 세분화된 시대에는 대학의 교육에도 변화가 있어야 한다. 과학의 발전이 가속화될수록 누가 더 창의적인 응용기술을 내놓느냐에 시장의 판도가 결정된다. 취업에 필요한 학점을 관리하기 위해 점수를 따기 쉬운 과목만 골라 듣고, 오로지 140학점만 이수하면 졸업 자격이 주어지는 것이 지금의 현실이다. 지금까지 이루어온 IT강국의 성과만 믿고 이렇게 판에 박힌 교육의 행태를 지속할 수는 없다. 이제 과학기술 입국의 위상에 맞게 달라져야 한다. 전 과목의 성적이 두루 우수한 학생에게만 기회를 주는 것이 아니라 여태껏 '공부 못하는 아이들'의 전유물로 여겨왔던 게임이라든가 해킹 등에 재능과 관심을 지닌 학생들을 찾아내 그 아이들이 스스로 흥미를 느끼는 분야에서 가치를 창출할 수 있도록 여건을 만들어주어야 한다.

대학을 중퇴하고 윈도우windows를 개발한 마이크로소프트사의 빌 게이츠의 사례에서 보듯 학생의 잠재력과 흥미를 학교 안에서 포용해줄 수 없다면 아무리 학생이 우수한 자질과 능력을 가졌다 해도 학교는 제 역할을 다 할 수 없다. 지금까지의 틀에 박힌 잣대를 가지고 학생들을 평가하거나 재단하는 대신, 실제 학생들의 눈높이와 가능성을 재빨리 알아차리고 지원하는 것이 기성세대의 역할이어야 한다.

21세기에 접어든 지금, 다행히 우리나라에는 세계 어느 나라보다 기술적으로 앞서 있는 사이버대학이 있다. 서울디지털대학교의 조백제 총장의 말이다.

"우리가 가진 유일한 자원은 두뇌뿐입니다. 우리나라는 수백 킬로미터밖에 안 되는 거리에서 북한이 우리를 겨냥하고 있기 때문에 GDP의 10퍼센트 이상을 국가 방위에 쏟아부어야 하죠. 또 석유를 포함한 화학에너지의 100퍼센트를 수입해야 하니 국가경영의 방향이 다를 수밖에 없습니다. 그러나 다행히 우리는 세계 최고로 열심히 공부하는 미래 지향의 민족입니다. 미래의 희망을 전제로 하지 않고서 누가 공부하기 위해 책상에 앉아 밤을 새울 수 있겠습니까?"

그가 경영하고 있는 서울디지털대학교는 대학을 졸업한 중견 직장인에게까지도 평생 교육을 제공할 수 있는 인터넷 공인대학이다. 2001년 설립된 서울디지털대학교에 등록된 재학생 수는 국내 사이버대학 중 최대 규모인 1만 3,000여 명에 달하는데, 이는 학생 수로 따지면 서울의 웬만한 종합대학보다도 더 큰 규모다.

인터넷을 이용하여 언제 어디서나 학습이 가능한 환경의 구축. 그것이 사이버대학의 경쟁력이다. 사이버대학 모바일 홈페이지는 통신사나 휴대폰 기종에 관계없이 스마트폰과 태블릿PC 등 인터넷 접속이 가능한 모든 휴대기기를 통해 이용 가능하다. 또한 다양한 기관과의 제휴를 통해 산학협력을 강화하고, 정부 및 공공기관 등과 업무를 제휴함으로써 학생들로 하여금 실무 능력을 키우는 데 많은 역할을 하고 있다. 한국에서 출발한 이 시스템은 장차 인터넷 세계대학 연맹으로 발전할 수 있을 것으로 예상되고 있다.

비록 부유하게 살지는 못한다고 해도 '평생 배우고 익힐 수 있다면 그보다 더 큰 기쁨이 어디 있겠는가' 하고 반문하던 한국의 선비들. 그 후예들의 나라 대한민국은 학문의 열정과 두뇌에 있어서 명백한 세계 일류다. 이제 손발로 움직이는 산업경제가 아니라 창조적인 두뇌가 만들어내는 지식경제하에서 블루오션으로 앞서가는 대한민국이 될 수 있도록 가정, 학교, 군대, 기업 등 어디서나 열린 토론문화의 지평을 함께 고민할 때다. 학생들의 창의성에서 미래의 생존 키워드를 찾으려는 기업들의 지원과 국민들의 이해가 뒷받침된다면 우리나라 청소년들의 뛰어난 두뇌는 날개를 달게 될 것이다.

## CHAPTER 3

# 위기로 **근육을 키워라**

2차 세계대전 후 전쟁이라는 외생변수에 의해 독립한 나라들 중 스스로 일어선 성공적인 국가경영 모델이 세 가지가 있다. 한국과 이스라엘 그리고 싱가포르다. 이들의 공통점 중 하나가 자원이 없는 나라라는 점은 아이러니가 아닐 수 없다. 넓은 국토와 풍부한 에너지, 많은 인구를 가진 나라도 많지만 이 세 가지 가운데 어느 것 하나도 풍부하게 갖추지 못한 세 나라가 국가재건에 성공했다는 점은 분명히 짚고 넘어갈 만한 가치가 있다. 우선 결론부터 얘기한다면 그 성공의 배경에는 뻔뻔스러울 정도로 당돌한 도전정신이 있었다고 여겨진다. 이는 없는 자이기에 가능한 정신이다.

닮은 듯 다른 나라, 이스라엘과 한국. 두 나라는 공통점이 많다. 국민들의 우수한 두뇌, 자원 없는 척박한 땅, 안보에 대한 상시 위협, 뼈아픈 과거 그리고 짧은 시간 안에 세계를 놀라게 한 경제성장까지. 같은 해 독립국가로 출발하였을 당시를 기억하는 사람들은 오늘날 이스라엘의 텔아비브나 한국의 서울을 보면 눈을 의심하지 않을 수 없다. 그렇기 때문에 이스라엘이 이루어낸 것들을 보면, 우리가 벤치마킹하고 얻을 수 있는 것이 적지 않다.

## 자원에 의존하지 않는다

만약 한국이 여유 있는 자원국가였다면 어땠을까? 절박함의 산물인 한국형 후츠파 정신이 발휘될 가능성은 한층 낮아질 수밖에 없었을 것이다.

2009년에서 2010년에 걸쳐 지중해 연안에 위치한 이스라엘의 항구 도시 하이파 앞바다에서 대규모 천연가스 유전이 발견되었다. 이스라엘 개국 이래 처음으로 발굴된 에너지 자원인 셈이다. 유사 이래 에너지 위기를 겪으며 부유한 석유재벌 국가들 틈에서 소외되었던 이스라엘이 하루아침에 중동과 유럽 천연가스 시장에 중요한 변수로 등장하게 되었다. 적어도 이스라엘은 한 세대 동안은 값싸고 깨끗한 에너지를 자국민과 공장, 자동차에 공급할 수 있게 되었다.

이 소식을 전해 들었을 당시 나는 텔아비브대학 요셉 클라프터 총장과 인터뷰 중이었다. 그런데 축하의 인사말을 건넸을 때, 총장의 반응은 뜻밖이었다. 그는 천연가스가 지나치게 많이 매장되어 있는 것은 오히려 이스라엘 젊은이들에게 독이 될 것이라며 경계했다. 충분한 에너지가 발굴되면 땀 흘려 일하지 않고도 나라가 부강해질 수 있고, 그렇게 되면 젊은이들의 의지가 나태해질 수 있다는 논리였다. 그러니 적당한 양이면 충분하다고 그는 강조했다. 산업경제하에서는 자원이 있다면 문제될 것이 없겠지만 두뇌의 경쟁력을 통해 자라는 지식경제하에서는 도전의 열정이 식지 않도록 자극하는 것이 기성세대의 여망임을 보여주는 사례였다.

산업경제와 지식경제의 경계선상에서 오늘날 많은 청년들이 어려움을 겪고 있다. 빛이 약한 어둠 속에서도 그림자를 볼 수 있는 혜안을 가지려면 어떻게 해야 할까? 그 희미한 그림자를 통해 방향을 찾는 길은 무엇일까? 해답은 절박함을 디딤돌 삼아 조금 더 당돌하고 뻔뻔해지는 것이 아닐까 한다.


## 상상력으로 만드는 새로운 기회

스티브 잡스가 만들어낸 혁신 또한 독창적인 상상력에서부터 출발했다. 실제로 들여다보면 정작 그가 새로운 기술을 창조해낸 것은 하나도 없다.

그는 단지 이미 있는 기술을 끌어모아 자신만의 상상력을 섞어 새로운 가치를 실현함으로써 성공을 거두었다. 예컨대 아침에 침대에서 일어나면 책상에 앉아 메일을 체크하는 대신에 따스한 이불 속에서 메일

서버를 연결하고, 손가락 움직이는 것조차 귀찮을 때는 음성으로 명령을 내리면 어떨까 하는 상상으로 충분했다. 나머지는 세상에 있는 기술을 끌어모으고, 없는 기술을 사들이는 방법으로 즉시 구현할 수 있었다. '연구개발'이 아닌 '상상개발I&D: Imagination & Development'을 통해 남보다 앞설 수 있었던 것이다.

우리나라는 자원은 부족하지만 창조경제의 씨앗이 발아하는 디지털 토양만큼은 세계적인 곡창지대를 자랑하고 있다. 볍씨가 촉촉한 땅에 떨어져야 뿌리를 내리듯, 창조경제가 성립하기 위해서는 비옥한 디지털 토양이 우선적으로 갖추어져 있어야 하고, 여기에 국민들의 상상력이라는 씨앗이 떨어져야 비로소 뿌리를 내릴 수 있다.

연구개발이 인구의 1퍼센트에 불과한 최고 과학자들의 전문영역이라면, 상상개발은 어린 학생과 주부들도 참여할 수 있는 열린 영역이기도 하다. 전국의 공공 도서관에 '무한 상상실'을 꾸민다면 어떨까? 인류의 역사와 함께해온 도서관에서 책을 읽고 탐구하는 데 그치지 않고 기존의 자료를 바탕으로 하되 다양한 상상력을 섞어 창조적인 기회를 만들어내는 도장으로 널리 활용할 수 있을 것이다. 영국에서 탄생된 21세기의 대작 『해리포터Harry Potter』 시리즈도 5만 개나 되는 전국의 '스토리텔링 클럽'에서 저녁식사를 마친 가족들이 각자 클럽에 나가 상상력을 섞는 문화에서 출발했다고 한다.

이제 전 국민의 상상력이 자원이 되는 시대다. 주부, 학생, 퇴직자 등 전 국민의 상상력을 자원화 한다면 우리나라의 경쟁력은 몇 단계 뛰어오를 수 있다.

## 트렌드를 읽어낸다

댄 세노르는 새로운 지식경제의 패러다임이 재래식 산업경제와 다른 차원에 있음을 지적한다.

"한때 한국의 부산에 있던 신발공장에서 전 세계 2억 명의 발에 신기는 신발을 만들었습니다. 과거에 신발을 만들었다면, 앞으로는 신발에 부착한 칩이 걸음걸이를 교정해주고 에너지 소비량을 체크해주는 방식으로 전에 없던 혁신을 시도해야 할 때입니다."

이 말은 눈에 보이는 상품 중심이었던 과거의 시장경제를 벗어나, 눈에 보이지는 않으나 더 큰 가치를 담은 서비스, 즉 솔루션 산업을 육성해야 한다는 것이다. 이제 2억 명이 신던 신발은 과거로 자취를 감추었고 그 대신 1억 대의 스마트폰이 그 자리를 차지하고 있다. 이스라엘의 시각으로 본다면 우리는 스마트폰Smart Phone에 만족하지 않고 사람과 기계가 동시에 활용하는 스마터폰Smarter Phone을 미리 염두에 두어야 할 것이다. 사람에게는 단말기로 보이나 기계에게는 인터넷으로 들어가는 스위치 역할을 하는 개념이다. 최대 70억 명의 인간이 이용하는 인터넷을 뛰어넘어 수백억, 수천억의 기계나 센서가 함께 이용하는, 보다 스마트한 인터넷 단말기는 지난 10년의 인터넷 혁명을 무색하게 하는 '제2의 인터넷 이코노미'를 지향할 것이다.

노벨상 수상자를 열세 명이나 배출한 벨연구소를 거느렸던 세계 최고의 통신기업 AT&T와 월드콤이 21세기 정보화 시대의 문턱에서 흔적도 없이 사라졌다. 이제 방송산업의 차례다. 1980년 미국의 케이블 보급률이 70퍼센트를 넘어서는 순간 CNN이 탄생했다. 그 후 33년이 흐른 지금 전 세계의 가정에 초고속 인터넷이 보급되었다. 이제 CNNcable News Network이 아닌 INNInternet News Network을 상상해본다. 수백 명의 특파원이 전 세계를 누비며 취재를 하고 미국 애틀란타로 뉴스를 보내는 무거운 모델이 아니라 전 세계의 방송사업자들이 취재한 내용을 모두 모아서 인터넷 방송망을 통해 서로 나누어 갖는 모델이 더 경쟁력을 인정받고 있다. 타임워너Time Warner그룹에서 가장 큰 적자를 본다는 사업부문이 CNN이라는 사실을 거시적 트렌드 관점에서 살펴보면 시사하는 바가 크다 하겠다.

지식경제의 트렌드는 제품생산 중심에서 탈피하여 서비스, 솔루션으로 진화하고 있다. 가축사료를 만드는 회사에서 출발하여 백신회사로 진화한 핸드릭스사나 다이너마이트 제조사였다가 지금은 세계 최고의 지질탐사회사로 변모한 캐나다의 ICI가 좋은 롤 모델이 된다. 이 같은 트렌드의 선점과 거기에 정렬된 방향성은 지속가능 성장의 필요충분 조건이다.


## 실패와 헝그리정신을 딛고

일각에서는 이스라엘이 성공할 수 있었던 것은 전 세계 유대인 자본가들의 막대한 투자가 뒷받침되었기 때문이라고 주장한다. 물론 이스라엘 부자들이 나라에 많은 기부를 하는 것도 사실이다. 예컨대 공공시설을 세우는 데 경제적 협조를 아끼지 않는 것을 보면 그렇다. 하지만 유대들은 오래전부터 익히 잘 알려져 있는 바와 같이 엄청난 구두쇠 성향을 지닌, 계산적인 사람들이다. 절대 성공하지 않을 것에 '옛다' 하고 퍼주는 일 따위는 없다.

유대인들은 불필요한 일에 힘을 쓰거나 낭비하지 않는다. 좀 더 본질적인 것에 관심을 가지고 초점을 맞춘다. 쓸데없이 힘을 주지 않는 인포멀함이 이스라엘 사람들의 실속이다.

지난 40년간 우리나라가 눈부신 경제성장을 이룰 수 있었던 확실한 원동력 가운데 하나는 부족함에서 나오는 '헝그리 정신'이었다. 협소한 국토, 전무한 자원, 불안한 안보, 의무병역 등 여러 조건에 걸쳐 우리나라는 전 세계에서 이스라엘과 가장 닮은꼴의 나라임에 틀림없다. 오직 사람을 귀중한 자원으로 여기고 나라 발전과 교육에 매진했던 점도 공통분모다.

부족함과 불만족이 지난날 부지런한 손발을 통해 일군 불굴의 신화에 원동력으로 작용했다면, 이제 우리의 새로운 지향점은 번뜩이는 창의력으로 일구어야 할 하이테크 신화에 있다. 지식경제의 근간이 되는 하이테크는 논밭이 아닌 디지털 토양에서 자라기 때문이다. 이를 위해서는 과감한 형식 타파를 통해 기존의 산성체질을 창업경제에 맞는 알칼리체질로 바꾸어야 한다. 이미 세계 경제는 하이테크에 도전하는 젊은이들의 창의력에 상당 부분 의존하고 있다.

부족함과 불만족을 근성으로 극복하려던 우리의 의지와 노력이 지난 세대에게 축복으로 돌아왔다. 이제 이것을 미래의 축복으로 이어지도록 하려면 끈질김만이 아닌 그 이상의 도전이 필요하다. 우리 사회와 기성세대는 눈에 보이는 것의 가치를 뛰어넘어야 한다. 우리 젊은이들의 상상력이 자원이 되고 그것이 투자가치로 인식되지 않는 한, 헝그리 정신은 미완성으로써의 부족함 그 자체로 남을 수밖에 없기 때문이다.

페레츠 라비 테크니온대학 총장도 불만족이 불만족에서 끝나지 않고 새로운 미래를 향한 첫걸음이 되어야 한다고 강조한다. "처음 시도한 회사는 실패할 수 있습니다. 두 번째 회사까지도 실패할 수 있습니다. 그래도 희망을 잃지 마세요. 여러 번 실패해도 다시 재기하고 성공하려면 항상 부족함이 가져다주는 불만족의 정신을 가져야 합니다. 이것이 새로운 지식기반 세상에서 가장 중요한 비밀입니다."

바이츠만과학연구소의 모르데카이 셰브스 부총장도 한국의 젊은이들에게 다음과 같은 메시지를 전했다. "교육은 초등학교에서부터 시작되는 모든 과정이 중요합니다. 특히 기초과학 공부를 소홀히 하지 마세요. 기초과학을 공부하면 미래를 준비하는 데 있어서 매우 튼튼한 기반이 됩니다. 또한 창의적이고 독립적인 사고를 할 수 있어야 합니다. 책에서 보거나 선생들에게 배운 내용을 아무런 비판 없이 곧이곧대로 받아들이지 마세요. 질문하고 비판적으로 사고해야 합니다. 또 대학생이 되면 때로 파격적인 일들도 해보는 것도 좋은 공부가 되지요. 두려워하면 안 됩니다. 이스라엘 청년들은 실패를 두려워하지 않습니다. 그들은 신념이 있는 한, 성공할 확률이 낮더라도 부딪힙니다. 실패를 하면 좀 어떤가요? 일이 잘 안 된다고 해서 세상에 종말이 오는 것도, 재앙인

것도 아닙니다. 실패하면 다시 시도하거나, 다른 프로젝트로 넘어가면
되는 것이니까요."

　우리나라는 현재 세계 최고의 비옥한 디지털 토양과 최고의 두뇌를
자랑하는 젊은 인력을 모두 갖추고 있다. 이 같은 필요충분 조건을 충
족한 우리가 이스라엘 젊은이들의 패기를 앞지르지 못할 이유가 없다.
자원이 없다고들 하지만 우리는 이스라엘의 다섯 배의 국토와 풍부한
물, 그리고 일곱 배나 많은 인구를 가지고 있지 않은가. 게다가 세계 어
느 나라도 따를 수 없는 빨리빨리 문화의 효율성도 갖추고 있다. 우리
나라는 세계에서 아침이 가장 일찍 시작되는 나라다. 세계 어느 나라보
다도 일에 열중하며 젊은 시절을 잊고 성실하게 사는 나라다. 국토의
분단에 따른 국방비의 부담을 가장 많이 지고 있음에도 40년 동안 생산
성을 무려 4,000배로 끌어올린 가능성의 나라다. 다음 세대를 이끄는
국가경영자들은 스스로의 가능성을 보지 못하고 웅크리고 앉아 있는
젊은이들이 스스로 일어날 수 있도록 격려해야 한다.

　비트컴퓨터의 조현정 회장은 우리나라가 IMF체제를 조기 졸업할 수
있었던 요인이 바로 이 땅에 벤처 창업이 활발하게 이루어졌기 때문이
라고 분석한다. 실제로 IMF시대를 관통하면서 우리나라는 명실상부한
IT강국으로 거듭났다. 그의 말대로 IMF체제 극복의 1등 공신은 벤처
기업가들인지 모른다. 기존의 기업을 더 잘 꾸리느니 새롭게 창업을 하
는 것이 훨씬 경제적 가치가 크고, 젊은 세대에게도 의미가 있다는 조
현정 회장의 말은 시사점이 크다.

　우리 민족성 특유의 끈질김과 빨리빨리, 그리고 이스라엘의 후츠파

정신은 서로 비슷한 듯하면서도 사뭇 다른 점이 많다. 후츠파 정신에 담긴 일곱 가지 처방을 마지막으로 다시 강조하면 다음과 같다. 형식 타파Informality, 질문할 권리Questioning Authority, 상상력과 섞임Mash up, 위험 감수Risk Taking, 목표 지향성Mission Orientation, 끈질김Tenacity, 실패로부터의 교훈Learning from Failure이다. 이 일곱 가지 처방전 가운데 끈질김을 제외한 나머지 여섯 가지는 문화적인 요인이나 사회적 전통, 입시 위주의 편협한 교육 등 여러 가지 요인으로 인해 우리 국민에게서 찾아보기 어려운 것들이다. 다행히 우리에게 별로 처방된 적이 없는 약들이므로 잘만 복용한다면 약효가 높을 것으로 여겨진다. 다만 이 처방전들은 사회, 제도, 문화, 교육 등 여러 분야에 도사리고 있는 고질적 합병증을 함께 치료해야 효과가 극대화될 것이다.

형식에 얽매이지 않고, 누구나 마음을 열고 스스럼없이 질문하는 사회, 남이 하는 일에도 관심과 조언을 아끼지 않으며, 위험은 인정해주고 그에 따른 실패에 낙오자의 낙인을 찍지 않는 사회, 실패에서 배운 것이 있다면 오히려 그 경험의 가치를 인정해주는 사회를 만들어가야 한다. 도전을 격려하는 사회 분위기를 통해 활력을 잃어가는 젊은이들을 일으켜 세워야 할 것이다.

# CHAPTER 4

# 한국인의 피에 흐르는
# 후츠파의 유전자

이어령 교수가 어느 강연에서 고백한 일화를 소개한다. 초등학교 국어시간에 「흥부전」을 공부하다가 어미 제비가 갓 부화한 아홉 마리의 새끼들에게 먹이를 골고루 나누어주는 것이 신기하게 여겨졌던 소년은 번쩍 손을 들어 선생님에게 그 비결이 무엇인지 질문했다고 한다. 선생님은 수업 시간에 엉뚱한 질문을 한 죄로 아이의 뺨을 때렸고 그 후로 상상력이 풍부했던 소년은 졸업할 때까지 학교에서 입을 다물었다고 한다.

이 이야기를 접하면서 한편으로는 이토록 경직된 환경에서 우리 젊은이들이 이만큼 해왔다는 것이 새삼 가슴 시려왔다. 그것은 분명 한국인의 유전자 속에 유대인들의 후츠파 정신에 못지않은 특유의 강단과 끈질긴 도전정신이 있었기 때문일 것이다.

## 절실함으로 마련한 성장의 발판

한국전쟁이 끝나고 군사정권이 들어선 뒤 UN 산하 120개 국가 가운데 필리핀의 1인당 국민소득이 170달러, 태국이 220달러를 기록할 때, 한국은 고작 76달러로 아프리카의 가나와 같은 수준에 머물고 있었다. 그러한 상황에서 우리 정부가 경제개발을 위해 처음으로 착안한 것이 인력수출이었다. 지독한 가난으로부터 탈출하기 위해 경제개발 5개년 계획을 준비 중이던 당시, 우리 정부의 외환보유고는 전무한 상태였다. 미국에 차관 요청을 하였으나 담보가 변변치 않아 거절당하고 말았다. 자연 자원이 없는 우리나라로서는 인력자원 수출 말고 다른 선택의 여지가 없었다.

때마침 독일은 '라인 강의 기적'이라는 경제성장을 이루면서 심각한 노동력 부족사태를 겪고 있었다. 산업의 발전으로 취업의 기회가 크게 확대되었기 때문에 독일인들은 힘든 육체노동이 필요한 일자리를 점차 외면하게 되었고, 독일 정부는 인력이 부족한 산업을 가동하기 위해 외국인 노동자들을 받아들이기 시작했다.

그렇게 해서 한국 정부는 1만 8,158명의 광부와 간호사들을 독일로 파견하기로 협정을 맺는다. 2013년은 광부·간호사 파독 50주년, 동시에 한독수교 130주년을 맞는 해다. 사단법인 한국파독광부·간호사·간호조무사연합회의 부회장직을 맡고 있는 한국교원대학교의 권이종 명예교수는 그 시절 말이 통하지 않는 머나먼 타국 땅에서 이를 악물며 나라와 가족을 위해 지하 막장에서 일했던 파독광부의 한 사람이다.

1963년, 대학등록금을 낼 형편이 못 되어 제대 후 서울 공사장에서 일하던 그는 우연히 파독광부 모집에 관한 신문기사를 보게 된다. 월급 600마르크(160달러)면 당시 5급 공무원 월급의 열 배쯤 많다는 말에 앞뒤 가리지 않고 무작정 지원했다. 집안 형편이 어려워 초등학교도 8년 만에 간신히 졸업하고, 중·고등학교 입학금이 없어 번번이 진학 포기를 고민해야 했던 그는 교육자를 꿈꾸면서도 대학을 갈 엄두도 내지 못하던 차였다. 학업에 대한 열망은 가슴속에 잠재운 채 입에 풀칠하기 위해 막노동을 하며 무기력한 나날을 보내던 그에게 독일은 눈이 번쩍 뜨일 만큼 열려 있는 기회의 땅으로 느껴졌다.

2진 모집에 권이종 교수뿐 아니라 수천 명의 지원자가 몰렸다. 치열한 경쟁을 뚫고 다행히 합격을 했고, 고향집에서 유일한 생계 수단인 소를 팔아 여비를 보태준 덕분에 그는 무사히 독일행 비행기에 오를 수 있었다.

독일에 도착한 그는 아헨 지방의 뒤스부르크에 있는 함보론 탄광에 배속되었다. 그러나 다른 참가자들과 마찬가지로 광부 경력자가 아니었기 때문에 작업은 서툴기만 했다. 한국에서 건너간 작업자들은 너나없이 크고 작은 부상과 후유증에 시달려야 했다. 급기야 일을 시작한 지 몇 주 만에 막장 천장이 무너지면서 동료 한 사람이 목숨을 잃는 참혹한 사고를 지켜봐야 했다. 사고가 있은 뒤에는 고된 일도 일이지만 죽음의 공포까지 무릅써야 하는 나날이었다. 섭씨 36도까지 올라가는 고온의 지하 막장에서 석탄가루 묻은 빵을 삼켜가며 하루 열두 시간씩 일했고, 수당을 한 푼이라도 더 벌기 위해 가장 깊고 위험한 막장에 지원하거나 연장근무도 거절하지 않았다. 그렇게 몸을 아끼지 않고 일하다 무너진 바위더미에 다치는 사고를 당하기도 했다. 지하 800미터의 찜통 같은 막장에서 온종일 일하다 보면 장화에 땀이 차는데, 한 시간마다 장화를 벗어 땀을 쏟아내지 않으면 안 될 정도였다 하니 그 작업 강도가 어느 정도였는지 짐작할 수 있다. 그런데도 그들은 남겨놓고 온 가족과 나라를 생각하며 일요일에 쉬는 것조차 송구스러워했다고 전해진다.

이렇게 해서 그들이 하루 열두 시간 일한 대가로 보내온 송금액은 연간 5,000만 마르크로, 당시 한국 총생산량의 2퍼센트를 차지할 정도였다. 제1차 경제개발 5개년 계획은 이렇게 한국 남녀 엘리트 젊은이들이 독일 탄광과 병원의 용역으로 일하면서 보내오는 송금으로부터 출발하였다.

권 교수는 그렇게 온종일 일을 하고 하숙집으로 돌아오면 땀과 피로로 온몸이 지친 상태에서도 책을 놓지 않았다. 성실하게 일하고 공부하는 그의 모습을 본 하숙집 아주머니는 그를 친자식처럼 아껴주며 독일어 개인지도를 맡아주었고, 의무 근로기간이 끝나고 귀국하려는 그를 만류하여 공부를 계속하도록 용기를 북돋아주었다. 이러한 인연에 힘입어 독일의 국립사범대학인 아헨교원대학에 개교 이래 첫 외국인학생으로 입학할 수 있었다. 얼마나 하고 싶었던 공부였던가. 그는 이를 악물고 참아왔던 향학열을 한꺼번에 분출하였다. 언어의 장벽을 거뜬히 뛰어넘고 장학금을 거머쥐며 그는 한국인 최초로 독일 교육학 박사학위를 취득하였고, 1979년 한국에 돌아와 교수가 되었다.

그의 삶은 개인 한 사람의 성공담을 넘어 우리나라가 지금의 경제성장을 이룰 수 있는 든든한 발판이 되었다. 필리핀과 멕시코를 부러워하던 최빈국이었던 한국이 G20의 주요 국가로 발돋움할 수 있었던 원동력은 권이종 교수처럼 어렵던 시절 나라의 산업화와 경제성장을 위해 맡은 바 역할을 충실히 수행해준 한국의 젊은 엘리트들에게 있었다.

## 제철보국과 우향우 정신

포항제철을 시작으로 40여 년을 이어온 포스코의 역사 속에 26년 동안 최고경영자를 지낸 박태준 명예회장의 발자취와 기업가 정신 또한 포스코 기업뿐 아니라 대한민국 역사에 남아 있다. 경험도 기술도 전무한 상태에서 제철소 건설에 착수했던 그는 오로지 국가경제의 기초소재인 철강부족 사태를 하루빨리 해소하겠다는 데 있었다. 그는 어려운 여건 속에서도 건설비를 절감하면서 계획한 기간 안에 완벽하게 준공하겠다는 목표를 세우고 전 역량을 집중시켰다.

밤낮을 가리지 않고 건설현장을 오가면서 직원과 모든 건설요원들에게 "10년의 우여곡절 끝에 시작한 국가 숙원사업이니, 이에 동참하였다는 긍지와 사명감을 가져야 한다"고 격려하고, '선조의 혈세로 짓는 제철소 건설인 만큼 실패할 경우 책임자 몇 사람의 문책으로 끝나지 않는다', '씻을 수 없는 과오를 저질러 역사에 죄를 지을 수는 없다, 우리 모두 우향우해 영일만에 투신해야 한다'며 불퇴전不退轉의 각오와 책임

정신으로 건설에 매진할 것을 강조했다. 대일차관을 받아 건설을 추진하게 된 일관제철소이니 만큼 실패하면 모두 포항 앞바다에 빠져 죽을 각오로 임해달라는 당부였다.

포항제철소의 심장인 제1고로\*는 '무'에서 창조된 '유'라는 의미도 더해진 한국 철강산업의 국보다. 한국 정부가 철강산업의 중요성을 인식하고 최초의 종합제철회사 설립 계획을 세운 것은 1958년 이승만 정부 시절이었다. 하지만 이 계획은 턱없이 부족한 자금과 혼란스러운 정국 등을 이유로 다섯 차례나 무산됐다.

계획을 본격화할 수 있었던 것은 박정희 전 대통령이 1963년 12월 대통령에 취임하면서부터다. 박 대통령은 철강산업이 다른 산업에 기초소재를 제공하는 필수 산업이라고 생각했고 '제2차 경제개발 5개년계획(1967~1971년)'에는 일관제철소 건설을 핵심 과제로 포함했다. 대외 의존형 경제를 수출 위주의 자립형 경제 체질로 바꾸기 위해서는 철강회사를 세우는 것이 필수적이라고 판단한 것이다.

그러나 당시 한국에는 돈·기술·철광석·석탄 등 제철산업에 소요되는 네 가지 요소 중 어느 것 하나 갖추어지지 않았다. 그런 나라가 영일만의 허허벌판에 제철소를 지어 쇳물을 만들겠다고 나서자 세계 어느 나라도 우리가 성공할 것이라고 보지 않았다. 1968년 후진국 경제원조기구인 세계은행IBRD과 미국 국제개발처USAID는 한국에서의 제철사

---

\* 쇳물을 만들어내는 용광로. 철광석을 코크스·석회석과 함께 넣고 1,500도의 열풍으로 가열해 하루 수천 톤의 쇳물을 뽑아내는 대형 설비로 제철소의 핵심이다.

업은 시기상조라는 내용의 보고서를 제출해 찬물을 끼얹었다. 원료 공급은 물론이고 기술 이전조차도 막막했다.

그러나 1970년 4월, 경북 영일군 동촌동에서 포항종합제철 공장 1기가 착공되었다. 당시로서는 국내 최대 규모의 단일 투자 공사였다. 국내 자본 493억 원과 외국 자본 711억 원이 투자되었고 연 인원 315만 4,884명이 공사에 투입됐다.

박태준 사장은 한 달에 한 켤레씩 신발을 갈아 신을 정도로 쉼 없이 현장을 돌아다니며 직원들을 격려했다. 위기는 여러 차례 있었다. 공장 건설이 지연될 기미가 있으면 사무직 사원까지 현장에 투입했다. 80퍼센트까지 공사를 진행한 발전 설비가 부실로 밝혀졌을 때는 단번에 폭파할 정도의 뚝심도 보였다. 건설 과정에 발휘된 그의 리더십은 해외에서도 고개를 끄덕이며 인정할 정도였다. 1978년 덩샤오핑鄧小平 중국 국가주석이 일본 기미쓰君津제철소를 방문해 "포항제철 같은 제철소를 중국에도 지어달라"고 요청하자 이나야마 요시히로稲山嘉寛 신일본제철 회장이 "중국에는 박태준이 없지 않으냐"며 거절한 일화는 유명하다.

박 대통령의 전폭적인 지지도 큰 힘이 됐다. 1965년 미국의 린든 존슨Lyndon B. Johnson 대통령과 만나 제철소를 건설하는 데 필요한 자금과 기술 지원을 요청하고, 현장을 열세 차례 방문해 격려했다. 또 박태준 사장이 정치권의 압력을 배제하고 설비 공급자 재량권을 갖게 해달라고 건의한 메모를 보내자 친필로 사인한 '종이 마패'로 화답해 힘을 실어주었다.

밤낮없이 주 7일 열두 시간씩 2교대로 일한 직원들의 열정도 빛났다.

전국 각지에서 '잘살아보자'는 일념으로 모여든 사내들은 영일만 앞바다에서 밤낮없이 불어오는 모진 모래바람과 사투를 벌이며 한마음 한뜻으로 수많은 밤을 지새웠다. 그들 모두가 한국 경제 근대화의 '이름 없는 영웅'이었다. 착공 후 3년 2개월 만인 1973년 6월 8일, 드디어 국내 최초의 용광로인 1고로를 준공하는 데 성공했다.

다음 날, 고로에서 쇳물이 터져 나오자 이를 초조하게 기다리던 박태준 사장과 직원들은 목이 멘 채 만세를 불렀다. 눈물을 글썽이는 이도 있었다. 6월 9일 '철의 날'은 1고로에서 쇳물이 나온 날을 기념하기 위한 것이다.

포스코 직원들은 드디어 우리나라가 철강 주도권을 갖게 됐다는 뜻에서 1고로를 '민족 고로'라고 부른다. 60년대만 해도 1차 산업 위주로 경제 인구를 부양하였던 한국은 민족 고로의 준공으로 비로소 근대적 공업국가로 탈바꿈하는 계기를 마련했다. 1고로는 불가능을 가능으로 바꾼 한국인의 '하면 된다' 정신의 상징물이다. 신성장 동력을 찾으려는 한국 경제가 절실히 필요로 하는 것도 바로 이런 정신이다. 제1고로는 세운 지 30년이 넘었지만 아직도 하루 24시간 끊임없이 쇳물을 만들어 내고 있다. 포항제철소의 심장은 지금도 변함없이 뛰고 있다.

## 거북선 지폐로 세계를 제패한 조선업

『창업국가』의 저자 사울 싱어가 한국의 성공적인

경제 재건 뒤에 버티고 있는 정신을 찾아서 서울을 방문했을 때의 일이다. 그는 한국 방문으로 얻은 가장 큰 수확은 세종로 앞에서 본 이순신 장군의 동상과 그 앞에 놓인 거북선, 그리고 고故 정주영 현대그룹 창업주의 일화였다고 이야기했다.

1970년대에 포항제철이 건설되면서 중공업의 하부구조를 튼튼히 다지기는 했지만 선박 건조에 도전한다는 것은 또 다른 차원의 도전이었다. 당시 우리나라 산업구조상 선박 건조는 불가능에 가까웠고 당연히 수출 실적 또한 전무했다. 굴지의 선박 회사들은 물론이고 일개 고기잡이 어선 선주조차도 외면하던 실정이었다.

이러한 상황에서 정주영 현대그룹 창업주는 울산 미포만의 백사장 항공사진과 조선소 설계도를 달랑 챙겨 들고 유조선을 수주하는 데 성공하였다. 1971년 9월, 정주영 전 회장은 영국 버클레이은행으로부터 조선소 설립을 위한 차관을 얻기 위해 런던으로 날아갔다. 그가 마주한 인물은 A&P애플도어A&P Appledore의 롱바텀 회장. 롱바텀 회장은 버클레이은행을 움직이는 금융 거물이었고 차관을 얻기 위해서는 그의 추천서가 절실히 필요했다. 경험도 없고 선주도 나타나지 않은 상황에서 롱바텀 회장의 답은 당연히 "No"였다. 어떻게든 우리나라의 선박 수주 실적을 보여주지 않고서는 상황을 역전시킬 수 없었다.

이때 정 회장은 순간적으로 기지를 발휘하여 바지 주머니에 있던 500원짜리 지폐에 인쇄된 거북선을 보여주었고, 400여 년 전 거북 모양 철갑선을 만들어 일본과의 해전에서 이긴 이야기를 들려주며 필사적으로 설득했다. "우리는 영국보다 300년 앞선 1500년대에 이미 철갑선을 만들었소. 쇄국정책으로 산업화가 늦었을 뿐, 그 잠재력은 그대로 간직하고 있소.”

재치 있는 임기응변으로 차관 합의를 받는 데 성공한 그는 그리스 거물 해운업자이자 선박왕 오나시스의 처남 리바노스를 찾아가 같은 방법으로 26만 톤짜리 배 두 척의 주문을 받아냈다. 한국이 세계 제1의 조선국가로 성장하게 된 바탕은 이렇게 만들어졌다.

정주영 회장은 최초의 선박 건조를 위해 일일이 공정을 챙기며 기일 내 납품을 성공시켰고 이로써 한국은 수출 조선의 첫발을 내디뎠다. 이렇게 시작된 우리나라 조선업은 전 세계 연간 건조량의 35퍼센트를 차지할 정도로 무서운 성장세를 이어오며 어느새 전 세계 최고 수준으로 성장하였다.

그러나 최근 수년간 값싼 인건비와 원자재를 무기 삼아 우리나라의 실적을 추격하고 위협하는 나라가 있으니, 바로 중국이다. 그러한 위기를 돌파하기 위해 우리나라가 세계 최초로 개발한 방법이 바로 ‘드라이 독’이다. 거대한 선박을 바다에 띄운 채 만드는 방식이 아니라 육상에서 제조를 끝내고 거대한 바퀴를 동원해 바다로 끌고 나가는 새로운 방식이었다. 덕분에 바다 날씨의 영향을 받지 않아도 되니 공사 기간을 절반으로 단축할 수 있었다. 거꾸로 생각하는 상상력이 빛나는 사례가 아닐 수 없다.

사울 싱어는 정 회장이 자서전에서 밝힌 현대조선의 설립 일화를 읽고 거북선을 직접 살펴보기 위해 출장 기간 중 잠시 짬을 내어 세종로를 찾았다. 그는 거북선을 관찰하고 여러 장의 사진을 찍으면서 유대인의 후츠파 정신을 압도하는 훌륭한 사례라며 극찬했다. 아직 조선소도 짓지 않은 상태에서 선박을 주문 받겠다고 나선 정주영 회장의 발상은 『창업국가』를 저술한 유대인인 자신조차 믿기 어려울 만큼 뻔뻔스러운 도전이라는 것이다.

그는 운 좋게 위기를 넘긴 재치와 용기보다 더 주목할 만한 기업가 정신을 정주영 전 회장에게서 발견하였다고 설명했다. 세계의 높은 벽을 상대로 하면서도 물러서지 않겠다는 뚝심과 해내고 말겠다는 신념이 있었기에 여유와 자신감을 발휘할 수 있었으며 거기에서 창의적인 아이디어가 꽃 피울 생각의 공간을 확보하였다는 점에서 정주영 회장은 최고의 벤처기업가라고 그는 말했다. 만약 정주영 전 회장의 열정과 도전이 없었다면 아마도 현대그룹을 포함하여 한국경제의 한 축은 지금쯤 다른 어느 나라에 박혀 있을지도 모른다.


## 최고보다 최초를, 형식보다 효율을

1983년, 인하대학교 전자공학과 3학년에 재학 중이던 한 청년이 자본금 450만 원을 가지고 창업을 하였다. 성북구의 변두리 건물에 보증금 250만 원, 월세 25만 원짜리 사무실을 얻고, 책상과 컴퓨터, 전화기를 사서 의욕적으로 소프트웨어 개발에 착수한다. 그러나 작업환경이 열악해 마음껏 일에 집중할 수가 없었다. 경비인이 없는 건물이라 저녁이면 일이 끝나지 않아도 문을 잠그고 퇴근해야 했고,

냉난방도 문제였다. 그래서 생각한 것이 오가는 길에 자주 보아온 청량리 맘모스호텔(지금의 롯데백화점)이었다. 호텔 방에서 장기투숙을 한다면 다른 사람들을 신경 쓰지 않고 밤새워 일을 할 수도 있고 교통비, 숙소, 냉난방 및 전기가 해결되는 데다 호텔의 쾌적한 환경에서 일할 수 있으리라는 계산이 있었다.

결심을 굳힌 청년은 총지배인을 찾아가 장기투숙자로 인정하고 스위트룸을 빌려달라고 사정을 한다. 그렇게 해서 보증금 600만 원에 매달 60만 원의 투숙비를 지불하는 조건으로 스위트룸에 들어갔고, 여기에서 몇 날 며칠 꼬박 밤잠을 아껴가며 연구에 몰두해 만든 병원용 보험 청구 프로그램으로 소위 대박을 터뜨린다.

그가 바로 현재 비트컴퓨터의 조현정 회장이다. 부잣집 아들도, 일류 대학 출신도 아니며 사회 경험도, 네트워크도 전무한 학생이었던 그가 어떻게 그런 무모한 도전으로 성공을 견인할 수 있었을까? 누구도 그의 성공을 보장하지 못할 때, 그가 가진 경쟁력이라고는 창업 아이템에 대한 자신감과 시간뿐이었다. 호텔 방에 틀어박혀 숙식을 해결하면서 프로그램 개발에 매달린 것도 그 때문이었다. 가난한 대학생이 시작한 벤처라고 하면 허름한 창고나 차고, 소호 사무실을 자연스럽게 연상하는데, 호텔 스위트룸을 임대하는 역발상이야말로 그의 남다른 사업가적 기질을 잘 드러낸다.

그가 호텔 방에서 하루 15~17시간씩 PC에 매달려 개발해낸 보험청구 프로그램은 의료정보 분야에서 수요는 있었으나 당시 아무도 생각하지 못한 블루오션이었다. 수작업으로 처리하면 시간도 오래 걸리고 손도 많이 가던 보험청구 작업이, 이제 단말기에 데이터만 쳐 넣으면 자동 계산해주는 소프트웨어 프로그램으로 개발된 것이다. 앞서 나가는 시대감각으로 성공을 거둔 조현정 회장은 2년 후면 소프트웨어 시대가 올 것을 예견하고 서울 테헤란로에 최초로 입주한 원조 벤처기업인이 되었다. 그는 기술 기업의 붐을 일으킨 청년 사장으로서 해외 언론에까지 대서특필된다.

대학생 벤처 1호, 소프트웨어 전문회사 1호로 대한민국 경제사에 한 획을 그은 조현정 회장. 남들이 가는 길보다 자기만의 길을 고집하고, 최고보다 최초를 강조하는 조현정 회장 특유의 창의성과 역발상은 앞서 탐구한 이스라엘의 후츠파 정신과 판에 박은 듯 닮았다. 집안형편이 어려워 중학교를 다니지 못할 정도로 인생의 밑바닥을 경험한 조 회장은 웬만한 위기나 눈앞의 성공에 일희일비하지 않는 뚝심도 가졌다.

형식적인 위계질서보다 합리성과 효율성을 강조하는 그의 성향이 잘 드러나는 일화가 있다. 비트컴퓨터에서는 월급명세서를 6개월에 한 번씩 배부하는 것이 방침이었는데, 아무리 월급 내역이 다달이 동일하다 해도 월급명세서를 보는 것이 월급쟁이에게는 양보할 수 없는 즐거움이라며 불만을 표하는 직원이 있었다. 조현정 회장은 그 직원의 말을 듣고 "그렇게 월급명세서가 달마다 받고 싶으면, 한 달에 한 번 복사해서 스스로 받아가라"라고 했다고 한다.

그뿐만이 아니다. 우리 사회에서 엘리베이터의 닫힘 버튼을 누르는 것은 한국인 특유의 '빨리빨리'에서 비롯된 고쳐야 할 나쁜 습관이며 전력 낭비라는 자성의 분위기에도 불구하고 비트컴퓨터 사옥 엘리베이터에는 "빨리 문 닫고 꿈을 키우러 갑시다"라고 쓰여 있다고 한다. 전기세를 더 내고라도 시간을 벌고 그 시간에 창의력을 발휘하는 것이 몇 배의 가치가 있다는 것이 그의 지론이다.

그는 상상을 현실로 만들겠다는 기술력과 아이디어로 새로운 가능성에 도전하는 기업을 '벤처'라 정의하고, 벤처 정신이야말로 곧 기업가 정신이라고 주장한다. 일본 경제를 흔히 '잃어버린 15년', '잃어버린 20년'이라고 평가하는 것도 일본의 청년들이 위험을 무릅쓰고 창업하기를 꺼려하는 탓이라고 그는 분석한다. 한·일 벤처포럼이 개최되면 우리나라에서는 30~40대가 주로 참석하는 데 비해 일본에서는 50~60대가 참석하는 것을 볼 때마다 일본의 침체된 경기를 짐작할 수 있다는 것이다. 새살이 지속적으로 돋지 않으면 경제가 죽어갈 수밖에 없다는 것이 그의 지론이다.

그와 동시대에 창업한 수많은 벤처들이 하나둘 문을 닫는 동안에도 그는 여전히 사업을 다각화하며 왕성하게 활동하고 있다. 또한 말단 사원과 나란히 앉아 회사 재정보고를 받을 정도로 투명한 경영문화를 견지하면서 윤리경영의 모범을 보이고 있다. 사회공헌과 인재 양성을 위해 설립한 조현정 장학재단은 벤처기업인이 만든 1호 장학재단으로 기록되며 지금껏 활발한 활동을 펼치고 있다.

벤처가 활성화되기 위해서는 국가와 사회가 뒷받침을 해주어야 한다. 인구가 적으면서도 나스닥 상장 기업을 많이 보유한 이스라엘이 대표적인 예다. 창업 여건으로 비교해보면 우리나라는 미국보다도 조건이 까다롭다. 좋은 미국에서는 자본금 1달러만 있어도 얼마든지 창업이 가능하고, 실패한 경험이 있는 벤처기업가에게 오히려 투자 자금이 더 많이 몰리는 경향이 있다고 한다. 똑같은 실패를 되풀이하지 않을 것이라는 신뢰가 있기 때문이다.

반면 우리나라에서는 사업에 실패하면 신용불량자로 전락할 가능성이 크다. 이에 대해 조현정 회장은 "패자부활전을 치르기도 전에 도태될 수밖에 없는 분위기다"라며 우려를 표했다. 그럼에도 불구하고 조 회장은 대기업들이 고용 없는 성장의 덫에 걸려 있는 오늘날, 한국 경제가 벤처에서 희망을 찾아야 한다고 역설한다.

## "나는 가능하다!"

한국전쟁 당시 서울역에서 구걸을 하고, 남대문시장에서 쓰레기통을 뒤지며 배를 채우던 소년이 있었다. 갈 곳이 없어 남의 집 처마 밑에 쪼그려 앉아 비를 피하고, 공부를 하고 싶지만 입에 풀칠하기도 어려워 학교 울타리 너머를 늘 기웃거리던 어느 날, 우연히 미군 트럭에 올라탄 것을 계기로 소년은 미군 부대에서 잡일을 하는 '하우스보이(잔심부름꾼)'가 된다. 잠잘 곳과 먹을 것에 대한 걱정을 덜게 된 것만으로도 고마워 소년은 누구보다 성실하고 재빠르게 일했다. 그러나 미군들의 신뢰와 귀여움을 받는 중에도 문득문득 어린 나이에 어머니를 여읜 외로움만큼은 지워지지 않았다고 한다. 그러던 어느 날, 그를 유독 아껴주던 미국인 장교가 그를 입양하여 본국으로 데려가기로 하였다. 소년은 가난과 외로움, 배고픔과 추위로 얼룩졌던 한국 땅을 떠나 미국에서 제2의 인생을 시작하게 되었다.

언어도, 문화도 다른 미국에서의 생활도 결코 녹록하지 않았다. 오랫동안 억눌러왔던 공부에 대한 열망으로 학교를 알아봤지만 영어 실력이라곤 미군 부대 안에서 주고받은 몇 마디 단어가 고작이었고, 초등학교도 졸업하지 않은 열여덟 살 동양인 소년을 받아주는 학교는 없었다. 결국 그가 선택한 것은 대입검정고시GED였다. 걱정하는 양부모 몰래 잠을 설치며 공부하기를 1년 6개월, 그는 당당히 대입검정고시에 합격하고 명문사학인 브리검영대학교에 입학한다. 그가 바로 한국인으로는 최초로 워싱턴주 상원에 진출하여 부의장직에까지 오른 신호범 의원이다. 2006년 제1회 자랑스런 한국인상 수상자이기도 한 그는 대학 졸업에 이어 펜실베이니아대학과 워싱턴대학에서 국제관계 및 동아시아학 석·박사 학위를 취득하였으며 하와이대학, 쇼어라인대학, 메릴랜드대학 등에서 30여 년간 교수로 재직하였다.

갈 곳 없던 전쟁고아였던 그가 미국과 한국에서 존경받는 정치인이자 학자가 되기까지, 그를 지탱하고 이끌어준 것은 무엇일까? 그는 스스로도 젊은 시절 학업에 맹목적으로 매달리면서도 공부를 해서 무엇이 꼭 되어야겠다는 욕심은 없었다고 말한다. 그에게는 공부를 할 수 있는 환경 자체가 축복이었고, 주어진 기회가 헛되지 않도록 모든 노력과 열정을 다 쏟아부었을 뿐이었다.

"한참 놀아야 할 나이에 책과 씨름하고 공부에 매진할 수 있었던 원동력이 무엇이었는지는 저 역시도 잘 모르겠습니다. 그저 평생 공부하는 것이 인생의 전부인 것으로 알고 살았던 것 같아요. 어쩌면 가난을 벗어나는 유일한 자산이 머리라고 생각했던 것 같습니다."

오로지 공부에 전념하는 것 말고는 인생을 개척할 다른 방법을 몰랐던 것이 그를 우직하게 성공으로 이끌었던 셈이다. 공부밖에 몰랐던 젊은 시절을 회상하며 신호범 위원은 인상적인 일화를 소개한 바 있다. 사전을 들여다보던 그는 어느 날 '불가능'이라는 말이 싫어져 'impossible'이라는 단어가 쓰인 페이지를 찢어냈다고 한다. 그리고 얼마 뒤 다시 찢어진 페이지를 붙이려고 들춰보니 'im' 다음 철자 부분부터 찢겨 있었다. 그때부터 '불가능'이라는 의미의 impossible이 '나는 가능하다'라는 'I'm possible'로 다시 보이기 시작했다고 한다. 우연한 계기로 용기와 자신감을 얻은 그는 불가능해 보였던 일들도 우직하게 도전하고 하나씩 극복해낸다. 한국인 최초로 미국 워싱턴 주 상원에 입성한 것도 그가 이루어낸 기적 중 하나다.

그가 정치에 입문하게 된 계기는 그 자신이 직접 경험한 인종차별 때문이었다. 군 시절 그는 한 식당에 들어가려다 '백인만 입장 가능'이라는 안내 표지판을 보았다. 동료들의 권유로 애써 무시하고 식당에 들어섰지만 이내 가게 주인으로부터 유색인은 출입 금지라며 거칠게 내쫓기는 수모를 당한다. 그는 이를 악물고 '정치인이 되어 인종차별을 금지하는 법을 만들겠다'고 다짐했다고 한다. 1984년 워싱턴 주지사의 무역고문을 맡으면서부터 그의 정치인생은 시작되었고, 이후 1992년 워싱턴 주 하원의원에 출마하였다. 워싱턴 주는 백인이 90퍼센트 이상 거주하는 공화당 지지 지역으로 유명하다. 그러나 아시아 소수계 출신이라는 불리한 조건과 민주당 소속이라는 열세를 극복하기 위해 하루에 꼬박 열한 시간씩 걸으며 2만 9,000여 유권자의 집을 직접 찾아다니며 지지를 호소했다고 한다. 운동화 네 켤레가 닳아 없어질 만큼 열심히 뛰어다닌 끝에 신호범 의원은 전통적인 공화당 우세 지역에서 26년 만에 민주당을 승리로 이끈 이변의 주인공이 되었다.

현재 신 의원은 자신이 양아버지로부터 받은 은혜를 되갚기 위해 한국인 입양아를 데려다 키우고 있으며 우리나라와 미국을 바삐 오가며 양국의 가교 역할을 하고 있다.

한때 노량진 대합실에서 추위와 배고픔에 떨고 한강다리를 오가는 군용 트럭들을 향해 먹을 것을 구걸하던 가난한 소년이 오늘날 미국 워싱턴 주의 상원 부의장이 되기까지는, 수많은 불가능을 가능으로 바꾼 집념과 부단한 자기 성장이 있었다.


## 몰입하여 시간을 내 편으로

미국 벨연구소 사장을 역임한 김종훈 박사는 1992년 서른두 살의 나이로 차고를 개조하여 '유리 시스템즈Yurie Systems'라는 벤처회사를 만들고, 처음 9개월 동안 그 안에 틀어박혀 지냈다고 한다. 큰딸의 이름을 따서 만든 유리 시스템즈를 5년 안에 10억 달러의 가치가 있는 회사로 성장시키겠다는 한 가지 목표가 있을 뿐이었다.

그의 집념은 남달랐다. 직원 한 명으로 시작한 유리 시스템즈는 무서운 속도로 성장세를 이어갔다. 걸프전 당시 데이터 송수신이 안 된다는 사실에 착안하여 ATM통신 장비를 개발해냈고, 이것이 큰 성공을 거둔다. 1997년 나스닥에 상장한 유리 시스템즈의 주가는 첫 주 만에 두 배로 껑충 뛰었고 이듬해 그는 미국 400대 부자 반열에 오르게 된다.

벨연구소의 역대 최연소 사장으로 취임하며 전 세계인의 주목을 받기까지 그의 인생은 그야말로 시간과의 싸움이었다. 그는 "사람의 능력은 다 비슷비슷하다. 그러니 마음만 먹으면 무엇이든 할 수 있다"는 신념으로 10여 년간 하루 두 시간씩 자면서 더 발전하는 미래를 만들기 위해 분투했다.

가난한 10대 시절, 그는 편의점에서 아르바이트를 하고 신문배달을 하며 학교를 다닌 고학생이었다. 익숙지 않은 영어의 장벽도 그에게는 큰 도전이었다. 학업과 일을 병행하기 위해 밤에도 잠을 포기하고 공부했다. 대학을 졸업한 뒤에는 해군 장교로 복무하는 한편 석사 과정을 밟았다. 군 생활과 석사 과정을 같이 하면서도 남들보다 1년이나 일찍 석사를 끝냈고, 평균 5년이 걸린다는 박사과정도 2년 안에 모두 마쳤다. 그가 한정된 시간을 남들과 다르게 쓰면서 짧은 시간 안에 성과를 거둘 수 있었던 요인은 무엇일까? 그것은 바로 '몰입'이다. 미하이 칙센트미하이Mihaly Csikszentmihalyi의 연구에 따르면 사람이 어떤 것에 몰입을 하는 순간, 시간은 미래와 과거를 초월한 현재의 연장이 된다고 했다. 실제로 김종훈 박사는 벤처 창업 후 좁고 어두운 차고 안에서 일에 몰입하는 동안 시간의 밀도를 느끼며 9개월을 마치 9년처럼 활용할 수 있었다고 회상하였다.

"무언가에 몰입하는 순간, '우리'의 시간은 멈추고 '나'만의 시간이 별도로 흘러갑니다. 이 시간은 경우에 따라서는 하루가 될 수도 있고 한 달이 될 수도 있지요. 그러나 몰입이 끝나고 시계를 들여다보면 그 긴 시간 동안 고작 30분이 흘렀다는 걸 알게 됩니다."

그는 자신의 성공 비결을 묻는 사람들에게 이렇게 답하곤 한다. "더 나은 내일을 위해 오늘 당장 무엇인가를 하라", "일찍 일어나는 새가 벌레를 잡는다". 그는 시간을 지배하는 자가 성공을 지배한다는 말을 증명해낸 인물로 기억될 것이다.

## 불량을 추방하고 일류로 나아가다

삼성전자의 '애니콜 신화'는 실패로부터 배운 좋은 교훈의 사례라고 할 수 있다. 1980년대 중반까지만 해도 삼성전자 무선전화기 사업부는 일본 도시바Toshiba의 카폰을 수입해 국내에 판매하는 수준에 머물렀다. 이동통신에 대한 기술을 거의 보유하지 못해 품질이 제대로 갖춰지지 않은 상태에서 무리하게 완제품 생산을 추진하다 보니 제품 불량률이 무려 11.8퍼센트까지 치솟는 등 심각한 문제를 드러냈다. 소비자들의 거센 불만과 악평은 삼성의 기업 이미지에 큰 타격을 입혔다. 이건희 회장은 "3만 명이 만들고 6,000명이 고치러 다니는 비효율과 낭비"를 강하게 질타하였다.

이를 극복하기 위한 도화선은 '미스터 애니콜'로 유명한 이기태 이사의 지시로 1995년 3월 9일 삼성전자 구미사업장에서 벌어진 '불량 제품 화형식'이었다. 품질에 이상이 있는 제품을 가져오는 고객들에게는 사죄하는 마음으로 무조건 새 제품으로 교환해주고, 이와 함께 수거된 제품을 전량 소각함으로써 임직원들의 불량의식도 함께 불태우겠다는 특단의 조치였다.

2,000명의 임직원이 일제히 지켜보는 앞에 핸드폰과 무선전화기, TV, 팩시밀리 등의 제품들이 산더미 같이 쌓아 올려졌다. 비장한 표정을 한 현장 근로자들이 해머로 내리칠 때마다 제품은 사정없이 부서지고 깨지면서 산산조각이 났다. 이윽고 조각난 제품들은 시뻘건 불구덩이 속으로 던져졌고, 불길이 사그라질 즈음 불도저가 다시 가루를 냈다. 15만 대의 제품, 금액으로 따지면 500억 원이 연기와 함께 잿더미가 된 셈이다. 임직원들은 혼을 담아 만든 제품이 불길에 휩싸이는 광경을 지켜보면서 하나둘 참았던 눈물을 흘리기 시작했다.

타고 남은 잿더미를 밑거름 삼아 새로운 생명이 발아하듯, 애니콜은 다시 태어났다. 불량을 추방함으로써 초일류를 향한 새로운 발걸음을 내딛은 것이다. 설계에서부터 대대적인 휴대폰 업그레이드 작업이 시작되어 오늘날 전 세계인이 찾는 최고의 스마트폰으로 재탄생할 수 있었다.

세계 시장에서 만년 3류 기업의 설 땅은 시시각각 줄어들고 있다. 이러한 두려움을 극복하기 위해 새로운 창의력을 찾아 나서야만 하고, 삼성전자의 불량제품 화형식은 더 물러날 곳 없는 벼랑 끝에서 다시 도약한 좋은 사례로 꼽힌다. 미국 IT산업의 1세대 격인 인텔의 앤드류 그로브Andrew S. Grove 회장은 수년 전「포브스Forbes」와의 인터뷰를 통해 창조적인 힘의 원동력은 '두려움fear'이라고 밝혀 눈길을 끌었다. "편안하게 안주하는 생활에서 벗어나게 해주는 것은 두려움이다. 그것은 불가능해 보이는 어렵고 힘든 일을 가능하게 만들어준다. 육체적 고통을 경험한 사람들이 건강을 유지하기 위해 더욱 노력하는 것과 마찬가지다"라는 설명이다.

# CHAPTER 5

# 창조경제로 **가는 길**

　　　　　　오바마 미국 대통령이 연설할 때 곧잘 인용하는 나라가 한국, 바로 우리나라다. 미국 대통령이 한국의 인터넷 인프라와 국민들의 교육열, 그리고 창의성을 배워야 한다고 언급할 때마다 국제 뉴스에 어김없이 등장하고, 정작 당사자인 우리들은 어리둥절해 하다가도 금세 또 잊고 만다.

　심지어 2010년 5월, 미국 CNN 방송에서는 시청자 퀴즈에 '한국 가정의 인터넷 평균속도는 미국 가정의 몇 배일까요?'라는 질문을 내보낸 일도 있었다. 뉴스 말미에 공개된 답은 '400배'였다. 우리 자신은 의식하지 못하는 우리나라 디지털 인프라의 수준은 이처럼 세계적으로 경이의 대상이다.

　그렇다면 세계 최고 수준의 비옥한 디지털 토양에서 우리는 하이테크 작물을 잘 재배하고 있는가? 최고의 인프라 위에서 우리의 젊은이들은 경쟁력 있는 인재로 성장하고 있는가? 정작 들여다보면 우리의 현실은 뼈아프다. 우리 사회의 기둥이 되어야 할 청년들이 일자리에서 소외되고 있는 원인은 어디에서 찾아야 하는가? 부와 기회가 지나치게 편중된 우리의 경제 시스템은 어디에서부터 잘못된 것일까? 미국 대통령이 인정하듯, 우리는 세계에서 가장 창의적인 두뇌를 가진 민족이며 동시에 가장 비옥한 디지털 토양이라는 필요충분 조건을 갖추고 있다. 그런 우리에게 21세기는 분명 축복의 시간이어야 마땅하다.

그런데 세계에서 가장 비옥한 디지털 토양과 우수한 인재라는 필요충분 조건을 갖춘 한국이 이스라엘만큼 벤처 창업을 배출하지 못하는 이유는 무엇일까? 2006년부터 해마다 제네바와 제주도를 오가며 벤처 문화를 주제로 열리는 '리프트 컨퍼런스'의 창시자 로렝 허그Laurent Haug의 이야기를 들어보자. 그의 분석에 따르자면 한국은 수많은 거대 기술기업을 가지고 있는 우수한 민족이다. 그러나 가장 큰 약점은 '체면을 잃는 것에 대한 두려움'이다. 그는 "2000년 대 초반, 한국의 수많은 벤처사업가들이 새로운 경제 시류에 뛰어들었으나 수년 후 갑작스럽게 경제버블이 꺼지면서 그들은 하루아침에 사회적으로 손가락질을 받는 신세로 전락하였다. 그들은 비좁은 한국 사회에서 숨을 곳을 찾기도 쉽지 않았다. 한국에서는 실패하는 것이 남에게 알려져서는 안 된다"라고 지적한 바 있다.

실제로 1998년 우리나라가 창업국가의 반열에 첫 발을 들여놓을 당시의 벤처투자 규모는 8,000억 원에 육박했으나 2012년 현재 500억 원

수준에 그치고 있다. 이스라엘에서는 "아이디어 있는 곳에 투자 있다"라고 한다는데, 한국에는 "아이디어 없이도 융자는 있다"라고 하니 이 말은 창업에 대한 우리의 사그라진 열정과 불리한 환경을 꼬집은 쓴소리가 아닐 수 없다.

'투자'가 아닌 '융자'로 사업을 시작할 경우, 실패하면 고스란히 빚을 떠안고 신용불량자로 전락할 수밖에 없다. 인간을 달에 올려 보내기 위한 아폴로 프로젝트 때, 케네디 대통령이 투자를 하지 않고 융자를 했더라면, 미 항공우주국에서 70년대가 지나기 전에 성공해낼 수 있었을 리 만무하다. 한 번 실패가 모든 것이라고 생각하고 낙인을 찍는다면 앞으로 새로운 성취는 불가능하다.

이런 이유로 우리의 젊은이들이 한국에서 창업에 성공한다면 그들은 이스라엘 젊은이들보다 100배의 경쟁력이 있다고 볼 수 있지 않을까? 우리 젊은이들은 그들에 비해 100분의 1의 척박한 투자 환경에서 온갖 장애물을 딛고 이겨낸 셈이기 때문이다.

한 번 실패하면 신용불량자로 전락할 수밖에 없는 환경에서는 아무리 세계 최고의 초고속 인터넷망을 갖춘 나라 할지라도 도전할 토양이 존재할 수 없다. 국가, 기업, 은행, 학교를 중심으로 눈에 보이지 않는 기술과 창의를 객관적 잣대로 계량화하여 그것이 담보가 될 수 있는, 융자가 아닌 투자의 눈으로 창업경제의 토양을 만들어야 할 시점이다. 톡톡 튀는 아이디어, 지치지 않는 열정으로 무장한 젊은이들이 제반 여건이 갖추어지지 않아 재능을 펼치지 못한다면 얼마나 막대한 국가적 손실인가?

2013년, 새로운 정부 출범과 동시에 미래창조과학부가 신설되었다. 박근혜노믹스의 핵심 축의 하나다. 방송통신융합 시대에 맞게 방송·통신 융합 분야를 비롯해 IT와 미래산업에 대한 각종 업무를 총괄하며 신속한 결정과 집행을 원스톱으로 지원하겠다는 의지의 결과라 하겠다. 미래창조과학부의 필요성으로 박근혜 대통령은 '창조경제'를 제시하였다.

"창조경제의 핵심은 과학기술을 기반으로 IT와 산업의 융합, 방송과 통신의 융합을 통해 미래 성장동력을 발굴하고 새 일자리를 많이 만들어내는 것이다. 소프트웨어 콘텐츠 산업 재도약을 위한 과감한 육성 지원 프로그램을 실행해 나가겠다"고 약속한 것도 창조경제에서 대한민국의 미래를 보았기 때문이다.

## 살아 있는 경제교육이 필요하다

정부가 창조경제를 제시한 근본적인 이유는 기존 경제의 패러다임하에서는 더 이상 양질의 일자리 창출이 어려워졌기 때문이다. 무에서 유를 만들어내는 것이 그 어느 때보다 중요해졌다. 청년부터 노년까지 전 계층에 예외가 없는 실업문제는 심각한 사회문제일 뿐 아니라 우리나라를 넘어 전 세계가 한 목소리로 고민하는 시대적 과제다.

이제 발상의 전환이 필요하다. 젊은이들이 너도나도 의사, 변호사가 되어야겠다는 천편일률적인 목표를 쫓는 것이 아니라 창업을 해서 기업을 일구고, 없는 것에서 새로운 것을 만들어내는 것의 가치를 존중하는 사회를 지향해야 한다. 그리고 한발 더 나아가 스스로 일자리를 창출하여 사회에 공헌해야겠다는 생각을 해야 한다. 과거 이스라엘은 세계적으로도 의사, 변호사를 가장 선호하는 나라였으나 지금은 사회 분위기가 바뀌어서 기업을 키워 일자리를 만들어내는 사람이 존경받고 있다.

전 세계 대학들의 역할도 바뀌고 있다. 하버드대학교에서는 총장 취임사를 통해 "이제 대학은 좋은 일자리를 '차지하는' 학생을 배출하는 것이 아니라 좋은 일거리를 '만들어내는' 학생을 얼마나 많이 배출하느냐가 중요하다"고 선언했을 정도다. 대학에서부터 기업가 정신을 배우고 대학 내에 인큐베이션 센터를 설립하는 것도 한 방법이겠다. 산·학·연 연계를 통해 학생들이 직접 창업에 도전하고 인큐베이션하여 성공하는 경험은 돈으로 따질 수 없는 자산이 될 것이다.

거듭 강조하지만 창업 활성화를 위해서는 창업 전 단계인 경제교육이 선행되어야 한다. 우리나라 대학생들은 졸업 후 대기업, 공기업, 전문직 등 안정적인 직장에 취업하기를 희망한다. 반면 이스라엘 대학생은 80~90퍼센트가 창업을 계획한다. 안정적인 직장의 이름 없는 일원이 되기보다는, 아무것도 보장되지 않은 벤처기업을 선택하는 것이다. 한국 부모들은 자녀가 창업을 하겠다고 하면 두 팔을 걷어붙이고 반대하지만, 유대인 부모들은 흔쾌히 찬성하고 지지한다. 여기에서 중요한 것은 '개업'과 '창업'을 혼돈해서는 안 된다는 점이다. 개업은 영어로 표현하면 business opening, 창업은 business creation이다. 즉, 그것이 크든 작든 간에 전혀 새로운 것을 만들어낸다는 뜻이다.

유대인 사회에서는 아이가 13세가 되면 '바르 미츠바Bar Mitzvah'라는 성인식을 치른다. 이때 우리 돈 수천만 원에서 크게는 1억 원 정도의 축하금을 받는다. 아이들은 부모와 상의하여 결정하기는 하지만 대부분 이 돈을 자기 책임하에 예금이나 채권, 심지어 주식으로 운용한다. 그 결과 20대가 되어 성인이 되었을 때는 두둑한 종자돈은 물론이고 생생한 실전 교육을 통해 터득한 경제감각까지 갖추게 된다. 페이스북 창업자인 마크 주커버그, 구글 공동 창업자인 세르게이 브린Sergey Brin과 래리 페이지 등 창업으로 성공한 20대 청년 아이콘의 상당수가 유대인이라는 점은 이러한 살아 있는 이스라엘 경제교육의 성과라 하겠다.

이스라엘 젊은이들은 행여 자신의 사업이 잘못되더라도 먹고살 문제를 고민할 만큼 궁지에 몰리지 않는다. 이스라엘에 진출한 숱한 글로벌 기업들은 물론이고, 이미 창업하여 성공적인 궤도에 오른 스타트업 회사들도 얼마든지 있기 때문에 마음만 먹으면 일자리를 찾는 것은 그리 어렵지 않다. 도전을 하는 것도, 실패를 하는 것도 두려워하지 않기 때문에 자신의 사업을 먼저 시작해보는 것이 오히려 자연스러운 현상이다. 작은 아이디어라도 연구를 하고 벤처를 만들면 자연스럽게 제품의 제조 라인이 생기고 일자리도 생성되므로 그만큼 경제는 활성화되기 마련이다.

2012년 3월 에후드 올메르트 전 수상이 방한하여 한국의 벤처기업인을 대상으로 강연을 한 일이 있다. 그는 그 자리에서 "한국의 젊은이들은 열정적이다. 야망이 넘치고 에너지로 가득 차 있다. 작은 나라가 치열한 경쟁 속에서 생존하기 위해서는 젊은이 스스로 일자리를 만들기 위해 뛰어야 한다"며 당부의 말을 남겼다. 그가 젊은이들에게 호소하는 이유는 세상을 바꾼 대부분의 기술 혁신이 20대 청년들에 의해 이루어져왔기 때문이다. 빌 게이츠, 스티브 잡스, 마크 주커버그 등 20대 젊은이들이 무려 수천억 달러의 가치를 지닌 기업들을 만들 수 있었던 건 형식을 거부하고 자신만의 창의력으로 세상을 놀라게 하는 혁신을 이루어냈기 때문이다. 어려서부터 자신의 가능성을 믿고 잠재력을 찾아낼 수 있는 환경을 제공한 결과, 이스라엘의 젊은이들의 창업 정신은 21세기 세계 경제불황에도 흔들리지 않는 이스라엘 경제의 큰 힘이 되고 있다.

## 창조경제로의 진화

한국은 이미 상당 부분 과학기술로 새로운 것을 만들어내는 창조경제를 운영해왔다. 그렇다면 미래의 창조경제와 과거의 창조경제 사이에는 무슨 차이가 있는 것일까? 그동안 한국은 1퍼센트밖에 안 되는 소수 과학자들의 연구개발에 의존하는 경제였다. 하지만 이제부터는 주부, 학생, 퇴직자 등 전 국민의 상상력이 주축이 되어 나머지 99퍼센트를 채워야 한다. 이런 상상력이 과학기술과 결합해 새로운 혁신을 일으키는 것이 바로 창조경제다. 정부가 인터넷을 통해 창조경제타운(www.creativekorea.or.kr)을 개설하여 국민 누구나 참여하여 아이디어를 구현할 수 있도록 한 것도 같은 맥락이라 할 수 있을 것이다.

창조경제는 세상에 없는 것을 새롭게 만들어내고 키워 나가는 것이다. 경제성장이 주춤하고 정체될 때 겪게 되는 각종 사회문제를 제대로 인식하고, 창조를 통해 해결의 실마리를 찾아내야 한다. 창조경제는 산업화 시대 한국이 잘 만들었던 모든 물건에 과학기술과 정보기술을 접목하고 눈에 보이지 않는 새로운 가치를 담은 서비스로 승화시키는 것이다. 부지런한 손발을 필요로 하는 제조업에 창의적인 두뇌로 만든 부가가치를 더하는 것, 물건product을 서비스service로, 다시 솔루션solution으로 바꾸는 것에서 미래의 답을 찾을 수 있다.

기억이 과거로의 여행이라면 상상은 미래에 미리 가보는 것이다. 과거의 여정은 아쉬움을 남기지만 상상의 여정은 기대감을 유발한다. 하지만 과거의 선입관에 얽매여서는 자유롭게 미래를 여행할 수 없다. 미래의 패러다임은 부딪힐 장벽 없이 무한히 뻗어 나갈 수 있는 상상의 공간에서 펼쳐지는 것이기 때문이다.

그러나 창의적인 상상력을 뒷받침하는 환경의 관점에서 반추해본다면, 우리의 교육이나 문화가 아직은 이스라엘의 그것과는 거리가 멀다는 점을 인정하지 않을 수 없다. 특히 교육이 시대 변화에 대응하는 속도가 느리다는 점은 가볍게 보아 넘길 문제가 아니다. 모든 국민들의 상상력을 토해낼 수 있는 자유로운 소통의 광장을 만들어야 한다. 국내에 있는 800여 곳의 국공립도서관을 활용하자는 것은 그러한 생각에서 비롯되었다. 도서관에 자유롭게 모여 상상력을 공유하고, 그렇게 해서 한데 모인 상상력을 걸러내고 산업과 연결시킬 수 있는 시스템을 구축해야 한다. 각양각색의 다듬어지지 않은 아이디어를 잘 발췌하여 유용한 것들은 잘 걸러서 특허를 취득하게끔 구체화시키고, 또 어떤 아이디어는 비즈니스 모델로 다듬어 사업체와 연결해주는 징검다리 역할이 필요하겠다.

더 중요한 것은 좋은 상상력이 창업으로 이어지기 위한 연결고리에 있다. 수영장을 예로 들어보자. 수영장의 약 90퍼센트는 융자 풀이고 10퍼센트만이 투자 풀이라고 본다면, 사람들은 너도나도 융자 풀로 뛰어들 수밖에 없다.

융자라는 것은 돈을 빌려서 쓰고 실패했을 때는 갚아야 하는데, 그러다 보면 자연히 많은 신용불량자가 양산되고, 일단 신용불량이 되면 재기의 기회를 박탈당하고 만다. 하지만 수영장의 90퍼센트를 투자 풀로 채우고 융자 풀을 10퍼센트 이하로 만들어놓는다면 사람들은 앞다투어 투자 풀로 뛰어들 것이다. 투자 풀이라는 것은 실패를 하더라도 책임을 묻지 않기 때문에 두 번, 세 번 실패를 하더라도 언제든 다시 뛰어들 수 있다.

창업이 활발하게 일어날 수 있도록 금융 시스템을 바꾸는 일도 중요하다. 물론 막무가내로 정부 지원에만 의존할 수는 없다. 과거 벤처 붐이 일었을 때처럼 모럴해저드moral hazad 즉, 도덕적 해이가 일어날 수도 있다. 민간 부문의 자금으로 성공한 기업이 다시 수익의 일부를 투자하고, 이를 통해 성공한 기업들이 재투자를 함으로써 스스로 창업 생태계가 조성될 수 있는 환경을 만드는 것이 가장 중요하다.

## 닮은 듯 다른 두 나라, 이스라엘 vs 한국

흔히 성공한 기업이라고 하면 몇 십만 명을 거느리는 거대한 재벌 기업을 떠올리지만 이스라엘의 경우는 조금 다르다. 이스라엘 기업들은 끊임없이 수익을 창출하기 위한 혁신적인 아이디어를 개발하면서도, 기업의 몸집을 키워 규모의 경제를 이루는 경우는 그리 많지 않다. 이스라엘에서는 일단 사업적 성공을 거두면 미국 나스닥에 상장한 우량 기업이라도 다른 기업에 매각하고, 새로운 사업 아이템을 구상하며 처음부터 다시 시작하는 것이 더욱 자연스럽다.

이런 경제 순환은 창업 생태계를 잘 구축한 이스라엘만의 특징이다. 물론 이러한 창업 생태계를 구축할 수 있었던 데에는 이스라엘 정부의 체계적인 계획과 사회적 합의를 바탕으로 한 노력이 있었다. 한국과 이스라엘은 많은 점에서 닮았다. 항상 안보상의 위험에 노출되어 있는 양국 모두 막대한 국방비를 지출해야 한다. 또한 건국 이후 눈부신 경제 성장을 이뤘고, 그 배경에는 자원빈국의 취약함을 극복하기 위한 처절한 투쟁과 높은 교육열에 기반한 인적 자원 의존도가 높다. 그러나 창업 생태계에 있어서만큼은 이스라엘이 우리나라보다 월등히 앞서 있음을 인정하지 않을 수 없다. 21세기 이후 이스라엘의 발전상을 들여다보면 자원빈국이 어떻게 국가경영을 해야 하는지 그 해답을 얻을 수 있다.

유대인의 성공학은 여러 각도에서 조명할 수 있다. 확고한 종교관, 긍정적인 경제 마인드, 끈끈한 협동심, 과감한 도전정신, 철두철미한 계약문화 등 유대인의 특징을 설명할 수 있는 단어는 한두 가지가 아니다. 그러나 한 가지만 꼽으라면 단연 교육에 대한 열망이다. 가진 게 없어도 머리에 지식만 있다면 어떤 고난과 역경도 이겨낼 수 있다는 신념이 이스라엘 사회를 지배하고 있다.

요즈마펀드의 이갈 에를리히 회장은 교육의 중요성을 다음과 같이 강조한다. "시시각각 변화하는 경제 환경에서 혁신이 열쇠라는 것을 모두 잘 알고 있습니다. 하지만 혁신을 위해 가장 중요한 것은 교육입니다. 교육이 세계의 미래를 결정할 테니까요. 그다음으로 중요한 것이 핏줄인데, 그것은 민족성과 연관된 것이므로 하루아침에 이루어지는 것이 아닙니다. 윗세대에서부터 내려오는 정신적 유산과 교육의 조합으로 완성되지요. 유대인들에게는 기업가적 핏줄을 형성하는 것이 다음 세대를 위한 책임입니다."

한국도 교육이라면 못지않게 자부심을 갖고 있다. 하지만 이스라엘과 비교할 때 많은 차이가 있다. 특히 창의성에 대한 관점이 많이 다르다. 유대인은 창의적 인재가 별도로 있다고 여기지 않는다. 누구에게나 창의성이 내재되어 있고, 교육의 역할은 그것을 찾아내 발휘하도록 돕는 것이라고 생각한다. 창의성을 연구하는 학자들은 창의적인 대표 인물로 아인슈타인을 꼽는다.

유대인인 아인슈타인은 네 살이 되도록 말도 제대로 못해 저능아 소리까지 들었던 인물이다. 그처럼 발달이 늦된 소년이 성장하여 세기적 천재의 반열에 오를 수 있었던 배경에는 현명한 어머니가 있었다. 학교 선생님은 "이 학생의 지적 능력으로는 앞으로 어떤 공부를 해도 성공할 가능성이 없다"고 아인슈타인을 평가했지만 그의 어머니는 "남과 같아지려 하면 결코 남보다 나아질 수 없는 법이다. 하지만 너는 남과 다르기 때문에 반드시 훌륭한 사람이 될 수 있다"는 말로 아들을 격려했다고 한다.

유대인은 이처럼 '남보다 뛰어남'이 아닌 '남과 다름'을 창의성의 핵심으로 여긴다. 따라서 학교나 가정에서 이뤄지는 교육은 결국 자신이 어떤 사람인지, 어떤 적성을 갖고 있는지 등을 파악하는 데 초점을 맞춘다. 그렇다면 자신의 고유한 능력과 창의성을 어떻게 알아보고 개발할 수 있을까? 그 방법은 바로 유대인 교육의 기본인 대화와 토론이다. 토론의 상대는 회사에서 임원과 직원, 대학에서 교수와 학생, 심지어 군대에서는 장군과 사병에 이르기까지 조금도 제약을 받지 않는다.

대화와 토론문화를 기반으로 한 정부와 기업의 각종 정책 결정은 상대적으로 투명하고 공정하게 이루어진다. 어떤 안건이든 충분한 대화와 토론을 통해 합의를 이끌어내기 때문에 불합리하거나 일방통행적인 지시가 먹혀들기 어렵다. IT산업에서도 마찬가지다. 기업의 기술 개발이나 정부의 최종 투자 결정에서 이해관계자들의 질문과 대답은 끝도 없이 이어진다. 그러니 부실 검증이나 편법 및 탈법 투자의 개연성이 현저히 줄어들 수밖에 없다.

유대 학자들은 대화와 토론을 통해 "나와 남의 생각 차이를 이해할 수 있고, 또한 평소 생각할 수 없었던 무수한 아이디어가 떠오르기 때문에 저절로 상상력과 창의성이 길러진다"고 말한다. 따라서 유대인은 후츠파 정신에 기반한 대화와 토론문화가 이스라엘 국가 발전의 원동력이라고 자부한다.

우리나라는 어떨까? 과거로 거슬러 올라가 조선시대 최대의 문화 부흥 프로젝트를 주도한 세종대왕에게서 대화와 토론을 통한 슬기로운 문제 해결 방식과 창의적 성과를 엿볼 수 있다. 세종은 나라와 백성에게 필요한 일이라는 믿음이 생기면 예산이나 현실적 여건에 얽매이기보다는 무조건 추진하고 실생활에 적용하는 것을 최우선 과제로 삼았다. 대충 편한 대로 판단을 내리거나 도중에 그만두는 일은 없었다. 그는 과학자로서 손색없는 태도로 끝까지 연구하고 분석해 항상 최선의 길을 모색하고자 힘썼다.

특히 세종이 일을 추진하는 과정에서 우리가 주목해야 할 부분은 신하들과의 관계였다. 신하들이 찾아와 '이러저러한 부분에서 해결책이 마땅치 않아 일이 진행되지 않는다'고 보고하면, '지금까지 연구한 내용을 누구나 알 수 있도록 정리해놓고 그 문제를 해결할 천재가 나타날 때까지 가만히 기다리라'고 지시했다. 실제로 그렇게 덮어둔 문제들은 수학에 능한 집현전의 학사 10인 중 천재적인 문신 정인지鄭麟趾가 나서서 대부분 해결하곤 했다고 전한다.

또한 세종은 일상 속에서 신하들과 경계 없이 토론하기를 즐겼다. 간혹 신하들이 세종에게 무례할 정도로 강력하게 의견을 피력하는 일이 있어도 권위를 내세우지 않고 경청했다고 한다. 또한 신하들이 주장하는 바의 옳고 그름을 떠나 임금에게 말을 했다는 용기를 기특하게 여겨 '너의 말이 아름답구나'라고 칭찬하곤 했다는 기록이 남아 있다. 인재 없이 국가의 미래가 있을 수 없다고 믿은 세종의 신념이 빛나는 부분이다.

## 창조경제로 가는 길

　　　　　　　세종대왕이 이루어놓은 많은 치적과 탈권위적이고 개방적인 문제해결방식에도 불구하고 그 후손인 우리들의 한국 사회는 수직적이고 폐쇄적인 면이 강하게 남아 있다. 창조경제를 성공적으로 이끌기 위해서는 사회 전반에 걸쳐 유연한 변화가 요구된다. 물론 단기간에 문화를 바꾸기는 어렵다. 새마을운동이 시작된 50년 전만 해도 한국 민족은 상당히 게을렀던 것처럼 보인다. 아침에 일찍 일어나지도 않았고, 농한기가 되면 노름도 즐겨 했다. 그런 게으른 국민들을 부지런하게 일하도록 독려한 정부 주도의 사회운동이 바로 새마을운동이다. 근면·자조·협동 이 세 단어는 게을렀던 우리의 손발을 부지런하게 만들고, 찌든 가난에서 벗어나 나라를 발전시킬 수 있게 해준 요인이었다. 이처럼 창조경제도 새로운 패러다임을 열어가는 사회운동이 뒷받침되어야 한다. 개인적으로는 '상상-도전-창업'의 선순환 구조가 이어지는 사회적인 캠페인이 일어났으면 좋겠다.

　두뇌에 의존하는 과학기술 창조경제는 손발에 의존하는 산업경제와 다르다. 1만 명이 모여 1만의 가치를 만들고 그것을 서로 나누던 경제에서 100명이 모여 1만의 가치를 만들고, 거기에 참여한 100명이 100씩 나누어 갖는 경제로 바뀌고 있다. 나머지 9,900명에게는 참여의 기회도, 분배의 기회도 주어지지 않는다. 빈부격차는 갈수록 커질 수밖에 없는 구조다. 이런 경제하에서 생존하는 전략은 끊임없는 창업에 있다. 소위 레드오션을 빨리 탈피하여 무한한 가능성의 블루오션으로 진화하는 경제가 창업에서 비롯하는 창조경제다. 즉, 틀을 깨는 상상력으로 세상에 없는 새로운 일거리를 만들어내야 한다.

이제 한국의 산·학·연이 지향하는 과녁은 2020년대를 휘어잡을 창조산업의 병목을 미리 지키는 일이어야 한다. 지난 30년간 한국경제의 성장을 잘 뒷받침해왔던 제품 생산은 개발도상국으로 이전되고 있는 추세다. 이제 우리가 할 일은 그 제품에 영혼을 불어넣는 일이다. 주인이 다가가면 반갑다고 꼬리를 흔드는 자동차, 하루 일과를 마치고 귀가하는 주인에게 운동량을 체크해주고 걸음걸이를 교정해주는 신발, 염분 섭취량을 알아내고 초과 시 경고음을 내는 숟가락 등 상상력으로 창출할 수 있는 새로운 가능성의 영역은 무한하다. 주위에 있는 모든 물건이 인터넷의 도움으로 지능을 가지고 사람에게 말을 걸어온다면 아마도 다음 10년의 M2MMachine to Machine(사물의 인터넷) 세상은 상상 그 이상이 될 것이다. 주저할 이유도, 망설일 시간도 없다.

이스라엘 사람들의 창의력은 앞에서 숱하게 강조했지만, 그에 못지않게 추진력도 뛰어나다. 그들의 실행력을 보여주는 사례는 얼마든지 있다. 예컨대 남자들은 마음에 드는 여자를 만나면 해가 지기 전 프러포즈를 하고, 좋은 아이디어가 떠올랐을 때는 그 주가 가기 전에 비즈니스를 시작한다는 말이 있을 정도다. 물론 앞서 살펴본 후츠파 정신과 요즈마펀드 같은 사회적 배경도 무시할 수 없겠다. 한국도 개인적인 노력과 함께 사회 전반의 창업 인프라를 구축하기 위해 우리만의 방법을 다각도로 모색해야 한다.

테크니온 공대의 페레츠 라비 총장은 '다시 일어서는 힘'을 다음과 같이 강조하였다. "한국과 이스라엘의 젊은이들에게 정말 중요한 메시지는 '다시 일어서는 힘'을 가져야 한다는 것입니다. 실패를 두려워하지 말아야 합니다. 도전하십시오. 첫 번째 회사는 실패할 수 있습니다. 두 번째 회사까지도 실패할 수 있어요. 그래도 희망을 잃어서는 안 됩니다. 여러 번 실패하더라도 성공하기 위해서는 '다시 일어서는 힘'을 가져야 합니다. 이것이 새로운 지식 세상에서 가장 중요한 비밀입니다."

21세기 지식경제, 창조경제의 속성상 끊임없는 창업을 통해 일자리가 제공되지 않으면 악순환의 고리에 빠질 수밖에 없다. 그런데 미국의 지난 20년간의 통계에 의하면, 기업의 나이가 5년 이상 되면 고용을 현격하게 줄이는 것으로 나타났다.

경제의 파이를 늘리고 일자리를 늘리는 두 마리 토끼를 잡으려면 어떻게 해야 할까? 짐작하다시피 국가경영의 중심에 창조경제가 우뚝 서야 한다. 그리고 경제 파이의 성장은 곧 세상에 없던 새로운 것을 만들어내는 창조성의 확대에서 기인한다.

만약 무에서 유를 만들어내는 상상이 어렵다면? 그럴 때는 '융합'이 대안이 될 수 있다. 이질적인 사람·문화·학문 간의 크로스오버를 시도해보면 생각지도 못했던 돌파구가 보이기도 한다.

창조경제의 주체는 민간이어야 한다. 정부가 모든 영역을 리드하던 시대는 끝났다. 그렇다고 정부가 눈을 감고 있어야 한다는 이야기는 물론 아니다. 이스라엘의 사례에서 확인하였듯이 정부의 역할 또한 못지않게 중요하다. 특히 정부는 창업 초기의 리스크를 없애주는 데 집중해야 한다. 창업에 뛰어들었다가 실패하면 그대로 파산한다는 생각이 뿌리 깊으면 실패를 통해 배운 가르침을 다시 시험해볼 도전 의지를 품기 힘들다.

정부는 단기적·중기적·장기적 계획을 각각 세우고, 인재들이 끊임없이 상상력을 발휘하고 과감하게 창업에 도전할 수 있도록 환경을 조성해야 한다. 이스라엘의 민간 인큐베이터인 킨롯 벤처스Kinrot Ventures의 CEO 아사프 바르니Assaf Barnea는 "정부는 사업 초기 리스크가 발생하는 부분을 책임지는 데 집중하고, 투자가 발생하고 기업이 성장하는 부분은 철저히 민간으로 돌려야 한다"고 지적했다.


## 지속 가능한 성장의 해법

2002년, 구글이 처음 등장했을 때 세상을 지배하는 검색 엔진은 야후였다. 하지만 야후의 아성은 오늘날 인터넷 검색의 상징으로 여겨지는 구글 서제스트의 개발과 함께 무너졌다. 구글 서제스트는 검색 키워드를 입력하는 순간 이용자가 원하는 검색어를 예상하여 제시해주는 매우 편리한 검색 도구다. 구글 서제스트는 구글 이스라엘의 연구원 요엘 마르크의 아이디어로 개발되었다. IBM에서 검색 엔진 전문가로 일했던 요엘 마르크Yoel Mark는 16세기 유대인의 성경 색인학자들에게서 아이디어를 얻었다. 이미 500여 년 전에 유대인들은 원하는 성경 구절을 빠르고 간편하게 찾을 수 있도록 수작업으로 색인을 만들어 활용했는데, 여기에 착안한 것이 바로 구글 서제스트였다.

결국 구글 검색은 거대하고 정밀한 기술을 새로 개발한 것이 아니라 간단한 상상력을 비즈니스와 연결 지어 생각한 결과다.

1880년 설립되어 일반인이 사용하기 쉬운 필름과 이를 활용한 편리한 카메라(브라우니)를 개발해 1900년대 카메라 시장을 장악했던 코닥은 2010년 이후로 줄곧 부도 위험에 처해 있다. 디지털 카메라의 보급으로 인해 1970년대 미국 필름시장의 90퍼센트, 카메라시장의 85퍼센트라는 압도적인 점유율을 자랑하던 코닥의 아성이 무너진 것이다. 더욱 아이러니한 사실은 1975년 세계 최초로 디지털카메라를 개발한 것이 바로 코닥이었다는 점이다. 디지털 카메라가 상용화되면 필름 카메라가 타격을 입을 것을 두려워한 코닥은 디지털 카메라를 최초로 개발하고도 외면했고, 카메라 이용자들이 옮겨가는 와중에도 필름 시장을 지키겠다는 오만함을 굽히지 않은 결과 내리막길을 걷게 되었다. 심지어 1981년 내부 보고서를 통해 디지털 카메라의 위협에 대해서도 정확히 분석했다. 한때 14만 명이 넘었던 코닥의 직원 수는 현재 2만여 명이 못 된다.

2002년 한·일월드컵의 열기가 한창이던 때 미국의 거대 통신사인 월드컴(현 MCI)이 무너졌고, 2006년 독일월드컵 때는 AT&T가 합병의 제물이 되었다. 지난 100여 년간 독점적 지위를 누려왔던 세계의 통신사업자들도 안심할 수는 없는 상황이다. 매출의 큰 비중을 차지하던 유선전화 사업이 인터넷에 밀려 규모가 점차 축소되고 있다. 초고속인터넷 사업을 통해 손실을 충당해왔지만, 언제까지 이것에만 의존할 수는 없다. 과학기술의 급격한 발달로 끊임없이 새로운 시장이 형성되고, 더

욱이 시장의 변화 주기가 갈수록 빨라지는 시대에 기존 아이템과 시장에 안주해서는 성장은커녕 현상 유지조차도 어렵다.

2013년 여름, 애플과 삼성이 앞다투어 스마트워치를 선보였다. 아직은 모바일 기기를 보조하는 기능에 머물고 있지만 앞으로 헬스케어, 피트니스 분야의 다양한 기능과 합쳐져 실생활을 더욱 풍요롭게 만들 전망이다. 아마도 스마트폰의 출현 이후 일어난 변화에 버금가는 파장이 있으리라 생각한다.

경제 패러다임은 빠른 속도로 변화한다. 앞으로는 지식창조경제의 중요성이 더욱 강화될 것이다. 상상력을 바탕으로 디지털 환경에 발 빠르게 적응해 나가야 한다. 다행히도 디지털 토양만큼은 한국의 경쟁력은 세계 어느 나라와 비교해도 뒤지지 않는다. 신인류 호모디지쿠스 Homo digicus 즉, 디지털 신인류는 한반도에서 등장했다고 봐도 무방할 것이다. 이제 진화할 시간이다. 이스라엘의 혁신 사례들을 분석하면서, 유사한 조건에 있는 우리의 강점을 훨씬 강화할 수 있으리라 기대한다.

댄 세노르는 이스라엘과 한국의 닮은 점들에 공감하며 다음과 같이 시너지를 강조한 바 있다. "한국의 기업가들이 이스라엘에 와서 창업하거나, 이스라엘 기업가들이 한국에서 같이 회사를 세운다면 좋은 결합이 될 것입니다. 한국에는 뛰어난 기업가들이 많지만 그들은 서양 시장에 대해 우리만큼은 잘 모릅니다. 반면 이스라엘 사람들은 서양 시장에 대해 잘 알지만 아시아 시장에 대해서는 잘 모르지요. 그러니 함께 힘을 모아 일한다면 최상의 조합이 될 겁니다."

## 이제 청년들이 겁 없이 방아쇠를 당겨야 할 때

　　　　　　　　지난 50년간 한국 경제는 부지런한 손발에 의존하
는 산업경제를 지나 과학기술을 접목한 지식경제를 통해 세계 10위권
에 진입했다. 쉽게 표현한다면 성실과 근면을 통해 출발한 경제 근대화
가 과학기술 의존형으로 탈바꿈하면서 자원이 없는 나라로서 국가경영
의 성공 모델을 만들어 나가기 시작한 것이다. 이제는 노동력 위주의
산업경제와 선진기술을 뒤따라가는 추경형 모델로는 한계가 있음을 깨
닫고, 크든 작든 세상에 없는 것을 만들어내어 먼저 앞서 나가는 선도
형 창조경제의 모델 외에는 대안이 없음을 알게 되었다.

　볍씨는 비옥하고 촉촉한 땅에 떨어져야 싹을 틔우고 열매를 맺는다.
마찬가지로 창조경제도 좋은 씨앗과 비옥한 토양이 필요하다. 창조경
제의 씨앗은 상상력에서 출발하여 과학기술이라는 옷을 입고 탄생한
다. 풍부한 상상력도 이제 과학기술과 결합을 통해 창조경제의 중요한
씨앗으로 활용할 수 있어야 한다.

　그렇다면 창조경제의 씨앗은 어떻게 싹을 틔울 수 있을까? 상상력에
서 출발한 창조경제의 씨앗은 비옥한 디지털 토양에 떨어져야 뿌리를
내리고 서비스, 솔루션, 어플리케이션이란 열매를 맺는다. 즉 과학기술
과 상상력에서 발아한 씨앗이 세계 최고의 디지털 토양이라는 인프라
위에서 다양한 서비스의 열매를 맺으며 새로운 경제 패러다임을 열어
가는 것이 창조경제다. 또한 국민 1퍼센트에 해당하는 대학·연구소의
고급 두뇌뿐 아니라 나머지 99퍼센트에 해당하는 가정주부, 학생, 퇴직

자 등 온 국민의 참여와 상상력으로 함께 만들어가는 것이 창조경제의 패러다임이라 하겠다. 다행히 한국은 세계 최고의 두뇌를 가진 젊은이들과 세계 최고의 정보통신기술을 모두 갖춘 나라다. 창조경제의 필요조건인 씨앗과 문전옥답을 갖춘 셈이다.

사실 창조경제는 오래전부터 있어왔고, 여러 성공 사례를 살펴보면 대부분 그 출발선이 간단한 상상력에 뿌리를 두고 있음을 알 수 있다. 이미 180여 년 전 영국의 우편제도에서도 우리는 창조경제의 모습을 발견할 수 있다. 당시 영국의 우편제도는 편지의 무게, 수신지까지의 거리에 따라 가격이 달랐기 때문에 발신자는 마차를 타고 한두 시간 달려 우체국에까지 직접 방문해야만 했다. 따라서 우편제도는 도입한 지 40년이 넘도록 귀족들만의 전유물일 수밖에 없었다. 이에 로렌스John L. M. Lawrence 경이 전국 우편단일요금제를 주장하며 우표 발행을 제안했고, 이를 토대로 우체통을 설치해놓고 누구나 쉽게 이용할 수 있도록 하였다. 이후 우편물의 무게와 거리를 재기 위해 일일이 우체국을 방문할 필요가 없게 되었고, 누구나 우편서비스를 값싸게 이용할 수 있게 되었다. 그 후 우표 제도는 순식간에 세계적으로 퍼져 나갔고, 마침내 세계 최초의 국제기구인 만국우편연합이 탄생했다.

유럽의 멕코멕McComack이라는 회사는 이미 100년 전에 최고의 기술자들을 동원하여 수백 명의 인력을 대체할 만한 콤바인이라는 자동화 농기계를 개발했으나 기계의 가격이 워낙 비싼 탓에 팔리지 않아 파산의 위기에 이르렀다. 이때 이 회사를 살려낸 아이디어가 바로 '할부 금융' 제도였다. 지금은 어디서나 흔한 판매 방식이지만 당시에는 세상을 놀라게 한 혁신적 마케팅 전략이었다. 미리 농기계를 선도해주고 수백 배의 수확을 통해 몇 년간 서서히 갚아나가는 새로운 판매 전략을 통해 지속 가능한 성장의 원동력을 유지할 수 있었다. 창조경제는 혁신적 기술의 바탕 위에서만 꽃피우는 것이 아님을 보여주는 대목이다.

창조경제는 자원이 없는 그러나 머리가 비상한 민족에게 주어지는 특권이다. 그러나 창조경제의 선두 주자 이스라엘의 성과는 특권 이상의 개인적·사회적 노력이 뒷받침되었기에 가능했다. 이스라엘은 보이지 않는 것의 가치를 인정할 줄 아는 소프트웨어 중심의 사회였고, 모든 사업과 기술을 국내에서 안주하지 않고 곧바로 세계로 끌고 가는 세계화의 체질을 터득했기 때문에 오늘의 영광이 가능했다. 자원이 없는 나라가 21세기를 어떻게 생존해 나가는가에 있어 이스라엘의 사례는 매우 중요한 교훈이다.

이스라엘의 존경받는 벤처기업가 도브 모란의 조언은 가능성은 있지만 경제 위기에 위축된 우리나라 젊은 기업가들에게 시사해주는 바가 많다. 그가 강조하는 것은 세 가지다. "첫 번째, 두려워하지 마라." 아이디어를 적극 펼치고 성공 가능성에 대해서 지나치게 의식하거나 위축되지 말라는 의미다. "두 번째, 창업은 결코 쉬운 길이 아니라는 것을 인지해야 한다." 창업을 결심할 때 상황을 면밀히 고려하지 않고 무조건적으로 낙관하는 것은 위험하다. 주변 사람들이나 전문가의 조언에 귀 기울여야 한다. 그러나 비판을 청취하되, 흔들리지 말아야 한다. 가장 중요한 세 번째는 스스로에게 먼저 묻는 것이다. '나는 지금 창업할 준비가 돼 있는가?' 이 질문에 대한 확신이 있으면 무조건 진행하면 된다고 그는 조언했다.

아무리 비싸고 좋은 보약도 체질에 맞지 않으면 무용지물이다. 자원이 없는 나라의 국가경영이란 관점에서 창조경제는 두뇌라는 또 다른 자원을 통해 보이지 않는, 그러나 훨씬 더 큰 가치를 만들어내는 새로운 경제 운영의 패러다임을 열어가는 수단이다. 총알은 폭발되어야 제 몫을 다한다. 아무리 좋은 총과 총알을 가졌다 하더라도 방아쇠를 당기지 않으면 쇳덩어리에 불과하며 머문 자리에서 서서히 녹슬어갈 뿐이다.

이제 우리의 창조경제는 좋은 총과 총알을 그냥 놔두지 않고 하나도 남김없이 발사하는 젊은이들의 겁 없는 도전을 바탕으로 실현해야 한다. 에후드 올메르트 이스라엘 전 총리는 "이스라엘의 성공이 정부의 잘된 정책에 의존했기 때문이라고 오해하지 않기 바랍니다. 우리는 그들에게 전혀 간섭하지 않았습니다. 그 점이 우리나라의 국가경영에 있어서 가장 잘한 일이라고 생각합니다"라는 의미심장한 말을 남겼다. 국가가, 그리고 젊은이들이 택해야 할 방향성을 잘 제시해주고 있는 한마디라고 생각한다. 창조경제의 필요조건과 충분조건을 바로 여기서 찾아야 할 것이다.